跨境电子商务背景下国际贸易实务研究

王廿重 李雨佳 著

北京工业大学出版社

图书在版编目（CIP）数据

跨境电子商务背景下国际贸易实务研究 / 王廿重，李雨佳著. — 北京：北京工业大学出版社，2019.11（2021.5 重印）

ISBN 978-7-5639-7198-5

Ⅰ. ①跨… Ⅱ. ①王… ②李… Ⅲ. ①国际贸易—研究 Ⅳ. ①F74

中国版本图书馆 CIP 数据核字（2019）第 273294 号

跨境电子商务背景下国际贸易实务研究

著　　者：	王廿重　李雨佳
责任编辑：	刘连景
封面设计：	点墨轩阁
出版发行：	北京工业大学出版社
	（北京市朝阳区平乐园 100 号　邮编：100124）
	010-67391722（传真）　bgdcbs@sina.com
经销单位：	全国各地新华书店
承印单位：	三河市明华印务有限公司
开　　本：	787 毫米 ×1092 毫米　1/16
印　　张：	10
字　　数：	225 千字
版　　次：	2019 年 11 月第 1 版
印　　次：	2021 年 5 月第 2 次印刷
标准书号：	ISBN 978-7-5639-7198-5
定　　价：	52.00 元

版权所有　翻印必究

（如发现印装质量问题，请寄本社发行部调换 010-67391106）

前　言

随着经济全球化的不断推进、信息技术产业的迅速崛起以及信息技术在国际贸易中的广泛应用，中国的跨境电子商务取得了长足的进展。跨境电子商务的迅速发展，使得以关税为代表的传统贸易障碍对国际贸易的影响力不断减退。而跨境电子商务在国际贸易中所占比例的不断攀升，则意味着中国跨境电子商务对贸易便利化的影响力也越来越大。在当今经济环境下，跨境电子商务以其效率高、速度快、数额小、次数多等优势迅速发展起来并不断壮大，正由萌芽期走向快速成长期。这一贸易形式突破了传统贸易形式的约束，成为中国新的贸易增长点和贸易发展的新动力，表现出极强的生命力。

全书共分成七章内容。第一章为绪论，主要阐述了跨境电子商务、跨境电子商务的兴起、国际贸易的产生与发展以及跨境电子商务对传统外贸企业的影响等内容；第二章为跨境电子商务的发展概况，主要阐述了全球电子商务起源、发展阶段、发展现状与特点，我国电子商务发展历程、现状与特点，以及我国跨境电子商务发展现状、特点、问题与发展趋势等内容；第三章为国际经济贸易的发展概况，主要阐述了新时期国际经济贸易的发展趋势与问题、我国国际经济贸易的现状与问题、新时期国际经济贸易发展变化与特点，以及我国国际经济贸易面临的机遇与挑战等内容；第四章为国际贸易的相关理论综述，主要阐述了西方国家贸易理论、自由贸易理论、保护贸易理论和贸易保护的相关论述等内容；第五章为电子商务在国际贸易中的具体运用，主要阐述了电子商务在国际贸易中的应用和发展、国际结算和外贸函电等内容；第六章为国际商务与国际贸易的协同发展，主要阐述了全球化与国际商务、国际商务环境分析、全球化国际商务的实施和全球营销策略等内容；第七章为跨境电子商务背景下的国际贸易创新，主要阐述了国际贸易理论创新、国际贸易政策创新、国际贸易营销创新以及国际贸易运行机制创新和国际贸易交易方式创新、国际贸易宏观管理创新等内容。

为了确保研究内容的丰富性和多样性，作者在写作过程中参考了大量理论与研究文献，在此向涉及的专家学者表示衷心的感谢。

最后，由于作者水平有限，加之时间仓促，本书难免存在疏漏与不足，在此恳请读者朋友们批评指正。

目 录

第一章 绪 论 ... 1
- 第一节 跨境电子商务概述 ... 1
- 第二节 跨境电子商务的兴起 ... 13
- 第三节 国际贸易的产生与发展 ... 18
- 第四节 跨境电子商务对传统外贸企业的影响 ... 24

第二章 跨境电子商务的发展概况 ... 27
- 第一节 全球电子商务起源、发展阶段、发展现状与特点 ... 27
- 第二节 我国电子商务发展历程、现状与特点 ... 33
- 第三节 我国跨境电子商务发展现状、特点、问题与发展趋势 ... 38

第三章 国际经济贸易的发展概况 ... 51
- 第一节 新时期国际经济贸易的发展趋势与问题 ... 51
- 第二节 我国国际经济贸易的现状与问题 ... 58
- 第三节 新时期国际经济贸易发展变化与特点 ... 63
- 第四节 我国国际经济贸易面临的机遇与挑战 ... 68

第四章 国际贸易的相关理论综述 ... 73
- 第一节 西方国家贸易理论 ... 73
- 第二节 自由贸易理论 ... 77
- 第三节 保护贸易理论 ... 86
- 第四节 贸易保护的相关论述 ... 93

第五章 电子商务在国际贸易中的具体运用 ... 99
- 第一节 电子商务在国际贸易中的应用和发展 ... 99

第二节　国际结算 ……………………………………………………………… 116

第三节　外贸函电 ……………………………………………………………… 126

第六章　国际商务与国际贸易的协同发展 …………………………………… 129

第一节　全球化与国际商务 …………………………………………………… 129

第二节　国际商务环境分析 …………………………………………………… 139

第三节　全球化国际商务的实施 ……………………………………………… 147

第四节　全球营销策略 ………………………………………………………… 151

第七章　跨境电子商务背景下的国际贸易创新 ……………………………… 165

第一节　国际贸易理论创新 …………………………………………………… 165

第二节　国际贸易政策创新 …………………………………………………… 168

第三节　国际贸易营销创新 …………………………………………………… 169

第四节　国际贸易运行机制创新 ……………………………………………… 171

第五节　国际贸易交易方式创新 ……………………………………………… 172

第六节　国际贸易宏观管理创新 ……………………………………………… 175

参考文献 …………………………………………………………………………… 177

第一章 绪 论

近年来，我国跨境电子商务发展迅速。尽管受国际经济发展长期低迷的影响，我国进出口形势不太乐观，但跨境电子商务进出口业务依然保持着30%以上的增长率。与此同时，跨境电子商务带动了相关行业的发展，如跨境电子支付、跨境物流等。不过，在电子商务的发展情况方面，我国跨境电子商务仍然处于初级发展阶段。

第一节 跨境电子商务概述

一、跨境电子商务的概念

随着经济一体化、信息化深入发展，以电子商务与物流、金融融合发展为显著特点的新型跨境贸易方式——跨境电子商务同步高速发展。跨境电子商务已成为国际贸易的新增长点，对我国企业扩大海外营销渠道，实现外贸转型升级具有重要意义。目前，我国多数外贸导向型企业仍处于代工地位，并不具备以传统方式来创立品牌和研发技术的经验、人才和实力。跨境电子商务为我国外贸导向型企业转型升级提供了最佳途径，成为国内外贸导向型企业通向全球市场的一条"高速公路"。对于跨境电子商务的认知主要表现在以下三个方面。

①政策方面，欧盟在其电子商务统计中使用的相关概念，其主要指国家之间的电子商务，但没有给出明确定义。

②国际组织方面，联合国于2000年开始关注国际贸易和电子商务的关系。2010年国际邮政公司（IPC）在《跨境电子商务报告》中，分析了2000年的跨境电子商务状况，但也没有明确界定跨境电子商务的概念。

③易贝、尼尔森等著名公司及诸多学者也在使用相关名词，如跨境在线贸易、外贸电子、跨境网购、国际电子商务等。

虽然各界对跨境电子商务的概念表述不同，但普遍认为其是一种以电子数据交换和网上交易为主要内容的商业模式。

从狭义上看，跨境电子商务基本等同于跨境零售。跨境零售指分属于不同关境的交易主体，借助计算机网络达成交易、进行支付结算，并采取快件、小包等行邮方式通过跨境物流将商品送达消费者手中的交易过程。

从广义上看，跨境电子商务基本等同于外贸电子商务，指分属不同关境的交易主体，通过电子商务手段将传统进出口贸易中的展示、洽谈和成交环节电子化，并通过跨境物流送达商品、完成交易的一种国际商业活动。

从更广的意义上看，跨境电子商务指电子商务在进出口贸易中的应用，是传统国际贸易商务流程的电子化、数字化和网络化。它涉及诸多方面的活动，包括货物的电子贸易、在线数据传递、电子资金划拨、电子货运单证等内容。就这个意义而言，在国际贸易环节中只要涉及电子商务的应用都可以纳入这个统计范畴。

（一）跨境电子商务产业链的组成

跨境电子商务产业链包括供给方、需求方、跨境电子商务第三方服务企业、跨境电子商务平台。

供给方主要指商品的生产商和制造商，为整个跨境电子商务产业链提供商品来源。

需求方主要指商品的购买者和消费者，可以是企业、批发商、零售商，也可以是个人。

跨境电子商务第三方服务企业分为综合服务企业，物流企业，金融企业，IT、营销、代运等其他服务企业。

跨境电子商务平台按电子商务平台模式，主要分为以下几种。

①第三方跨境电子商务平台。该电子商务平台是独立于产品或服务的提供者和需求者，通过网络服务平台，按照特定的交易与服务规范，为买卖双方提供服务。这一平台的主要代表有全球速卖通、敦煌网等。

全球速卖通是阿里巴巴旗下向全球市场打造的在线交易平台，被广大卖家称为"国际版淘宝"。全球速卖通于2010年4月上线，经过几年的迅猛发展，目前已经覆盖220多个国家和地区的海外买家，海外买家的流量每日超过3800万，已经成为全球最大的外贸在线交易平台。全球速卖通是阿里巴巴为帮助中小企业接触终端批发零售商，小批量、多批次、快速销售，拓展利润空间而全力打造的融合订单、支付、物流于一体的第三方跨境电子商务平台。全球速卖通就是让批发商更方便地找到货源或者部分质量较高的生产厂家的货源。此平台适合体积较小、附加值较高的产品，如首饰、数码产品、计算机硬件、手机及配件、服饰、化妆品、工艺品、体育与旅游用品等。

②自建跨境电子商务平台。一些实力强大的外贸企业建立自己独立的跨境外贸电子商务平台，这些外贸企业本身是独立的销售商。这一类型企业主要代表有兰亭集势、大龙网等。

兰亭集势于2007年上线，早期主营电子产品，以B2B小额外贸批发为主。2009年初，兰亭集势上线婚纱产品线，当年销售近3千万美元。2010年兰亭集势收购内贸3C网站欧酷网，推出淘宝婚纱旗舰店。目前，兰亭集势推出了自己的婚纱服饰自有品牌TS。

③外贸跨境电子商务代运营平台。企业通过外贸电子商务代运营服务商，如四海商舟、锐意企创等，建立跨境电子商务平台。服务提供商不直接或间接参与电子商务的买卖过程，而是为从事跨境外贸电子商务的中小企业提供不同的服务模块。

另外，跨境电子商务平台按发展历程，主要包括以下几种类型。

①传统电子商务企业扩展到国外市场。传统电子商务企业在成立之初，通常专做或辐射本国市场。为了保持经济持续增长或者顺应跨境电子商务发展趋势，其经营范围由本国市场扩展到国外市场，从而成立跨境电子商务平台。这些传统电子商务企业主要代表有易贝、亚马逊等。

易贝公司是美国最大的在线商品交易平台。易贝网上不仅有新品，也有二手货，所涉及的类目包括二手车、服饰、书籍、CD或电子产品等，几乎一应俱全。易贝是全国性的买卖平台，全球有超过40个易贝网站，贝宝（PayPal）可以接受超过20种主流货币，在易贝上卖东西，意味着全球的买家都会成为潜在用户。此外，易贝是收费的，这点也保证了在易贝上的生意更有效率。人们在易贝上交易一般都用贝宝（PayPal）支付，大多数可直运到中国，也支持转运，无美国消费税，返利较低。

②传统企业开发跨境电子商务平台。传统企业伴随电子商务的兴起与发展，涉入电子商务业务，并逐步进入跨境电子商务市场。该类企业主要以传统零售企业为主，如沃尔玛等。

③专营跨境电子商务平台。该类企业为经营跨境电子商务业务而成立，成为专注于跨境电子商务业务的企业，如全球速卖通与全球购、洋码头、兰亭集势等。

④物流企业涉足跨境电子商务业务，并成立跨境电子商务平台。一些物流企业借助其自身物流资源与优势，开始涉足跨境电子商务业务，建立平台，如顺丰等。

（二）跨境电子商务的交易流程

国内电子商务通常只涉及一国自身的信息化发展条件及其相关政策环境，然而由于网上交易涉及对外贸易，因而跨境电子商务要远比国内电子商务复杂得多。这种复杂性就在于每个环节都多出了相应的"内""外"环节。从促进我国"走出去"战略出发，这里主要讨论基于我国的跨境电子商务平台，即向国外消费者出售中国产商品这种当前最典型的情况，有时也会涉及跨境电子商务进口（如"海淘"等）。跨境电子商务的进出口流程方向不同，但组成结构相同。以跨境电子商务出口的流程为例：经过注册的店商（产品制造商、批发商或零售商）将欲售卖商品发送到电子商务网站，并提供商品购买的各类相关信息；通过跨境电子商务企业平台，境外购物者在浏览、比较商品信息后，做出购买决策，然后通过电子支付方式付款并将本币兑换为人民币，从而完成网上购买过程；店商在收到购买者的相关交易信息后，从仓库提货并委托物流企业承运；在出境时，接受检验检疫和海关部门的出关管理；进入购买者国境时，同样需要接受检验检疫和海关部门的查验；最后，承运企业将商品交付给购买者。

跨境电子商务企业或直接与第三方综合服务平台合作，让第三方综合服务平台代办物流、通关商检等一系列环节，从而完成整个跨境电子商务交易的过程。

可以从以下几个方面来分解上述跨境电子商务的基本业务流程。

1. 物流

以类似于京东这样的自营电子商务平台为例，在电子商务平台发布商品信息时，这些商品已经在物流集散中心或物流基地；购物者在做出购买决策后，商品即从其存放地交由物流企业（承运人），承运人接受委托后负责将商品由国内运往国外购物者手中。

2. 资金流

为减少交易成本，跨境电子商务交易最好通过电子支付方式进行结算。与国内电子商务不同，国外购物者只能支付其本国货币，而售卖者只能接收人民币，中间多出了一个汇兑环节。

3. 管理流

跨境电子商务交易的整个流程都面临着相应的公共管理的要求，这些公共管理要求主要包括如下几个方面。一是产品质量检查，商品上市时，需要满足相关管理部门的产品质量要求，售卖方须向相关管理部门提交质量报告并接受其检查。二是外汇管理，在由国外购买者向国内售卖者支付货款的过程中，需要满足国家关于外汇管制的要求。三是海关出入境管理，产品在出关时，一方面需要接受有关部门的产品检验检疫，另一方面需要接受海关部门的通关管理，扣缴关税。四是税收征缴与退税，企业通过电子商务交易的产品会根据国家的有关法律、法规缴纳各方面的税收，出口时还能根据国家相关产业促进政策而获得退税补贴。五是信用管理，在交易的全流程中，都存在着信用管理问题。无论是产品公开的信息，还是购物者所购买的产品的质量、售后服务等，都可能产生信用问题。这就需要来自政府部门、银行、电子商务平台以及社会其他各方面的监督和管理。六是跨境交易纠纷处理，在电子商务交易的全过程中，都可能因为产品与服务质量、品牌真实性、价格等因素而使得产品购买者对售卖者产生不信任的问题，进而出现纠纷甚至提起诉讼。此时，需要来自工商、银行、司法以及其他相关方面的介入，通过调解、仲裁甚至是法院判决途径去解决双方之间的纠纷。

4. 信息流

物流、资金流、管理流的所有必要流程都必须能够转化为统一保存、传输、加工和应用的信息，经过一定的逻辑处理，所有这些信息整合起来即构成完整的电子商务交易信息流。

虽然上述的物流、资金流、管理流、信息流等四个层面是基于国内网店，通过国内的电子商务平台向国外消费者销售产品的情况而展开的，但是对于跨境电子商务的其他各种类型、情况来说，也都是同样存在的。跨境电子商务的各种形式都应该包含着这四个要素之间的流动。毫无疑问，这四个方面的技术应用状况决定了跨境电子商务的发展水平。

二、跨境电子商务的特点与分类

（一）跨境电子商务的特点

跨境电子商务是以网络为依托的，网络空间的特性深刻地影响着跨境电子商务的发展。与传统的交易方式相比，跨境电子商务具有其自己的特点。

1. 数字化

网络的发展使数字化产品和服务的传输盛行。传统国际贸易以实物贸易为主，但随着网络技术的发展和应用，贸易对象逐渐趋向于数字化产品，特别是影视作品、电子书籍、应用软件和游戏等品类的贸易量快速增长。以书籍交易为例，在传统的对外贸易中，是以一本书（即交易实物）为标的物进行买卖，而在跨境电子商务交易中，一个买家只需购买该书网上的数据权即可获取相应的信息，方便又快捷。

通过跨境电子商务进行销售或消费的趋势也越来越明显，跨境电子商务是数字化传输活动的一种特殊形式。数字化传输通过不同类型的媒介，如数据、声音和图像，在全球化网络环境中集中进行，这些媒介在网络中以计算机数据代码的形式出现。传统的对外贸易主要是进行实物交易，而随着网络的发展，一些数字化产品和服务（如电子书、电影等）交易越来越多，数字化传输是在全球化网络大环境中进行的。而跨境电子商务是基于网络发展起来的，必然会带有网络的数字化特征。同时，电子商务的数字化特征给各国的税务机关和法律部门带来了新的考验，这些交易记录体现为数据代码的形式，使得相关部门很难界定该项交易活动，也就无法进行有效监督和税款征收。

2. 多边性

网络的全球性特征带来的积极影响是信息的最大限度共享。电子商务是一种无边界交易，突破了传统交易的地理因素限制。互联网用户可以通过网络，将产品尤其是高附加值产品和服务提交到市场上。传统的国际贸易以双边贸易为主，即使有多边贸易，也是通过多个双边贸易实现的，通常呈线状结构。跨境电子商务可以通过一国的交易平台，实现与其他国家的直接贸易，贸易过程相关的物流、资金流、管理流、信息流由传统的双边逐步向多边方向演进，呈现出网状结构。

3. 直接性

传统的国际贸易要通过中介环节，即通过境内流通企业经过多级分销，才能到达需求的终端企业或消费者。通常情况下进口与出口环节多、耗时长、成本高，会导致交易的效率降低。跨境电子商务则免去了传统交易中的中介环节，可以通过电子商务交易与服务平台，实现多国企业之间、企业与最终消费者之间的直接交易，进出口流程环节少、时间短、成本低、效率高。

4. 全球性

跨境电子商务以电子商务平台为依托进行国际贸易，决定了其全球化的特征。与传统贸易相比，跨境电子商务突破了地域限制和时间限制。一国卖方可以通过互联网发布产品和服务的相关信息，与另一国买方进行交流、磋商，进而达成交易；一国买方也可以通过互联网寻找卖家，进行询价议价、支付结算，最终买到物美价廉的产品或服务。跨境电子商务的全球性特征能最大限度地给全球卖家和买家带来信息资源的共享，但同时也存在一定的支付风险和结算风险。任何人只要掌握了一定的网络基础知识，何时何地都可以将信息输入网络进行网上交易。

5. 匿名性

由于跨境电子商务的全球性和数字化，交易双方主体可以随时随地通过网络进行交易，而且出于规避交易风险的目的，通过电子商务平台进行交易的消费者通常不会暴露自己的真实信息，如真实姓名和确切的地理位置等，但这却丝毫不影响他们顺利地进行交易。跨境电子商务的匿名性造成交易人权利与义务的极其不对称，交易人可以在虚拟的网络环境中享受最大的权利和利益，却承担最小的责任和义务，有的人甚至想方设法地逃避责任。这显然给国家税务机关征收税款带来了无尽的困难。因为交易双方提供的是虚假的信息，所以使得国家税务机关无法通过查找交易人获知其真实的利益所得和交易情况，也就无法计算应缴税款，对纳税人进行合法征税。

6. 即时性

在传统对外贸易交易过程中，交易双方交流多数是通过邮件、传真等方式，信息的发送与接收存在着不同程度的时间差，而且在传输过程中还可能遇到一定的障碍，使得信息无法流畅、即时地进行传递，这在一定程度上会影响国际贸易的进行。不同于传统对外贸易模式，跨境电子商务对于信息的传输是即时的，也就是说无论实际地理位置相距多远，卖家发送信息与买家接收信息几乎是同时进行的，不存在时间差，这在一定程度上等同于传统对外贸易的面对面交流磋商。对于一些数字化商品（如软件、电影等）的交易，下单、付款、交货、结算都可以通过网络瞬间完成，给交易双方带来极大的便利。跨境电子商务的即时性特征减少了传统对外贸易中的中间商环节，使出口商直接面对最终消费者，提高了贸易的效率，但也隐藏了法律危机。这在税收领域表现为，由于电子商务活动的即时性，买卖双方可以随时开始、变动和终止交易活动，增加了贸易的随意性，降低了贸易的有效性。这使得税务机关无法查证双方交易的真实情况，使之监督无效，给税务机关征收税款带来了一定困难。

7. 小批量

由于跨境电子商务通常是单个企业之间或单个企业与单个消费者之间的交易，单次交易额较少，甚至有时是单件交易。通过电子商务交易与服务平台，能够实现多国企业之间、企业与最终消费者之间的直接交易，更具有灵活性和即时性。因而跨境电子商务一般是即时按需采购、销售和消费，相对于传统贸易而言，呈现出小批量特点，交易的次数较多，交易的频率通常也较高。

8. 无纸化

在传统对外贸易中，从询价议价、磋商、订立合同，到货款结算都需要一系列的书面文件，并以之为交易的依据。而在电子商务中，交易主体主要采取无纸化的操作形式，这是跨境电子商务不同于传统贸易的典型特征。卖方通过网络发送信息，买方通过网络接收信息，整个电子信息的传输过程实现了无纸化。无纸化的交易方式，一方面使信息传递摆脱了书面文件的限制，使之更加有效率，另一方面也造成了法律制度的混乱。因为现行的法律、法规多数是以"有纸交易"为出发点的，并不适应跨境电子商务的无纸化交易。跨境电子商务以无纸化交易方式代替了传统对外贸易中的书面文件（如书面合同、结算单据等）进行贸易往来。在这种无据可查的情况下，税务机关无法获知纳税人交易的真实情况，加大了税务机关获取纳税人经营状况的难度，使得其中一部分税款流失，不利于国家的税收政策实施。以印花税为例，其作为各国普遍征收的传统税种之一，必须以交易双方提供的书面合同为依据进行征收。但在无纸化的电子商务环境中，没有物质形态的法律合同和书面凭证，因而国家对印花税的征收便无章可循、无法可依。

（二）跨境电子商务的分类

跨境电子商务包含诸多要素，如交易对象、交易渠道、货物流通、监管方式、资金交付、信息和单据往来等，按照这些要素的不同性质，可以将跨境电子商务分为不同的类型。

①按照货物流通方向的不同，可以分为进口跨境电子商务和出口跨境电子商务。

②按照交易对象的不同，可以分为B2B、B2C、C2C、B2G等类型。B2B，即企业与企业之间的跨境电子商务，主要用于企业间的采购与进出口贸易等。在B2B交易中，卖方企业通过电子商务平台发布产品信息和出售广告，交易和通关等环节在线下完成，本质上还是属于传统对外贸易范畴，已纳入海关的统计数据。B2C，即企业与消费者个人之间的跨境电子商务，主要用于消费者网购和企业直接销售。在B2C交易中，卖方企业在电子商务平台上销售个人消费品，贸易对象为国外消费者，主要以航空小包、快递、邮寄等作为物流手段，以快递或邮政公司作为报关主体，目前大多未纳入海关的统计数据。C2C，即消费者之间的跨境电子商务，主要是消费者个人之间的交易。B2G主要是企业与政府之间的跨境电子商务，主要应用于政府采购。

③按照海关监管方式的不同，可分为一般跨境电子商务和保税跨境电子商务。一般跨境电子商务主要用于一般进出口货物，大多为小额进出口货物；保税跨境电子商务主

要是提前提货到保税区，平台提供用户订单后，通过保税直邮的方式，由保税区直接发货给用户。

④按照交易渠道的不同，可分为电子数据交换方式和互联网方式。电子数据交换广泛存在于大型企业中，是由国际标准化组织（ISO）推出使用的国际标准，是一种为商业或行政事务处理而推行的一个公认的标准，以形成结构化的事务处理或消息报文格式，从计算机到计算机的电子传输方法也是计算机可识别的商业语言。这一方式主要用于国际贸易中的采购订单、装箱单、提货单等数据的交换。

三、跨境电子商务与相关概念

（一）跨境电子商务与传统海淘

海淘，也称海外、境外网站购物，即商品需求方通过互联网检索海外商品的相关信息，并通过电子订单发出购物请求，运用在线信用卡、贝宝（PayPal）等方式完成货款支付。接到订单与支付信息后，海外购物网站通过国际快递、邮政小包，或者由转运公司代收货物再转寄回国。所谓转运，即在商家和客户之间增加一个中转机构，让商家在无法通过既有物流方式送达商品时，可利用中转机构将商品间接送达客户手中。此类中转机构即转运公司。转运公司并非物流公司，比较知名的转运公司包括美淘类的风雷速递、百通物流、先锋快递等；日淘类的TENSO、立夫转运、JChere、音速转运等；澳淘类的澳转运、易转运、斑马物联网等。常规的转运流程包括转运公司签收—入库登记—仓储—出库—机场候机—航班回国—通关—国内投递等环节。其中，转运公司主要负责签收到出库期间的管理，后续业务多外包给其他国际、国内物流公司。

①海淘模式的主体一般是个人；跨境电子商务模式的主体是企业、个人。

②海淘模式是指消费者不依赖代购商家，直接去国（境）外网购淘货；跨境电子商务模式主要是消费者通过跨境电子商务平台进行交易，并有"网购保税"模式。该模式是指跨境电子商务企业集中通过海外采购货物，囤货于试点城市的保税区仓库。

③在海淘模式下，消费者可以根据自己的需求与喜好自由购买商品，自由度更大；在跨境电子商务模式下，消费者更多需要看供应方的产品清单，相对受限。

④在海淘模式下，物品的入关是以"个人物品"报关，且转运在国（境）外尚处在灰色地带；在跨境电子商务模式下，物品进出口则是透明的、合法化的。

⑤海淘物品的总价格包括物品价格、国（境）外消费税、运费（不少电子商务网站包邮则这笔钱可以省掉）转运运费以及可能没有规避掉的关税。不过，海淘对于个人买家而言仍具有很强的价格优势，这主要在于一些单品在国（境）外电子商务网站大促销时，或许可以享受极低价格，覆盖掉其后会产生的运费和关税；境外电子商务的商品需要增加的费用在于为监管而支付的进口关税。例如，天猫国际这样的跨境电子商务平台，还会要求商家为消费者支付行邮税。而"网购保税"模式可享受一定的保税优惠，由于

是集中从海外进货存放在保税仓内,物流和人力成本会下降,预计总体实际成本可下降10%~20%,因此最终的价格与海淘比相差不多。

⑥海淘一般会通过转运的方式,大量存在的小型转运公司是以默认规避关税为前提的,但随之而来的问题是,安全性与时效性没有保障;跨境电子商务由于其规范化与合法化,因此更有保障,发货周期也较短。

跨境电子商务的出现使得传统的海淘模式开始发生转变,以往的"海淘一族"可以通过规范合法的跨境电子商务平台购买境外商品,使得海淘行为更加阳光化。

(二)跨境电子商务与海外代购

1. 海外代购概念与分类

海外代购模式,简称"海代",是继海淘之后第二个被消费者熟知的跨国网购概念。海外代购模式大致分为两种类型:一种是委托他人从境外带货到中国(通过直接携带或快递),简而言之就是身在海外的人或商户为有需求的中国消费者在当地采购所需商品并通过跨国物流将商品送达消费者手中;另一种是从国内带货到国外,通常称为逆向代购。

从业务形态上,海外代购模式大致可以分为以下两大类。

(1)海外代购平台

海外代购平台的运营主要在于尽可能多地吸引符合要求的第三方卖家入驻,不会深度涉入采购、销售以及跨境物流环节。入驻平台的卖家一般都是具有海外采购能力或者跨境贸易能力的小商家或个人,他们会定期根据消费者订单集中采购特定商品,通过转运或直邮方式将商品发往中国。海外代购平台是典型的跨境C2C平台,海外代购平台通过向入驻卖家收取入场费、交易费、增值服务费等获取利润。

海外代购平台的代表性商家包括淘宝全球购、京东海外购、易趣全球集市、美国购物网。淘宝全球购、京东海外购都具备一定流量水平,但交易信用、售后服务等环节始终是消费者最大的顾虑。不少消费者在发觉买到假货、高仿、出口转内销商品后,都因为无法实现有效维权而深感郁闷。尽管海外代购平台的潜在营销规模巨大,但上述问题如果无法有效控制,那么海代市场的预期成长规模依然存在高度的不确定性。

(2)微信朋友圈海外代购

微信朋友圈代购是依靠朋友圈社交关系从移动社交平台自然发展起来的原始商业形态。其优势是以社交关系为基础,真实性能够得到一定的保证;其劣势是由于朋友圈海外代购一般为兼职代购,该模式的可持续性不强。另外,虽然社交关系对交易的安全性和商品的真实性起到了一定的作用,但受骗的例子并不在少数,消费者在受骗后难以有效维权。随着海关政策的收紧,监管部门对朋友圈个人代购的定性很可能会从灰色贸易转为走私性质。

在海外代购市场格局完成未来整合后,这种原始模式恐怕将难以为继,其可持续性不强。

2.跨境电子商务与海外代购的竞争分析

随着经济水平和生活水平的提高，以及人们对境外产品认可度的提高，国内海外代购拥有诸多机遇。下面从政治、经济、文化、技术等各方面入手，对海外代购面临的机遇进行剖析。

（1）白领阶层不断扩大给海外代购带来需求上的快速增长

随着经济的发展，新生白领阶层不断扩大，未来白领阶层更将成长为社会的主力阶层和主力消费人群。他们有较强的购买力，乐于接受新鲜事物、乐于冒险，并追求更高的生活品质，由此带来的对高品质、低价格的品牌产品需求日益扩大，有利于海外代购行业的进一步蓬勃发展。

（2）新的生育高峰带来对高品质孕婴产品需求的快速增长

由于国内社会面临一个新的生育高峰，以及国内奶粉和食品安全问题使得人们对国外知名品牌高档、安全的奶粉等妇婴用品的需求加速增长，这将更有利于海外代购的发展。

（3）人民币汇率升值提升了国外产品的市场吸引力

人民币汇率总体呈现一个长期升值的趋势，人民币汇率的上升导致国外产品价格的相对下降，国内消费者对国外产品的需求随之增长。

（4）网络技术的进步有利于海外代购的宣传推广

新的交流平台，如微信、微店等的出现有利于海外代购产品的推广和宣传。海外代购主要面临两大竞争对手，包括国内跨境电子商务和国外跨境电子商务。一方面，近年来国内跨境电子商务实现了高速发展，相关流程、制度也日益规范和完善；另一方面，海外电子商务加快了对国内市场的扩张。2012年12月，英国奢侈品网站NET-A-PORTER并购了中国香港的熟客网，开通中国分站颇特莱斯，并推出针对亚太地区的中文站"颇特女士"。2013年6月，美国闪购网站Fab获得了腾讯1.5亿美元投资，试图通过腾讯用户基础和流量实力，为其进入中国市场做铺垫。2013年7月，英国最大时尚电子商务平台ASOS也传出消息，将联合商务平台供应商Hybris初入中国市场，建立中国物流，重点向二三线城市拓展。分析人士表示，海外电子商务瞄准中国，对国内最大的威胁在于国际品牌供应链将被海外电子商务平台从上游切断，国际品牌进军中国网购市场的入口被前置。海外代购面临的挑战也日益严峻，主要包括以下几点。

①国家政策限制不断加大将进一步压缩行业发展空间。财政部会同海关总署、国家税务总局发布的我国跨境电子商务零售进口税收新政策于2016年4月8日生效，跨境电子商务零售进口商品将不再按邮递物品征收行邮税，而是按货物征收关税和进口环节增值税、消费税，代购行业受海关政策影响，价格不断上涨，交易量的增长速度逐渐放缓，加剧了行业内部竞争。

②传统正规渠道降价给海外代购带来一定的威胁。面对海外代购的迅速发展，国内传统销售渠道采取降价的方式进行竞争。而海外代购模式在面临送货周期、退换货等风

险的情况下，其生存发展空间将受到一定的挤压。

③跨境 B2C 平台的不断完善对海外代购造成较大的威胁。如今越来越多的跨境 B2C 网站可直接在全球进行货物配送，且已针对语言障碍问题进行了完善，如许多网站增加了多语言版本，同时国内主要购买群体的外语水平不断提升，客服可减少因语言不通带来的购买障碍。海外直购网站的发展将对海外代购产生较大的威胁。

④客户信任度的降低带来海外代购业务缩减。一方面，由于大多数商家为了避税将货品标签取掉，所以客户通过代购渠道买来的商品一般拿不到正规票据，导致以仿制品充当真品事件时有发生，即使是正品，质量和后期服务也难以得到保障；另一方面，海外代购买卖行为发生在海外，商品的质量、运输、关税、售后服务等无法保障，而且由于对最终消费者的损害发生在国内，因此消费者若想直接向海外零售商索赔，在法律适用上可能会有冲突。这两个方面因素引发的客户信任风险可能导致海外代购业务的缩减，影响海外代购业务的发展。

（三）跨境电子商务与传统国际贸易

在原始社会时期，简单的物物交换就已经开始出现。交换的双方既是买者也是卖者，他们利用为数不多的剩余产品与其他人交换自己所需的产品。直到第二次社会大分工以后，货币作为一种一般等价物出现在人们的生活中，曾经简单的物物交换通过货币这个媒介发展到了一个新的阶段。传统国际贸易从交易前的准备到合同的执行再到最后的支付过程，都与面谈或电话等传统方式是分不开的。从货物流通的渠道上看，传统国际贸易的商品需要通过企业、批发商、零售商，最后才能到达消费者手中；从交易对象上看，由于当时交通条件等限制，只有部分地区能够存在互通的商务模式；从交易时间上看，必须在固定的营业时间内可以进行手续等的对接；从销售地点上看，必须要有一个店铺之类的销售空间；从顾客便利度上看，在很大程度上会受到时间和地域的限制。总结来看，传统国际贸易方式具有以下缺点与劣势。

1. 价格制定不规范

因为没有电子产品的帮助，所以在传统国际贸易方式中，买卖双方对于商品价格的制定是按照签订合同时商品的供求关系来决定的。但是，市场和供求关系都是无时无刻不在变化的，因此，当货物交付时，市场价格或高或低地出现变化都是很常见的现象。而价格的变化必然会使买方或者是卖方遭受到一定的经济损失。同时，由于不同的地域对同一商品存在不同的需求，因此在传统国际贸易方式中很难存在十分公平的价格。

2. 物流环节成本高

从生产商到中间商再到零售商最终到消费者，这种传统的售卖模式存在过多的中间环节，相应的也会造成更多的人力、物力和财力的浪费。在这个过程当中，不仅仅会增加交易的成本，同时也容易因为时间过长而造成产品本身的损失和浪费。

3. 合同制定成本高

由于每一次购买都需要重复制定合同，从寻找买家到询价等所有的步骤都需重新经历一遍，就每一个细节都需要反复地进行争论与决策。这对大客户来说，大大增加了签订每一笔合同的成本。这种成本的增加随之就会体现在商品的售价上，从而导致商品价格的浮动。

4. 地理区域限制多

传统国际贸易由于地理范围的限制，交易货物的可选择性有限，特别是对于交易规模较小的货物品类，在交易过程中买卖双方沟通和商品详情浏览都会因地理范围而受限制。同时，国家或区域贸易保护进一步限制了国际间的贸易频率和贸易种类。

与传统国际贸易相比，跨境电子商务具有突出优势，但也存在一些缺陷，如明显的通关、结汇和退税障碍，贸易争端处理不完善等。两种贸易方式的差异主要体现在以下几点。

（1）交易主体差异

传统国际贸易的交易主体通常是企业对企业，双方面对面进行直接接触；跨境电子商务借助互联网，交易主体更加广泛，包括企业对企业、企业对个人、个人对个人，有时也包括政府部门等。

（2）交易环节差异

传统国际贸易出口渠道的一般形式为，国内制造商—出口商—进口商—零售商—消费者。传统国际贸易的信息获取、资金流通和货物运输通常相互分离，交易环节较为复杂，所涉中间商比较多，因而其贸易周期较长、利润率较低；而跨境电子商务作为基于互联网的运营模式，打破了外贸出口必须依赖中间商这一束缚，使得企业可以直接面对个体批发商、零售商，甚至是直接的消费者。因此，跨境电子商务省去了很多传统国际贸易的中间环节，并直接延伸到零售环节，从而有效减少了贸易流程，价值链相应缩短，交易渠道更加扁平化。

（3）运营成本差异

在传统国际贸易方式下，人员需要经常性地外出谈判和参加活动，同时需要在各国设立分支机构，运营成本较大；跨境电子商务可以利用网络采用智能化管理模式，同时开展网络营销和预售活动，能够帮助品牌增加总需求量并测试市场反应，进而缩短产品开发周期，降低生产采购成本和物流仓储成本，提高营运资金的周转效率。

（4）订单类型差异

在传统国际贸易方式下，订单数量较大且集中，订单周期相对较长；跨境电子商务借助互联网就能够进行实时采购、按需采购，通常订单批量小，订单周期比较短。

（5）贸易产品差异

传统国际贸易的贸易产品比较固定，产品类目比较少，同时更新速度比较慢；跨境电子商务比传统贸易方式下的产品类目更多、更新速度更快。企业可以借助互联网直接面对消费者，建立海量商品信息库，实行个性化广告推送，以口碑聚集消费需求。由于掌握更多消费者的数据，跨境电子商务企业更能设计和生产出差异化、定制化产品。

（6）争端处理差异

传统国际贸易的支付方式较为常见，因而其支付流程比较完善，也具备健全的争端处理机制；跨境电子商务一般具有专门的第三方支付平台，小额量大的跨境电子商务交易日益频繁。传统的争端解决机制包括向法院提起诉讼、网上调解、网上仲裁等不适合处理这类小额量大的跨境电子商务争议。加之跨境电子商务的发展历程较短，完善的争端处理机制还未形成。

（7）通关结汇差异

传统国际贸易按照其程序进行交易，可以享受正常的通关、结汇和退税政策；跨境电子商务在通关方面速度较慢或受到更多限制，除却个别试点城市，均无法享受退税和结汇政策。

第二节　跨境电子商务的兴起

一、跨境电子商务的沿革与发展

跨境电子商务作为国际贸易的新手段，是电子商务发展到一定阶段产生的新型贸易形式，不仅使国际贸易走向无国界贸易，同时也引起了世界贸易方式的巨大变革。对企业来说，跨境电子商务构建的开放、多维、立体的多边经贸模式，极大地拓宽了企业进入国际市场的路径，大大促进了多边资源的优化配置与企业间的互利共赢。跨境电子商务也经历了多种概念的演变。

（一）APEC无纸贸易

2004年，在亚太经济合作组织（APEC）第16届部长级会议上，电子商务指导小组提出《APEC跨境无纸贸易行动战略》，为APEC无纸贸易的实施制定了行动框架和时间表。所谓跨境无纸贸易是指，至2006年，相关经济体可参与电子原产地证书、电子卫生证书和电子检疫证书跨境传输的探路者计划。到2010年，大多数成员经济体应实现国内无纸贸易，并实行跨境海关数据传输试点项目。到2020年，将在整个亚太地区建立一个全面的无纸化贸易环境，在全区内实现贸易相关信息的电子数字传输，借以减少和消除在贸易管理、报关、国际运输和财务结算中需要的纸质文件，最终实现亚太地区全面无纸化贸易的目标。

（二）E 国际贸易

E 国际贸易作为一个新兴的概念被许多学者提出。简单地说，凡是通过电子商务进行的国际贸易活动，都可称为 E 国际贸易。E 国际贸易主要是相对传统贸易活动（如电话、传真等）而言的，现在所说的 E 国际贸易，主要是指基于互联网技术而开展的国际贸易活动。对于进出口商而言，从网上寻找买家到网上报价、网上洽谈，直到最后收款，都属于 E 国际贸易的范围。E 国际贸易的核心仍然是国际贸易所涵盖的内容，电子商务只是其承载的工具和手段，以网络为所有信息的载体，以网络来完成信息流的快速传送，从而最大限度地缩短以往物流传送所耗费在信息流上的时间，期间如何保证信息的准确、保密并不被修改，成为交易双方共同认可的信息，是 E 国际贸易能否成功的关键。

（三）全球电子商务

全球电子商务是指在全世界范围内进行的电子交易活动，参加电子交易的各方通过网络进行贸易。这涉及有关交易各方的相关系统，如买方国家进出口公司系统、海关系统、银行金融系统、税务系统、运输系统、保险系统等。

全球电子商务主要是针对全球商务活动的电子商务。全球贸易活动中，交易行为一般涉及政府的行政管理部门、贸易伙伴和相关的结算、运输、商检等商业部门，全球贸易的交易行为和过程本身并不直接针对市场上的消费者。因此，全球电子商务只是包括了商业机构对商业机构、商业机构对行政机构的电子商务活动。贸易伙伴之间以及贸易伙伴与相关银行、运输部门、保险部门、商检、海关和政府部门等之间传输订单和相关单据及文件就成为全球电子商务活动的主要内容之一。

二、中国跨境电子商务兴起的缘由

（一）政府政策的大力支持

中国政府也越发重视跨境电子商务的发展，相继出台了一系列政策来扶持跨境电子商务的发展。2012 年 3 月 12 日，商务部出台了《关于利用电子商务平台开展对外贸易的若干意见》；2012 年 5 月国家发展和改革委员会（以下简称"发改委"）印发《关于组织开展国家电子商务示范城市电子商务试点专项的通知》，确定了网络发票应用、电子商务企业公共信息服务、电子商务支付基础平台、跨境电子商务、电子商务诚信交易服务、电子商务标准和交易产品追溯服务六项重点试点领域；2012 年 12 月，由发改委、海关总署共同开展的国家跨境电子商务试点工作在郑州正式启动，郑州、上海、重庆、杭州和宁波成为跨境电子商务试点城市，中国跨境电子商务的发展进入了新阶段；2013 年 8 月 29 日，商务部网站发布消息，国务院办公厅转发商务部等部门《关于实施支持跨境电子商务零售出口有关政策的意见》，提出了六项措施，对于跨境电子商务出口在海关、检验检疫、税务以及收付汇等方面提出具体措施，由包括海关、财政部、商务部在内的九个部委协调开展；2013年10月底，商务部发布《关于促进电子商务应用的实施意见》；2014年1月，财政部、国家税务总局联合发布《关于跨境电子商务零售出口税收政策的通知》，明确跨境电子商务零售出口有关的税收优惠政策；2014年5月，国务院发布《关于支持外贸稳定增长的若干意见》，加快推进外贸生产基地、各类贸易平台和国际营销网络建设，出台跨境电子商务贸易便利化措施等；2016年4月，财政部、海关总署、国家税务总局三部委发布的《关于跨境电子商务零售进口税收政策的通知》正式实施，全国跨境电子商务税收规范和标准正式统一。2018年7月1日起，中国决定降低部分日用消费品的最惠国税率，共涉及1449个税目，为跨境电子商务减轻了企业运营成本，也使得消费者能用更便宜的价格买到商品。而22个城市跨境电子商务综合试验区的设立，再一次体现了国家对跨境电子商务行业的重视。在这种背景下，那些相对正规、规模较大的跨境电子商务平台正在逐步显示出更突出的比较优势，令跨境电子商务行业迎来了行业整合的"机遇期"。

（二）全球金融危机的推动

源于2008年的金融危机使得全球经济陷入低速增长的泥潭，在国际市场需求紧缩对外贸企业出口造成严重冲击的同时，国内外贸企业面临的跨境贸易形式也发生了不可逆转的显著变化——传统外贸集装箱式的大额交易正逐渐被小批量、多批次、快速发货的外贸订单所取代。在全球金融危机影响下，受资金链紧张及市场需求乏力等因素的制约，传统贸易进口商（尤其是一些中小进口商）往往将大额采购分割为中小额采购，将长期采购变为短期采购，以分散风险。这就极大地推动了以在线交易为核心，便捷、及时服务为优势的电子商务跨境小额批发及零售业务的发展。

（三）小额跨境电子商务的低门槛

相对于传统国际贸易方式而言，跨境电子商务的门槛并不高，在国内选择合适的产品及进货渠道，然后通过国际性的电子商务平台联系国外的买家并出售产品，支付方式选择国际性的第三方支付平台（如贝宝），物流则交给跨境邮政及快递公司来完成。随着跨境电子商务市场的不断拓展，跨境电子商务交易平台的建立已经没有技术上的障碍。从整个操作流程来看，似乎已经与国内企业间的电子商务（B2B）及普通消费者的网购（B2C）没有太多差别，只是更具国际性而已。跨境电子商务平台及跨境物流配送是小额跨境电子商务发展的关键，目前致力于小额跨境电子商务市场的信息平台有易贝中国、阿里巴巴全球速卖通、敦煌网、环球资源网等，基于这些平台就可以在线完成小额外贸交易。其中，作为跨国电子商务巨头的易贝，是拥有全球3亿多买家的超级平台，主要用户来自电子商务环境比较成熟的欧美，旗下有能够支持120多个国家和地区、20多种货币的在线支付工具贝宝，在全球电子商务交易的支付环节中起着举足轻重的作用。与此同时，小额跨境电子商务的兴起也直接推动了跨境电子商务物流的产生和发展，在此期间，兼顾成本、速度、安全甚至包括更多售后服务内容的物流服务产品应运而生，又在一定程度上加快了小额跨境电子商务的发展速度，使其呈现出加速发展的态势。

三、中国跨境电子商务的发展历程

1999年阿里巴巴实现用互联网连接中国供应商与海外买家后，中国对外出口贸易就实现了互联网化。在此之后，中国跨境电子商务经历了三个阶段，实现了从信息服务到在线交易、全产业链服务的跨境电子商务产业转型。

（一）跨境电子商务1.0阶段（1999年—2003年）

跨境电子商务1.0阶段的主要商业模式是网上展示、线下交易的外贸信息服务模式。跨境电子商务1.0阶段第三方平台主要的功能是为企业信息以及产品提供网络展示平台，在网络上并不涉及任何交易环节。此时的盈利模式主要是向进行信息展示的企业收取会员费（如年服务费）。在跨境电子商务1.0阶段发展过程中，也逐渐衍生出竞价推广、咨询服务等形式，为供应商提供一条龙的信息流增值服务。

在跨境电子商务1.0阶段，阿里巴巴国际站以及环球资源网是这一类平台的典型代表。其中，阿里巴巴集团成立于1999年，以网络信息服务为主，线下会议交易为辅，其旗下的阿里巴巴国际站是中国最大的外贸信息平台之一。环球资源网1970年成立，是亚洲较早的市场贸易资讯提供者，并于2000年4月28日在纳斯达克证券交易所上市。

2003年国际电子商务巨头易贝以并购方式进入中国大陆市场，次年敦煌网上线。两大平台的市场定位不尽相同：敦煌网明确定位为将中国产品以零售方式卖到境外；易贝（中国）则沿袭其在其他国家和地区的做法，打破地区与国家界限，以零售方式实现商品的无障碍流通。随后又出现众多类似平台，如阿里巴巴全球速卖通、兰亭集势等。这一时期的跨境电子商务平台仅局限于以零售方式外销，被业界形象地称为"国际版淘宝"。有人称此阶段为我国跨境电子商务形成的初级阶段。

在此期间还出现了中国制造网、韩国EC21网、Kellysearch等大量以供需信息交易为主的跨境电子商务平台。跨境电子商务1.0阶段虽然通过互联网解决了中国贸易信息面向世界买家的难题，但是依然无法完成在线交易，对于外贸电子商务产业链的整合仅完成信息流整合环节。

（二）跨境电子商务2.0阶段（2004年—2012年）

2004年，随着敦煌网的上线，跨境电子商务2.0阶段来临。在这个阶段，跨境电子商务平台开始摆脱纯信息黄页的展示行为，将线下交易、支付、物流等流程实现电子化，逐步成为在线交易平台。

2006年—2007年，中国出现了依托境外电子商务平台进行进口商品消费的活动，被称为"海淘""代购"。随后中国大陆也应运而生了专门提供境外商品选购的网络平台，如洋码头、跨境通、万国优品等，国内消费者可通过这些电子商务平台实现足不出户，逛遍全球商超。这些平台的出现，从形式上完善了跨境电子商务，实现了零售业的无国界运行。至此，跨境电子商务形式得以完全形成。

相比第一阶段，跨境电子商务2.0阶段更能体现电子商务的本质，借助于电子商务平台，通过服务、资源整合有效打通上下游供应链，包括B2B（平台对企业小额交易）平台模式以及B2C（平台对用户）平台模式。在跨境电子商务2.0阶段，B2B平台模式为跨境电子商务主流模式，平台通过直接对接中小企业商户实现产业链的进一步缩短，提升商品销售利润空间。2011年敦煌网宣布实现盈利，2012年持续盈利。

在跨境电子商务2.0阶段，第三方平台实现了营业收入的多元化，同时实现了后向收费模式，将"会员收费"改成以收取交易佣金为主，即按成交效果来收取百分点佣金。同时还通过平台上的营销推广、支付服务、物流服务等获得增值收益。

（三）跨境电子商务3.0阶段（2013年至今）

2013年是跨境电子商务的重要转型年，跨境电子商务全产业链都出现了商业模式上的变化。随着跨境电子商务的转型，其3.0阶段随之到来。

第一，跨境电子商务3.0阶段具有大型工厂上线、批发商买家成规模、中大额订单比例提升、大型服务商加入和移动用户量爆涨五方面特征。与此同时，跨境电子商务3.0阶段服务全面升级，平台承载能力更强，全产业链服务在线化也是这一阶段的重要特征。

第二，在跨境电子商务3.0阶段，用户群体由草根创业向工厂、外贸公司转变，具有极强的生产、设计和管理能力。平台销售产品由网络商品、二手货源向一手货源和好产品转变。

一方面，3.0阶段的主要卖家群体正处于从传统外贸业务向跨境电子商务业务的艰难转型期，生产模式由大生产线向柔性制造转变，对代运营和产业链配套服务需求较高。另一方面，3.0阶段的主要平台模式也由C2C、B2C向B2B、F2B模式转变，批发商买家的中大额交易成为平台主要订单。

跨境电子商务行业可以快速发展到3.0阶段，主要得益于以下几个方面。

第一，得益于中国政府的高度重视。在中央及各地方政府大力推动的同时，跨境电子商务行业的规范和优惠政策也相继出台。如《关于跨境贸易电子商务进出境货物、物品有关监管事宜的公告》（总署公告〔2014〕56号）、《关于促进电子商务健康快速发展有关工作的通知》（发改办高技〔2012〕226号）、《关于开展国家电子商务示范城市创建工作的指导意见》（发改高技〔2011〕463号）等多项跨境电子商务相关政策的出台，在规范跨境电子商务行业市场的同时，也让跨境电子商务企业开展跨境电子商务业务得到了保障。特别是2013年8月，国务院转发商务部等部门的《关于实施支持跨境电子商务零售出口有关政策的意见》；2015年2月海关总署发布公告，增列海关监管方式代码"9610"（全称：跨境贸易电子商务），使得跨境电子商务在海关得以定性。

第二，在海外市场，B2B在线采购已占据半壁江山。有相关数据指出，在美国，B2B在线交易额达5590亿美元，是B2C交易额的2.5倍。在采购商方面，59%采购商以在线采购为主，27%采购商月平均在线采购5000美元，50%供货商努力让买家从线下转移到线上，以提升其利润和竞争力。

第三，移动电子商务的快速发展也促进了跨境电子商务3.0阶段的快速到来。2013年，智能手机用户占全球人口22%，首次超过个人计算机比例，智能手机使用量达14亿台。同时，亚马逊公司公布，2014年圣诞购物季使用移动端进行购物的用户占比达50%。在美国比价网站PriceGrabber调查中显示，2014年感恩节购物季，40%的消费者会在进商场前进行网上比价，50%的消费者在商场会使用智能手机进行网上比价。一方面，移动电子商务的快速发展得益于大屏智能手机的普及和无线网络环境的改善，使用户移动购物体验获得较大提高，用户移动购物习惯逐渐形成。另一方面，电子商务企业在移动端的积极推广和价格促销等活动都进一步促进移动购物市场交易规模大幅增长。方便、快捷的移动跨境电子商务也为传统规模型外贸企业带来了新的商机。2018年仍是移动电子商务购物蓬勃发展的一年。极光大数据发布的《2018年电商行业研究报告》数据显示，移动购物用户规模在过去一年增长两亿，目前已达7.83亿，同时用户渗透率增长超过10%。

第三节 国际贸易的产生与发展

一、原始社会时期的贸易

（一）原始社会初期

在原始社会初期，人类的祖先结伙群居，打鱼捕兽，生产力水平极度低下，人们处于自然分工状态，劳动成果仅能维持群体最基本的生存需要，没有剩余产品用以交换，因此谈不上有对外贸易。

（二）原始社会后期

人类历史的第一次社会大分工，即畜牧业和农业的分工，促进了原始社会生产力的发展，使得产品除维持自身需要以外，还有少量的剩余。人们为了获得本群体不生产的产品，便在氏族或部落之间用剩余产品进行交换。当然，这种交换还是极其原始并偶然发生的物物交换。

在漫长的年代里，随着社会生产力的继续发展，手工业从农业中分离出来，并成为独立的部门，于是形成了人类社会第二次大分工。手工业的出现，产生了直接以交换为目的的生产——商品生产。当产品是专门为满足别人的需要而生产时，商品交换就逐渐成为一种经常性的活动。随着商品生产和商品交换范围的扩大，又出现了货币。于是，商品交换就变成了以货币为媒介的商品流通。这样就进一步促进私有制和阶级的形成。由于商品交换的日益频繁和交换的地域范围不断扩大，又产生了专门从事贸易的商人阶层。人类历史上第三次社会大分工使商品生产和商品流通范围进一步扩大，之后阶级和国家相继形成。于是，到原始社会末期，商品流通开始超越国界，这就产生了对外贸易。

人类社会三次大分工，每次都促进了社会生产力的发展和剩余产品的增加，同时也促进了私有制的发展和奴隶制的形成。在原始社会末期和奴隶社会初期，随着阶级和国家的出现，商品交换超出了国界，国家之间的贸易便产生了。

二、奴隶社会时期的国际贸易

在奴隶社会，自然经济占主导地位，其特点是自给自足，生产的目的主要是消费，而不是交换。奴隶社会虽然出现了手工业和商品生产，但在国家整个社会生产中显得微不足道，进入流通的商品数量很少。同时，由于社会生产力水平低下和生产技术落后，交通工具简陋，道路条件恶劣，严重阻碍了人与人的交流，对外贸易局限在很小的范围内，其规模和内容都受到很大的限制。奴隶社会是奴隶主占有生产资料和奴隶的社会，奴隶社会的对外贸易是为奴隶主阶级服务的。当时，奴隶主拥有财富的重要标志是其占有多少奴隶，因此在奴隶社会国际贸易中的主要商品是奴隶。据记载，希腊的雅典曾经是一个贩卖奴隶的中心。此外，粮食、酒及其他专供奴隶主阶级享用的奢侈品，如珠宝饰品、珍贵的织物、香料及奇珍异宝都是当时国际贸易中的重要商品。

奴隶社会时期从事国际贸易的国家主要有腓尼基、希腊、罗马等，这些国家在地中海东部和黑海沿岸地区主要从事贩运贸易。中国在夏商时代进入奴隶社会，国际贸易主要集中在黄河流域。各国的国际贸易虽然在奴隶社会经济中不占有重要的地位，但是它促进了社会生产力的发展。

三、封建社会时期的国际贸易

封建社会时期的国际贸易比奴隶社会时期有了较大的发展，尤其是从封建社会的中期开始。到了封建社会中期，随着社会生产力的显著提高与商品生产的发展，实物地租转变为货币地租的形式。在封建社会晚期，随着城市手工业的发展，资本主义因素已孕育而生，商品经济和对外贸易都有较快的发展。

在13世纪～14世纪的欧洲形成了南北两大主要贸易区：一个是地中海地区，以意大利城市，特别是威尼斯、热那亚、比萨等为中心；另一个是北海和波罗的海地区，以德国北部、英国等地为中心。

中国在西汉时期，就开辟了从长安经中亚通往西亚和欧洲的陆路商路——丝绸之路，把中国的丝绸、茶叶、瓷器等商品送往欧洲各国，并从中东、欧洲各国输入香料、药材、农产品、呢绒和饰品等。到了唐朝，中国除了陆路贸易外，还开辟了通往波斯湾以及朝鲜和日本等地的海上贸易。明朝是中国对外贸易的鼎盛时期，不仅陆路贸易有所发展，而且海上贸易也非常发达。郑和七次率领商船队下西洋，足迹遍布东南亚、南洋诸岛、阿拉伯半岛和东非一带，先后访问了三十多个国家，同许多国家保持并发展了贸易和外交关系，使中国成为当时最大的海上贸易强国之一。

在封建社会，国际贸易的商品仍然主要是奢侈消费品，如东方国家的丝绸、茶叶、瓷器，西方国家的呢绒、酒、珠宝、香料等。

从总体上说，封建社会自给自足的自然经济仍占统治地位，社会分工和商品经济仍不发达，进入流通领域的只是少数剩余农产品、土特产品和手工业品。国际贸易在经济生活中的作用还相当小，对各国经济发展的影响不显著。国际贸易并不是社会生产方式存在下的必不可少的因素。

15世纪的"地理大发现"，以及由此产生的欧洲各国的殖民扩张，大大促进了各洲之间的贸易发展，从而开始了真正意义上的"世界贸易"。但国际贸易到了资本主义阶段才获得了广泛的发展。

四、资本主义社会时期的国际贸易

（一）资本主义生产方式准备时期的国际贸易

15世纪末期至16世纪初，哥伦布发现新大陆，达·伽马从欧洲经由好望角到达亚洲，麦哲伦完成环球航行，这些"地理大发现"对西欧经济发展和全球国际贸易产生了十分深远的影响。大批欧洲冒险家前往非洲和美洲进行掠夺性贸易，运回大量金银财富，甚至还开始进行买卖黑人的罪恶勾当，同时还将这些地区沦为本国的殖民地，妄图长久地保持其霸权。于是，此举既加速了资本原始积累，又大大推动了国际贸易的发展。

（二）资本主义自由竞争时期的国际贸易

18世纪60年代到19世纪60年代，以蒸汽机为代表的科学技术获得了惊人的发展。英国及其他欧洲先进国家和美国相继完成了产业革命，为国际贸易的空前发展提供了十分坚实而又广阔的物质基础。一方面，蒸汽机的发明和使用开创了机器大工业时代，使生产力得以迅速提高，物质产品大为丰富，从而开始形成了真正的国际分工；另一方面，交通运输和通信联络的技术和工具都有了突飞猛进的发展，各国之间的距离似乎骤然变短，这就使得世界市场真正得以建立。正是在这种情况下，国际贸易有了惊人的巨大发展，开始从原先局部的、地区性的交易活动转变为全球性的国际贸易。这个时期的国际贸易，不仅贸易数量和种类有所增长，而且在贸易方式和机构职能方面也有创新和发展。显然，国际贸易的巨大发展是资本主义生产方式发展的必然结果。

（三）资本主义垄断时期的国际贸易

19世纪末到20世纪初，资本主义由自由竞争阶段向垄断阶段过渡。这时期发生了第二次科技革命，发电机、电动机、内燃机等开始广泛使用，一些新兴的工业部门如电力、石油、化工、汽车制造等纷纷建立，从而促进了社会生产力的发展和资本主义经济的增长。

五、第二次世界大战后的国际贸易

第二次世界大战后，第三次科技革命的发生引起了一系列新兴工业的相继兴起。跨国公司的大量出现，极大地促进了生产国际化的发展，使国际分工更加深入，国际市场范围日益扩大，为国际贸易的发展提供了极其有利的条件。此时国际贸易的发展速度快于世界生产的增长速度。

第二次世界大战后的国际贸易有以下主要变化。

①国际贸易中工业制成品的比重大大增加。1950年，工业制成品出口价值占世界全部商品出口价值的34.9%。20世纪60年代，这一比例增加到50%以上。20世纪70年代世界能源价格上涨，使得工业制成品的价值比重在50%～60%之间徘徊。20世纪80年代中期以后，工业制成品在贸易中的比重又开始攀升。到2000年，国际贸易中将近3/4（74.85%）的商品是工业制成品。

在工业制成品贸易中，工业革命后曾经处于重要地位的纺织品、服装等轻纺工业产品和钢铁等金属工业产品的地位逐渐下降，取而代之的主要是包括汽车在内的交通和机器设备、电气电子产品以及化工产品。

②服务贸易迅速发展，成为国际贸易中的重要组成部分。第二次世界大战后科技发展的结果，使发达国家劳动生产率大大提高，不仅农业和其他初级产品在生产中使用的劳动力越来越少，制造业的就业比重也逐渐由上升转为停滞或下降。与此同时，人们收入不断提高，在主要耐用消费品得到满足后，人们对服务的需求越来越大，服务业在各国经济中的比重越来越大，服务贸易也相应地得到了发展。第二次世界大战后初期，服务贸易在世界贸易中几乎没有引起重视。但从20世纪70年代开始，服务贸易日益成为国际贸易中的一个组成部分。1970年世界服务业出口总值为800多亿美元，1980年增加到4026亿美元，1990年又翻了一番，为8962亿美元，2000年则达到16136亿美元。服务贸易占世界贸易的比重也从20世纪80年代的17%左右增加到20世纪90年代末的22%左右。服务贸易已上升到与货物贸易同等重要的地位，《服务贸易总协定》成为世界贸易组织的三个主要协议之一。

③发达国家之间的贸易成为主要的贸易流向，"北北贸易"取代"南北贸易"成为

主要的贸易模式。从"地理大发现"开始，到工业革命以后的很长一段时间里，世界贸易的模式是发达国家出口工业制成品，发展中国家出口矿产和原料等初级产品，即所谓的"南北贸易"。

　　第二次世界大战后随着制造品贸易的数量和种类的增加，工业发达国家之间的贸易量和占世界贸易的比重也都在不断提高。20世纪60年代初，北美、西欧和日本相互之间的贸易量占当时世界总贸易量的不到40%；20世纪80年代初（1983年）这一比重增加到41%；20世纪90年代初（1993年）为47%左右；到了2000年，世界贸易总额的将近50%发生在欧美发达国家和日本之间。如果把新加坡、韩国等新兴工业国家算上，这一比例还会更高。1999年，全部工业国家73%的出口产品销往其他工业国家，有68%的产品从其他工业国家进口。

　　④区域性自由贸易迅速发展。第二次世界大战后，尤其是20世纪90年代以来，各种形式的区域性经济合作越来越多，其中最多的是自由贸易区，包括欧洲自由贸易联盟（EFTA）、北美自由贸易区（NAFTA）、南方共同市场（MERCOSUR）、东南亚国家联盟（AFTA）、东南非共同市场（COMESA）等。合作程度稍高的有关税同盟、共同市场以及经济同盟，如欧盟。几乎所有的关税及贸易总协定（以下简称"关贸总协定"）/世界贸易组织（以下简称"世贸组织"）成员国都参加了一个或数个区域性自由贸易协定。从1948年到1994年的26年中，关贸总协定缔约国共签订了124项区域性自由贸易协议，而从1995年世贸组织成立到2000年的6年中，世贸组织已收到了100项成员国参加区域自由贸易的通知。

　　⑤贸易保护主义有所增强，且更加隐蔽化、管理化。20世纪50年代到70年代中期，贸易政策和体制总的特点是各发达国家倾向于贸易自由化。20世纪70年代中期，贸易保护主义政策逐渐兴起。一些发达国家采取各种非关税壁垒措施，其保护手段更加隐蔽、更具有针对性。20世纪90年代，国际贸易体制从自由贸易走向管理贸易。

　　⑥国际贸易政策的协调作用大大增强，关贸总协定的产生和世贸组织的成立为国际贸易发展做出了重要贡献。

六、当代的国际贸易

（一）国际贸易在变动中增长

　　世界贸易经过20世纪90年代前几年的疲软后，1994年开始出现强劲增长的势头。1985年—1990年，世界货物出口量年平均增长率为5.8%，随着世界货物生产量增速的减缓，世界货物出口量增长率也随之下降，1991年—1993年间世界货物出口量增长率低于5%。随着世界货物生产量增长率的提高，世界货物出口量增速也相应提高。1990年—2000年世界货物出口量年均增长率为6.4%，高于20世纪80年代后半期的增速。1995年世界贸易总额（含货物和服务）首次突破6万亿美元大关，其中货物贸易额达4.89万亿美元，服务贸易额达1.17万亿美元。随着全球经济状况的进一步改善，世界贸易继续保持较高的增长率。受2008年金融危机的影响，世界经济在较长一段时间内处于低速增长期。在2010年，全球货物出口额比2009年增长22%，国际贸易出现恢复性较快增长。

（二）跨国公司的作用进一步增强

20世纪90年代以来，跨国公司蓬勃发展，其在国际经济中的地位和作用不断增强。

①跨国公司的数量剧增。1993年世界上共有3.5万家跨国公司，分布在全球的附属公司（包括子公司）共有17万家。其中，90%属于发达国家，属于发展中国家和地区的只有2700家。据统计，1996年跨国公司已达到4.4万家，在全球的附属企业达到27万家。发达国家的跨国公司增加到3.6万家，所占比重下降到81.7%；发展中国家和地区的跨国公司增加到7932家，所占比重上升到17.8%。目前，全球约有6.5万家跨国公司，它们控制着世界生产总值的30%、世界贸易的60%、技术研究开发及技术转移的80%以及海外直接投资的90%。

②以发达国家和发展中国家为基地的大型跨国公司日益全球化。按外国资产排列的100家最大的跨国公司，在他们的外国附属企业中，拥有1.7万亿美元的资产，控制了大约五分之一的全球外国资产。

③跨国公司开始结成新型的"战略联盟"。面对竞争压力、自由化浪潮和新投资领域的开放，越来越多的企业，包括发展中国家的企业采取各种方法参与全球化经济的活动，通过各种形式结成联盟，以保护、巩固和增强自己的竞争能力。跨国公司之间在核心技术（信息与生物）方面也加强了战略性研究与开发伙伴关系。

④跨国公司在国际贸易中的规模和重要性日益增大。跨国公司内部贸易在其国家贸易中占有重要地位，这种内部贸易通常称为"无国界经济"。

（三）经济贸易集团化趋势明显加强

在世界政治经济发展不平衡规律的作用下，出于相互合作、发展经济、提高竞争力的需要，20世纪80年代中期以来，区域性经济贸易集团化趋势明显加强。

（四）"绿色产品"和高科技产品贸易迅猛发展

1."绿色产品"市场广阔

20世纪80年代是世界环保意识崛起的年代，90年代是环保付诸行动的年代。在世界市场上，"绿色产品"走俏，"绿色战略"盛行，一场"绿色革命"方兴未艾。许多发达国家把对生态的研究与对环保技术的研究和开发置于重要地位，"绿色产品"开发速度加快。

2.高科技产品的贸易增长迅猛

进入20世纪90年代，推动全球贸易大幅度增长的重要原因之一，就是信息革命使世界出口商品结构发生了变化,特别是"信息时代"产品,如现代办公及通信设备的出口增长速度,在世界贸易中所占比重日渐上升。

第四节 跨境电子商务对传统外贸企业的影响

一、"互联网+"对传统外贸的影响

跨境电子商务是"互联网+"思维与传统贸易相结合的产物,这种新兴的对外贸易模式在蓬勃发展的过程中,缩短了产品从厂商到国外消费者之间的距离,重塑了对外贸易价值链,并通过对贸易市场、贸易主体、生产方式、贸易成本、贸易风险等方面的影响改变着传统的对外贸易企业。

"互联网+"是连接、开放、协作、共享的互联网思维的现实运用,是指将互联网经济的技术和成果渗透并融合到传统产业和商业之中,实现厂商和消费者之间线上和线下的全面对接。随着越来越多的外贸企业开始通过互联网的方式实现进出口贸易业务,"互联网+外贸"已经为我国外贸的发展塑造了一种新的发展环境和发展格局。"互联网+"对传统外贸的影响具体表现为如下几个方面。

(一)"互联网+"改变了传统的贸易方式

"互联网+外贸"的发展,为传统外贸企业,尤其是中小型外贸企业提供了转变贸易方式的可能。这种新型的外贸模式能够使所有的企业聚集在同样的平台下,改善了中小企业的发展环境,为中小型企业进入国际贸易市场提供了便利。一方面,通过跨境电子商务平台,企业能够随时发布产品信息,降低推广成本,并改变传统贸易中的经销、代理等环节,为国际市场提供更多的优质产品和服务;另一方面企业也可以及时快速地购买到其所需的产品和服务,降低信息搜寻成本,而节省下来的成本可以被用于企业的研发和生产过程,有利于提高企业生产效率。因此,"互联网+"改变了传统的国际贸易方式,使得生产资源和生产要素能够在国际贸易过程中得到更好的分配,实现了对传统国际贸易方式的创新。

(二)"互联网+"改变了传统的市场营销方式

在"互联网+"应用于对外贸易的实践过程中,国际贸易的市场营销方式也发生了巨大的变化。随着同行业竞争者越来越多,企业为了获得更多的竞争优势,需要通过多种营销手段来获得客户的认可。相比于传统的市场营销,跨境电子商务平台可以通过虚拟化的网络,缩短企业与消费者之间的距离,从而实现更加精准的个性化营销;同时相

比于传统的大规模广告营销等方式,"互联网+"模式可以利用先进的网络资源和技术,降低企业的市场营销成本,提高企业营销的效率。因此,网络平台所引发的市场营销方式的改变给企业发展带来了极大的优势。

(三)"互联网+"促进了贸易链条扁平化的实现

在"互联网+"模式下,传统的国际贸易供应链更加扁平化。比如,对于传统的中小型出口企业而言,常见的贸易链条是生产商—出口中间商—进口中间商—各层次批发商—零售商—消费者。而跨境电子商务的开展使得传统贸易活动中一些重要的中间环节被弱化甚至被替代,原来的中间商、批发商等环节的中间成本被挤压甚至完全消失,使传统贸易的供应链缩短,并呈现扁平化趋势。

总之,"互联网+"将随着全球信息技术革命的推进而出现更多新模式、新业态,甚至成为产业竞争、贸易竞争乃至国家竞争的新常态。"互联网+"与传统贸易的融合实现了传统外贸企业贸易方式的创新,实现了外贸链条的扁平化,同时改变了传统的市场营销方式,为传统外贸企业实现转型升级创造了更有利的条件,进而为国家实现优进优出、加快实施共建"一带一路"等提供了新的契机。

二、传统外贸企业转型升级的关键因素

近年来,跨境电子商务蓬勃发展并成为国际贸易发展过程中的一种新途径,外贸企业纷纷投身跨境电子商务领域。在传统外贸企业推动跨境电子商务发展的过程中,跨境电子商务也对传统外贸企业转型升级提出了新的要求。为实现转型升级,传统外贸企业首先要跨过"五关"。

(一)第一关是精准定位

精准定位是传统外贸企业实现转型升级的基础,主要是指企业自身的定位以及企业目标市场的定位。随着电子商务的飞速发展,国际贸易的实践和模式都发生了重大改变,跨境电子商务企业的创新给新形势下的传统贸易带来了机遇,而传统贸易应该抓住机遇,充分认识到自身的优势与劣势,并了解相关贸易国家的历史文化、地理人口等方面的特点,对企业自身以及目标市场进行精准定位。传统外贸企业只有将标准化模式与本土化模式相结合,才能从战略高地精准定位,顺利实现转型升级。

(二)第二关是做好产品

在目前的贸易活动中,产品同质化问题日趋严重,导致企业间竞争压力增大,甚至形成恶性竞争。在这一大背景下,产品差异化和领先度的重要作用就体现了出来。因此,企业通过产品的研发设计,保持产品的差异化和领先度,使企业的产品和服务符合目标市场的相关标准和目标用户的需求,是传统外贸企业实现转型升级的根本要求。

（三）第三关是做好运营

企业在运营过程中一定要有专业性。传统外贸企业在刚进入跨境电子商务领域时，应该循序渐进，先系统学习该领域的知识与规律，然后进行投入，切忌在初期过度激进，在运营之初就投入大量的人力、物力和财力。比如，企业在构建网站以及选择推广平台方面要做到适合企业自身特性。在产品需求分析方面，传统外贸企业应该善于运用大数据、云计算等新的技术来提升其分析效率，实现企业高效运营。

（四）第四关是物流问题

与境内贸易不同，在跨境电子商务贸易过程中，物流作为连接买卖双方的桥梁，存在着时间跨度大、空间距离远、范围覆盖面广等方面的问题。因此，物流问题成为跨境电子商务企业在转型升级过程中必须重视的问题。企业应该在合理控制成本的前提下，保障物流服务的质量，完善跨境物流体系，加强跨境物流的信息化建设，进一步推进传统外贸企业跨境电子商务的发展。

（五）第五关是团队问题

企业可以根据自身的实际情况，选拔跨境电子商务人才，并组建一个专业化的运营团队，也可以选择通过代理运营商进行接入，再逐渐组建起适合企业自身发展的团队。同时，在当今竞争激烈的环境中，传统的外贸企业可以从运营端借助其他力量进行试探，并在企业发展过程中积累经验，再对自己的电子商务平台进行投入。

在当前的大形势下，转型已经成为传统外贸企业必须面对的一个问题，而"互联网+"的思潮则为企业转型搭建了一个有利的平台。《易经》有云："穷则变，变则通，通则久。"传统外贸企业必须下定决心转型升级，这样才能实现可持续发展的目标。而在转型过程中，企业应该深入研究市场、调整自身结构，并有效利用各方优势，处理好定位、产品、运营、物流、团队五个方面的问题，谨慎探索，总结经验教训，从而逐步实现成功转型。

第二章 跨境电子商务的发展概况

跨境电子商务是指不同国家或地区的交易双方,通过互联网以邮件或者快递等形式通关,具有数额小、次数多、速度快的特点,是一种新的国际贸易模式。目前,中国的电子商务正处于蓬勃发展时期,以中小企业为主体的中国跨境电子商务市场发展也呈现出喜人的态势,正以其强大的生命力不断发展壮大。跨境电子商务作为一种电子化的新型跨境贸易模式,有着十足的活力和无可比拟的优势,但和每一个新生事物一样存在一定的问题和瓶颈。如何解决这些问题,是更好地发展跨境电子商务的基本要求。

第一节 全球电子商务起源、发展阶段、发展现状与特点

一、电子商务的起源和发展阶段

(一)电子商务的起源

早在1839年,当电报刚刚出现的时候,人们就开始了对运用电子手段进行商务活动的讨论。当贸易开始以摩尔斯电码点和线的形式在电线中传输的时候,就标志着运用电子手段进行商务活动新纪元的开始。

现代电子商务是在与计算机技术、网络通信技术的互动发展中产生并不断完善的,近年来依托于计算机互联网络,随着计算机互联网络爆炸性发展而急剧拓展。

电子商务开始于20世纪60年代,在20世纪90年代快速增长,它的起步与快速成长主要有几个方面的促进因素。一是计算机的快速发展和广泛应用。计算机的处理速度和处理能力逐渐提高,计算机应用范围越来越广泛,为电子商务的应用提供了基础。二是网络的普及和成熟。互联网的安全、快捷、低成本和网民数量的增长促进了电子商务的发展。三是政府的扶持与推动。电子商务受到各国政府的重视和法律的支持,许多国家的政府出台扶持政策,引导并鼓励电子商务的发展。四是电子支付方式的应用普及。电子支付方式以其方便、快捷、安全等优点解决了支付和结算的问题,并由此形成了完

善的全球性网络支付和结算系统,同时也为电子商务中的网络支付提供了重要的手段。

(二)电子商务发展阶段

1. 高速发展的初始阶段

全球电子商务的起源,可以追溯到20世纪70年代。电子数据交换技术的开发引起许多国家的关注。在20世纪60年代末,西欧和北美的一些大企业开始使用电子方式进行数据、表格等信息的交换,在不同国家和地域的贸易伙伴之间将各自的业务文件按照同一个公认的标准依靠计算机直接传递对方所需的信息,这就是最初的电子商务模式——电子数据交换(EDI)。

EDI在刚刚出现时,应用于企业内部不同部门之间传送图样、文件等,由于在这个过程当中并不需要任何其他手动的改写等,从而大大降低了出错率,也为企业节省了成本。到了20世纪90年代,EDI电子商务技术已经较为成熟,并且应用的范围逐渐扩大到国际贸易和金融等领域,甚至在贸易界提出了"没有EDI就没有订单"的口号,仅1996年全美各有关公司就通过EDI方式产生了5000亿美元的企业贸易额。

20世纪末,由于计算机与通信结合的网络环境出现,在互联网上从事能产生效益的商务活动成为经济活动中的热点。出于对发展前景的美好展望,电子商务得到了快速发展,大量的风险投资家涌入电子商务领域,不断有企业宣布从事电子商务行业,新的电子商务网站大量涌现。某著名咨询公司在1998年初做的一项调查显示,大约有1/3的美国企业宣称将会在一年后实施电子商务,而在已经实施电子商务的企业当中,64%的企业期望能在一年内收回投资。据另一项调查显示,美国1997年1~6月申请商业域名(.com)的公司从17万多个增加到近42万个,到1997年底,这一数据又翻了一番,电子商务的热度达到了白热化程度。

在电子商务的爆炸式发展中,资本市场的投资起到了推波助澜的作用。从20世纪90年代开始,在工业快速发展的推动下,美国股市连涨10年,创造了经济奇迹。20世纪90年代中期以后,网络概念股票在美国股市受到青睐,网上图书销售商亚马逊的营业收入从1996年的1580万美元增长到1998年的4亿美元。基于互联网应用前景看好的情况,网络概念股节节走高。在以高新技术类上市公司为主的美国纳斯达克股票市场上,1996年初的指数点位还只有1000点,2000年初该点位却已经大大超过了4000点。在财富效应的驱动下,各种资金蜂拥进入以网络为核心的领域,电子商务经历了初期的爆炸式发展。

但是随着技术的发展和EDI技术应用的更加深入,人们逐渐发现EDI对技术、设备、人员都有着非常高的要求,而且价格昂贵使其仅仅能够在先进国家和地区中存在。这种弊端如果不能够得到解决,这项技术就不能在世界范围内得到推广和进一步的发展,这在一定程度上也制约了发达国家向发展中国家进行贸易出口。

2. 艰难存续的发展阶段

伴随着20世纪90年代末期的飞速发展，电子商务问题开始逐渐暴露出来。21世纪初互联网经济遭到第一次沉重打击，美国纳斯达克指数暴跌，网络股价值缩水使得投资人忧心忡忡。一时间众多注意力聚焦于互联网经济泡沫。想必了解股市的人都知道纳斯达克这一世界创业板市场发展的成功典范。2000年，在纳斯达克市场上市的企业共有5500家左右，其中包括了微软、戴尔、雅虎、亚马逊等世界级高科技企业。2000年3月10日，纳斯达克市场曾经创下了当时5048.62点的历史记录，随后不断下滑，到3月20日又创下了历史收盘新低，这次纳斯达克市场的崩盘与网络泡沫是分不开的。投资的不断增长导致相关企业规模增长过快，产品的生产能力大大超过了市场的实际需求，导致企业库存增加、利润降低，超过1/3的网站销声匿迹。

电子商务典范美国亚马逊公司经营情况的恶化，以及一些知名电子商务公司的倒闭，更增加了人们对电子商务的恐惧心理，似乎电子商务已经走到崩溃边缘。

3. 复苏和稳步发展阶段

2002年底至2014年，电子商务发展步入复苏和稳步发展阶段。经过上一个阶段的严峻考验，生存下来的电子商务网站开始懂得经营必须要务实，要在经营上找到经济的盈利点。有了这可贵的经验和经营实践，这些经营性的网站长期亏损的局面开始扭转，出现了盈利。人们通过电子商务网站在经营上实现的突破看到了希望，电子商务出现了又一个春天。电子商务毕竟是具有强大生命力的新生事物，短暂的调整改变不了其上升趋势。在进行了激烈的整合之后，从2002年底开始，该行业开始复苏，标志是不断有电子商务企业开始宣布盈利。

4. 稳步增长的发展阶段

美国、英国、德国、澳大利亚、巴西和中国是目前最重要的跨境网上购物市场。最受这些市场消费者欢迎的跨境网上购物目的国依次是美国（45%）、英国（37%）、中国（26%）、加拿大（18%）、澳大利亚（16%）和德国（14%）。根据波士顿咨询公司的预计，到2025年，亚洲市场跨境电子商务收入约占全球总收入的40%，将成为全球电子商务的中心。2014年，全球跨境电子商务交易额达到2300亿美元，最活跃的国家依次是德国、美国、英国、中国，世界对全球跨境电子商务交易额则充满更高预期。美国的跨境电子商务非常发达，其最大的电子商务平台亚马逊，净销售额由2001年的25亿美元增加到2012年的610亿美元，其中43%来自北美以外的其他地区。跨境网购在欧洲增长趋势明显，占在线零售总额的10%，2015年超过20%。有14%的欧洲企业通过网络将商品卖到国内市场；另6%的欧洲企业通过网络将商品卖到其他欧盟国家市场。德国、西班牙、奥地利等国的跨境电子商务也都有不错表现。俄罗斯的统计数据显示，2012年俄罗斯跨境在线零售就已经达到20亿美元，其中70%来自跨境网购。2015年中国的跨境电子商务交易总额达到4.56万亿元。2018年通过中国海关跨境电子商务管理平台零售进出口的商品总额为1347亿元，同比增长50%。

目前电子商务出现了许多新的发展趋势，与政府的管理和采购行为相结合的电子政务服务、与个人手机通信相结合的移动商务模式、与娱乐和消遣相结合的网上游戏等都得到了很好的发展。

二、全球电子商务发展现状

全球电子商务市场区域发展呈现出亚洲、欧洲和北美洲三足鼎立的局面。亚洲作为电子商务发展的新秀，市场潜力较大，近些年的发展速度和市场所占份额不断上升，是全球电子商务潜力最大的地区。欧洲电子商务的发展起步较美国晚，但发展速度快，目前已经成为全球电子商务发展较为领先的地区。北美洲的美国是世界上最早发展电子商务的国家，同时也是电子商务发展最为成熟的国家，一直引领全球电子商务的发展，是全球电子商务的成熟发达地区。

在全球各种电子商务交易模式中，B2B电子商务交易一直占据主导地位，目前呈现持续高速发展态势。2017年全球网络零售交易额达2.304万亿美元，较2016年增长24.8%。2018年全球B2B跨境电子商务交易规模达到6760亿元，同比2017年增长27.5%，可见B2B市场多么巨大。

（一）亚洲

从亚洲整体来看，2014年起亚洲开始成为全球最大的网络零售电子商务市场。亚洲人口相对欧美较为密集，各地区之间贸易往来比较密切，原本就具有强烈的购物需求，且互联网的普及程度相对非洲较高，这些都为跨境电子商务的发展提供了土壤。目前，中国、新加坡、日本和韩国是亚洲跨境电子商务最为发达的地区。

1. 新加坡跨境电子商务发展现状

新加坡电子商务的市场容量不大，但是跨境电子商务的渗透率非常高。新加坡外籍人士几乎占据该国常住人口的50%，跨境网购非常火热。2014年新加坡跨境网购金额占据零售额的50%以上，25%的新加坡人购买来自美国和其他地区的商品。

2. 日本跨境电子商务发展现状

99%的日本网民更加习惯于在日语网站上购物，因此，日本的跨境电子商务主要是以跨境出口电子商务为主，其中中国和美国是日本主要的电子商务出口国家。日本经济产业省的数据显示，2016年日本通过电子商务方式出口销往中国的产品约为1.04万亿日元，约合人民币620亿元。

3. 韩国跨境电子商务发展现状

韩国在线交易发展情况良好，2017年在线交易总额超过92万亿韩元（约合5386亿元人民币），移动购物渗透率极高，其交易额高达52万亿韩元（约合3044亿元人民币）。相比之下，2017年跨境电子商务进出口总额为5.19万亿韩元（约合303亿元人民币），渗透程度较低。其中，跨境电子商务进口交易额为2.24万亿韩元（约合131亿元人民币），出口为2.95万亿韩元（约合172亿元人民币），进出口总额基本持平。在跨境网购的诸多要素中，韩国消费者最关注价格，但也对商品质量有较高的要求，跨境进口来源地主要为美国。

（二）欧洲

从整体上来看，欧洲是网络零售额仅次于亚洲的全球第二大地区，网络购物已经成为消费者购物的首选，线上与线下零售业态高度整合。在跨境电子商务方面，欧洲的高品质商品是消费升级的首选，因此欧洲也是跨境电子商务较有潜力的地区，但由于人口较少，难以形成如易贝、亚马逊、阿里巴巴这样的巨头型公司，从跨境进口电子商务的角度来看，欧洲的跨境网购渗透率是较低的。

1. 英国跨境电子商务发展现状

英国网络零售额位列欧洲第一，2014年网络零售额达到1623亿美元，仅次于中国和美国，75%的英国人有过网上购物的经历。英国也是跨境电子商务出口大国，2014年，跨境出口金额达到80亿美元。与此同时英国的跨境进口普及率却非常低。根据2016年10月贝宝（PayPal）和益普索的调查，33%的英国网络购物消费者在过去一年曾进行过跨境网购。欧盟统计局的数据显示，2016年跨境电子商务消费者约占英国总人口的40%，比贝宝（PayPal）和益普索的数字稍高。但无论如何，英国都是欧洲跨境进口电子商务普及率最低的国家之一。贝宝（PayPal）和益普索的调查数据显示，2016年英国跨境电子商务消费者数量约1290万人，消费额约102.4亿美元，其商品主要来源是美国和中国。

2. 法国跨境电子商务发展现状

法国网络零售额略低于德国，2014年网络零售额达626亿美元，72%的法国人从网上购物。法国的跨境电子商务普及率是34%，其跨境进口主要来源地是英国、德国和美国。

根据2016年9月《零售周刊》和英国品诚梅森律师事务所的调查，23%的法国消费者表示，品牌的可信度是在外国网站购物的一个动力。支付平台的安全性（27%）是消费者跨境网购时最担心的，而优惠的价格（23%）和快递成本（21%）则分别排在第二位和第三位。

3. 德国跨境电子商务发展现状

德国网络购物普及率相对较高。根据eMarketer的统计，2016年81.1%的德国网民在网上购买过商品。虽然德国电子商务普及率在西欧是最高的，但是德国消费者不大愿意在外国网站上购买商品。根据贝宝（PayPal）和益普索的调查，只有27%的德国网络购物消费者曾在过去 12 个月跨境网购过商品。贝宝（PayPal）和益普索认为，2016 年德国跨境电子商务消费约 1520 万人，消费额约 82.1 亿美元。欧盟统计局的数据与贝宝（PayPal）和益普索的调查结果相似，2016 年约 26% 的德国网络购物消费者曾进行过跨境网购，而 2011 年这个指数只有 17%。德国的跨境进口主要来源地分别是英国、美国、中国。

（三）北美洲

北美洲是全球跨境电子商务最发达的地区。北美市场以美国和加拿大为代表，主要贸易国家是英国和中国。

1. 美国跨境电子商务发展现状

美国国内购物非常便利。一方面，美国互联网普及程度高，88% 的美国网民都在网购，这一数字还在上升；另一方面，国外商品物美价廉的特性为美国消费者提供了更多的选择空间，使得美国成为仅次于中国的全球第二大网络零售国家。

2. 加拿大跨境电子商务发展现状

加拿大的互联网、手机和银行服务的普及率都非常高，但由于加拿大地广人稀，物流对于加拿大偏远郊区来说是一个挑战。幸运的是，80% 的加拿大人都生活在加拿大的主要城市，因此，加拿大也是北美洲跨境电子商务的重要市场之一。由于加拿大与美国在文化、语言、消费倾向等方面差异不大，且加拿大的商品价格高于美国，因此，对于价格敏感度较高的加拿大消费者，通过跨境网购进口美国商品成了很自然的选择，美国是加拿大消费者跨境进口的最大来源地。

三、全球电子商务发展特点

（一）市场全球化

传统的商务是以固定不变的销售地点（即商店）和固定不变的销售时间为特征的店铺式销售。互联网上的销售通过以信息库为特征的网上商店进行，所以它的销售空间随网络体系的延伸而延伸。没有任何地理障碍，它的零售时间是由消费者即网上用户自己决定的。因此，互联网上的销售相对于传统销售模式具有全新的时空优势，这种优势可在更大程度上、更大范围内满足网上用户的消费需求。事实上，互联网上的购物已模糊了国界，凡是能够上网的人，无论是在南非上网还是在北美上网，都将被包容在一个市场中，成为企业网上的潜在客户。

（二）成本更加低廉

通过网络进行商务活动，信息成本低，足不出户，可节省交通及中介费用，因此整个商务活动成本大大降低。电子商务重新定义了传统的流通模式，减少了中间环节，使得生产者和消费者的直接交易成为可能，从而在一定程度上改变了整个社会经济运行的方式。

（三）交易更加快捷

电子商务能在世界各地瞬间完成传递与计算机自动处理工作，而且无须人员干预，交易速度快捷。

（四）进入新市场将更加容易

厂商和零售商为品牌厂商提供新的优惠条件，使其进入新市场将更加容易。随着时间的推移，品牌厂商向新的全球市场扩张的时候，越来越多的运营商将成为一个个的联络点。

（五）移动流量和销售持续增长

通过移动设备下订单的比例在全球的每一个电子商务市场都迅速增长，越来越多的品牌厂商建立新的移动网站和应用以便对这种趋势做出回应。

（六）品牌厂商实现市场在线销售

品牌厂商继续向市场迁移以增加其在线市场份额并比较快地实现营业收入增长。例如，在我国，天猫商城等市场成为许多品牌厂商的一个进入点；在美国，各大品牌厂商都有自己的官方购物网站，线上与线下实现同步销售。

（七）全球各地零售商需规划在线购物日期

向全球市场扩张的美国和欧洲的品牌厂商必须像在自己的家乡市场一样规划关键的与电子商务有关的日期。例如，在中国，2018年"双十一"当天，阿里巴巴旗下各平台总交易额达到2135亿元。

第二节　我国电子商务发展历程、现状与特点

一、我国电子商务发展历程

1997年，中国化工信息网正式在互联网上提供商务服务，这被人们看作我国电子商务的正式发端。数十年来，伴随着我国国民经济的快速发展以及国民经济和社会发展信息化的不断进步，我国电子商务行业虽然历经曲折，却仍然取得骄人成绩。2018年通过中国海关跨境电子商务管理平台零售进出口商品总额为1347亿元，同比增长50%。

纵观我国电子商务发展历程，可以将其划分为四个历史阶段。

（一）初创期（1993年—2002年）

1993年成立的国家经济信息化联席会议及办公室，相继组织了金关工程、金卡工程、金桥工程等"三金工程"并取得重大进展。1996年金桥网正式开通。1997年中共中央网络安全和信息化委员会办公室组织有关部门起草编制了中国信息化规划。同样是在1997年，中国诞生了第一家垂直互联网公司——浙江网盛科技股份有限公司。1998年3月中国第一笔互联网网上交易成功。

互联网虽然是舶来品，但是却受到人们的热切期待。加之当时美国网络热潮兴起，促使我国互联网得以快速发展，中国化工信息网、8848、阿里巴巴、易趣网、当当网、美商网等知名电子商务网站很快就在最初的几年时间里发展起来。然而，由于这段时期我国信息化发展水平仍然较低，社会大众对于电子商务缺乏了解和信任，加上不久之后的互联网泡沫以及东南亚金融危机的影响，电子商务网站大多举步维艰。不过，这段时期的经历为我国电子商务发展打下了很好的基础，营造了很好的社会舆论和环境。

1999年3月，8848等B2C网站正式开通，网上购物进入实际应用阶段。同年政府上网、企业上网、电子政务、网上纳税、网上教育、远程诊断等广义电子商务开始启动，进行试点并进入实际试用阶段。这个阶段中国的网民数量还很少，根据2000年年中公布的统计数据，我国网民仅1000万，网络生活方式还停留在电子邮件和新闻浏览阶段。网民和市场均远未成熟，以8848为代表的B2C电子商务平台是当时最闪耀的亮点。这个阶段发展现代电子商务具有相当大的难度。2003年底到2004年初，8848的股东们陆续退出，之后尝试多种业务模式，均告失败。2005年7月，速达软件收购新8848。

（二）快速发展期（2003年—2007年）

2003年"非典"在给国家带来巨大困扰的同时，也给电子商务的发展提供了难得的历史机遇，支撑电子商务发展的一些基础设施和政策在这一期间得以发展起来。国家也先后出台了一些促进电子商务发展的重要措施。2004年8月，全国人大通过了《中华人民共和国电子签名法》；2004年年底，国务院通过了《关于加快电子商务发展的若干意见》；2005年10月，中国人民银行出台《电子支付指引（第一号）》，对电子支付中的规范、安全、技术措施、责任承担等进行了详细规定；2007年6月，发改委、国务院信息化工作办公室联合发布《电子商务发展"十一五"规划》，这是我国首部电子商务发展规划，首次在国家政策层面确立了发展电子商务的战略和任务。

2003年，看准历史机遇的阿里巴巴做出两项重大举动，一项是投资1亿元人民币推出个人网上交易平台——淘宝网，另一项是创建独立的第三方支付平台——支付宝，正式进军电子支付领域。两年后，淘宝网成为全国最大的个人交易网站，支付宝成为全国最大的独立的第三方电子支付平台。

2004年，电子商务领域国际大鳄纷纷涌入，与本土企业展开微妙的博弈。这一年，决定进入中国市场的还有全球B2C巨头亚马逊，其进入选择的方式是收购中国本土电子商务公司卓越网。

这个阶段对电子商务而言最大的变化有三个：一是大批的网民逐步接受了网络购物的生活方式，而且这个规模还在高速扩张；二是众多中小型企业从B2B电子商务中获得订单及销售机会，"网商"概念深入普及；三是随着电子商务基础环境不断成熟，物流、支付、诚信等问题获得基本解决，在B2B、B2C、C2C等领域，众多网络商家迅速成长，积累了大量电子商务运营管理经验和资金。

（三）创新发展期（2008年—2009年）

这个阶段最明显的特征就是，电子商务已经不仅仅是互联网企业的天下，数不清的传统企业和资金流入电子商务领域，使得电子商务世界变得异彩纷呈。B2B领域的阿里巴巴上市标志着电子商务发展步入规范化、稳步发展阶段；淘宝的战略调整，百度的试水意味着C2C市场的不断优化和细分；PPG、红孩子、京东商城的火爆，不仅引爆了整个B2C领域，更让众多传统商家纷纷跟进。

尽管受到国际金融危机的影响，但是2008年以来我国电子商务仍然以较高的速度增长。除了2009年、2010年外，其他年份的增长率都在30%以上。在这一期间，我国电子商务初步形成了具有中国特色的网络交易方式，网民数量快速增长，物流快递行业快速成长，电子商务企业竞争激烈，平台化局面初步形成。

截至2018年6月，我国网民规模达8.62亿人，互联网普及率为57.7%，与2017年相比增长3.8%，手机网民规模达7.88亿人，2018上半年新增手机网民数量为3509万人。

（四）爆发期（2010年至今）

"十二五"期间，电子商务被列入战略性新兴产业的重要组成部分。2010年11月2日，商务部发布《关于开展电子商务示范工作的通知》，明确表示将加大电子商务等现代流通方式和新型流通模式的推广应用力度，并通过筛选电子商务骨干企业引导行业发展。2013年，中国互联网金融大爆发，并成为首先超越美国电子商务同行的行业之一。同年兰亭集势上市，引发跨境电子商务行业的迅猛发展。2016年，加快电子商务进农村、鼓励电子商务进社区、推进跨境电子商务发展等被列为"十三五"期间突出发展的重点领域。经过多年发展，电子商务已经融入国民经济各个部门，并给整体社会经济带来了巨大变革。在当前世界经济全球化与信息化进程中，电子商务已经成为经济发展的重要引擎和产业融合的推动力。从科学发展观的高度进一步认识未来市场发展趋势，从战略性新兴产业的高度推动电子商务快速发展，对于我国新型工业化、信息化、城镇化和农业现代化的实现，具有极为重要的意义。电子商务借助互联网技术突破了时空限制，将促进国际与国内要素自由、有序流动，加快市场深度融合。跨境电子商务具有开放性、全球化、低成本、高效率等特点，成为推动经济一体化、贸易全球化的重要手段。跨境电子商务不仅冲破了国家之间的障碍，使国际贸易走向无国界贸易，同时也正在引起世界经济发展方式的巨大变革。跨境电子商务构建的开放、多维、立体的多边经贸合作模式，将极大地拓宽各国企业进入国际市场的通道，大大促进多边资源的优化配置与企业间的互利共赢。

二、我国电子商务发展现状及特点

（一）我国电子商务发展现状

从电子商务在我国出现开始，我国电子商务的发展规模一直在不断壮大，发展速度一直保持在一个高速的水平。2018年通过中国海关跨境电子商务管理平台零售进出口商品总额为1347亿元，同比增长50%。

从中国电子商务研究中心发布的"2009—2014年中国电子商务市场交易规模"相关数据上可以看出，最近几年我国电子商务发展的增长速度一直处在20%以上。这与近年来我国政府高度重视电子商务发展是分不开的。2012年12月19日，由发改委与海关总署共同开展的国家跨境贸易电子商务服务试点工作在郑州启动。在此次启动大会上，选出上海、重庆、杭州、宁波、郑州五个具有良好的经济和外贸基础的城市，通过先行先试的方式，依托电子口岸建设机制和平台优势，尝试解决制约跨境贸易电子商务发展的瓶颈问题。

我国电子商务市场竞争异常激烈，从1998年2月，我国第一笔互联网网上交易成功开始，到1999年，才刚刚开始兴起政府上网、企业上网、网上纳税、网上教育等电子商务发展模式。我国电子商务发展到今天，已经与国民经济深度融合在一起。目前，电子商务已经涉及制造业、零售业、服务业和金融业等多个领域。

在制造业中，商品为大宗品和工业品，主要模式包括B2B、B2C、网络批发等，主要企业包括阿里巴巴、生意宝、中国服装网等。在零售业中，商品主要为消费品，这也是与人们生活联系较为密切的一种电子商务，主要模式包括C2C、B2C、移动电子商务等，主要企业包括人们最为熟悉的淘宝网、京东、1号店等。在金融业中，商品为金融产品，即近年开始流行的支付宝、财付通等。在服务业中，服务商品占据大多数份额，主要模式包括团购、O2O等，主要企业有美团网、大众点评网、去哪儿网等。

我国电子商务起步较晚，目前主要由B2B电子商务、网络零售交易和网络团购等几个行业组成。根据中国电子商务研究中心的监测数据显示，2017年中国B2B电子商务交易规模为20.5万亿元，同比增长22.75%。2017年中国B2B电子商务营业收入规模为350亿元，同比增长34.6%。

我国B2B市场持续保持高增长趋势，第一得益于B2B平台运营商的自身转型并切合中小企业需求推出了各项融资服务；第二就是国家及各地政府加大了对中小型企业扩大电子商务应用的扶持力度，积极引导企业应用第三方电子商务平台。

1. 交易规模

据中国电子商务研究中心监测数据显示，2016年中国电子商务交易额22.97万亿元，同比增长25.5%。其中，B2B市场交易额16.7万亿元，同比增长20.14%；网络零售市场交易额5.3万亿元，同比增长39.1%。

中国经济发展"电子商务化"趋势日益明显，电子商务交易规模和创新应用再创历史新高，网络交易量直线上升，电子商务的大发展、大繁荣，对于中国经济无疑是一个新的增长点。2015年国务院《政府工作报告》首次提出"互联网+"行动计划，这将培育更多的新兴产业和新兴业态，形成新的经济增长点，促进社会经济各领域的融合创新。这一利好政策将促进电子商务及工业互联网的发展。

2. 市场细分

据中国电子商务研究中心监测数据显示，在2015年电子商务市场细分行业结构中，B2B电子商务（包括规模以上企业B2B电子商务和中小型企业B2B电子商务）市场份额占比76%，O2O（指本地生活服务O2O）市场份额占比4.4%。

在2016年电子商务市场细分行业结构中，B2B电子商务仍然占主导地位。另外，网络购物占比有小幅度提升，随着网络购物行业发展的日益成熟，各家电子商务企业除了继续立足于网购市场的深耕和精细化运作，不断扩充品类和优化物流及售后服务外，也在积极向三四线城市甚至农村市场扩张，以促进企业发展。

3. B2B交易

据中国电子商务研究中心监测数据显示，2016年我国B2B市场交易额为16.7万亿元，同比增长20.14%。

B2B市场实现稳步增长，主要得益于两方面。一方面是B2B电子商务服务商继续深耕信息服务，平台通过提升信息量、精准的搜索与推送等措施提高服务质量。另一方面是各大主要B2B平台都在探索在线交易方式，通过各种方式培养用户在线交易行为和习惯，以降低成本、提高效率。在电子商务的结构构成中，B2B一直占据主导地位。随着相关促进政策与措施的出台，B2B电子商务企业有力助推传统制造业与互联网的深度融合，势必将促进行业的快速发展。

据中国电子商务研究中心监测数据显示，在2017年中国B2B电子商务平台市场份额中，阿里巴巴排名首位，市场份额36.7%，接下来是慧聪集团10.5%、环球资源4.2%、上海钢联4%、焦点科技3.5%、生意宝1.04%、环球市场0.7%、其他39.36%。

（二）我国电子商务发展特点

当前，我国电子商务发展呈现出一些突出特点：相关服务业发展迅猛，已经初步形成功能完善的业态体系；零售电子商务平台化趋势日益明显，平台之间竞争激烈，市场日益集中，开始出现一种新型的垄断（或寡头垄断）局面；电子商务平台的地位和作用日益凸显，电子商务平台、政府监管部门与进行网上销售的企业之间正形成一种新的市场治理结构；跨境电子商务交易发展迅速，但尚未形成有效的发展模式；区域发展不平衡情况显著，电子商务服务业主要集中在长三角、珠三角和北京等经济发达地区，而且呈现出日益集中的趋势。

在B2B电子商务方面，虽然B2B仍然是电子商务的主体，但原来以信息服务、广告服务、企业推广为主的时代早已逐渐过去，以在线交易、数据服务、金融服务、物流服务等为主的B2B电子商务新时代已经到来。但B2B的在线交易方式仍在探索当中，创新模式也需接受市场的检验，全产业链的配套服务仍需进一步深化和挖掘。预计3～4年内，中国B2B电子商务市场将保持平稳增长。

在网络零售方面，我国网络零售市场取得快速发展，随着阿里巴巴、京东、聚美优品、拼多多等的上市，网络零售市场的竞争更加激烈。B2C将持续推动网络零售市场的发展，交易规模超过C2C指日可待。另外，淘宝、天猫、京东、苏宁易购、唯品会、聚美优品、当当网、拼多多等电子商务平台在移动端有更多投入，移动手机端的各类应用迅速扩展，用户的购物习惯也逐渐从个人计算机（PC）端转向移动端。

第三节　我国跨境电子商务发展现状、特点、问题与发展趋势

一、我国跨境电子商务的发展现状

2010年至2016年，我国电子商务交易规模从4.5万亿元人民币增长至26.1万亿元人民币；2010年至2018年跨境电子商务市场交易规模从1.1万亿元人民币增长至9万亿元人民币。

探究中国跨境电子商务发展的成功因素可以发现：庞大的互联网人口和内需市场为中国跨境电子商务市场发展提供了沃土，具有"世界工厂"美誉的中国制造业优势为中国跨境电子商务市场发展提供了产业基础，而巨型互联网商业平台的出现及其健康的生态系统则成为中国跨境电子商务发展的直接驱动力。随着"一带一路"、自贸试验区、供给侧改革等国家倡议和战略的提出，以及跨境电子商务扶持政策的密集出台，中国跨境电子商务市场发展被有力地推动。目前中国跨境电子商务平台上的企业已超过5000家，境内通过各类平台开展跨境电子商务的企业已超过20万家。大型工厂、外贸公司以及服务商的加入，使中国跨境电子商务生态体系日趋成熟。

为了能够搭上跨境电子商务的"列车"，自2012年中国启动跨境电子商务服务试点

以来，上海、重庆、杭州、宁波、郑州等五个城市首次获批跨境电子商务服务试点城市，随后广州、深圳、天津、合肥、郑州、成都、大连、青岛、苏州等城市也先后获批跨境电子商务综合试验区建设。通过制度创新、管理创新、服务创新和协同发展，跨境电子商务综合试验区建设将打造跨境电子商务完整的产业链和生态链，逐步形成一套适应和引领跨境电子商务发展的管理制度和规则，形成推动中国跨境电子商务可复制、可推广的经验，更进一步支持跨境电子商务发展。跨境电子商务发展将形成中国外贸发展的一个重要突破口。

（一）我国跨境电子商务发展环境分析

1. 进出口贸易增速放缓

2018年，我国外贸进出口总值30.51万亿元人民币，比2017年增长9.7%。其中，出口16.42万亿元，增长7.1%；进口14.09万亿元，增长12.9%；贸易顺差2.33万亿元，收窄18.3%。可以看到，受世界经济复苏态势缓慢、国内劳动力价格上涨、人民币升值等成本要素上升、贸易摩擦加剧等因素影响，近几年来，我国外贸进出口总额不再是以前的高速增长态势。

2. 利好政策全面铺展

中国对跨境电子商务的政策支持力度不断加大，从2004年的政策萌芽期开始，政策扶持分成了三个阶段：政策萌芽期（2004年—2007年），共发布了三项政策，初步规范电子商务行业发展，侧重于规范行业；政策发展期（2008年—2012年），陆续发布了十项政策，涉及监管、支付结算及试点等方面，政策呈点状分布，侧重支持引导；政策爆发期（2013年至今），集中发布了十余项政策，政策呈面状铺展，主要集中在出口方面，向实施层面推进。

就跨境进口方面来说，国家出台了诸多的扶持政策，规范性不断加强。2016年4月8日，《关于跨境电子商务零售进口税收政策的通知》发布，要求通过跨境电子商务进口的商品不再按行邮税征税，而是与一般贸易一样征收关税、增值税、消费税等，并且推出了正面清单，清单中限制了部分当前热销商品的进口。对于消费者来说，税率的调整会影响他们的购买欲望，正面清单则使部分企业的盈利受到负面影响。据新华社报道，在进口税收新政策的冲击下，仅一个月的时间，杭州跨境电子商务综合试验区的进口邮件数量环比下降了57%，同时天猫国际、京东、聚美优品等电子商务平台纷纷表示新政策发布得太仓促，建议暂缓一年再施行，因为企业至少需要一年的缓冲期来改变经营模式以适应新的规则。行业的发展必定需要制度的规范和有效的监管，不论新政策是否会暂缓施行一年或重新进行修改完善，我国跨境电子商务都处在成长期，改革和创新都是必经之路。

(1) 积极探索跨境电子商务进口试点模式

目前，跨境电子商务业务模式的探索大致可以分为出口和进口两个方面。

出口方面，目前主要采取"清单核放、汇总申报"的管理模式，解决电子商务出口退税、结汇问题。根据海关总署的数据，截至2014年4月28日，出口业务已在杭州、郑州、广州、重庆等地开展，累计验放出口清单超过25万份，归并形成出口报关单1393票，价值约2925万元。

进口方面，各试点城市充分发挥海关特殊监管区域的功能和优势，建立网购保税进口模式和直购进口模式。截至2014年4月28日，进口业务已在上海、宁波、杭州、郑州、重庆等地开展，累计验放进口包裹约6万票，价值约2048万元。

跨境电子商务进口业务试点城市进行了较多尝试，政府指导下的各跨境电子商务平台先后上线，如上海的"跨境通"、宁波的"跨境购"等。目前，进口方面主要有直购进口和保税进口两种模式，而保税进口模式在政策支持下取得了比较明显的成绩。

保税进口模式，指境外商品入境后暂存保税区内，消费者购买后以个人物品出区，包裹通过国内物流的方式送达境内消费者。现有上海的"跨境通"、郑州的"E贸易"、宁波的"跨境购"、重庆的"爱购保税"等。根据上海及宁波海关信息，从2013年年底上线至2014年3月底，"跨境通"累计成交保税进口类订单26766笔，订单商品主要为奶粉、咖啡、包装饮料等进口食品。自2013年11月底至2014年3月30日，宁波跨境电子商务进口业务货值累计497.5万元，共15017笔订单，商品主要是婴儿纸尿裤、食品、日用百货等。

(2) 组织示范城市开展跨境贸易电子商务服务试点工作

海关总署组织示范城市开展跨境贸易电子商务服务试点工作，以解决使用邮件或者快件通关的跨境业务所存在的通关慢、结汇不规范及退税等问题。

通过这些试点工作，海关总署已经开始着手制定跨境电子商务相关的管理制度和标准规范，以提高通关管理和服务水平。

2012年12月至2013年10月，跨境电子商务城市试点开始在全国有条件的地方全面铺展，致力于解决跨境电子商务中快件或邮件方式通关监管等问题。

试点工作主要从两个方面进行创新：一方面是着手制定新的业务政策，建立适应跨境电子商务发展的管理制度；另一方面是使用新的信息化技术，建立数据共享机制，依托电子口岸协调机制和平台建设优势，实现口岸相关部门与电子商务、支付、物流等企业的业务协同及数据共享，解决跨境电子商务存在的问题。

跨境电子商务试点城市共有四种可申报的业务模式，不同城市的业务试点模式范围有明显限定。目前，海关总署明确可以作为跨境电子商务进口试点的共有重庆、广州、上海等六个城市，其他获批的试点城市均只有出口试点的资格。

3. 试点城市逐步增多

2012年12月，海关总署在郑州召开跨境贸易电子商务服务试点工作启动部署会，上海、重庆等五个试点城市成为承建单位，标志着跨境贸易电子商务服务试点工作的全面启动。2013年10月，我国跨境电子商务城市试点开始在全国有条件的地方全面铺展，从试点城市分布特点来看，试点城市主要集中在物流集散地、口岸或是产品生产地等。2015年3月，国务院设立中国（杭州）跨境电子商务综合试验区，着力在跨境电子商务交易、支付、物流、通关、退税、结汇等各环节的技术标准、业务流程、监管模式和信息化建设等方面进行先行先试，逐步形成一套适应和引领全球跨境电子商务发展的管理制度和运行规则，为推动我国跨境电子商务的发展提供可复制、可推广的经验。2016年1月，国务院决定新设一批跨境电子商务综合试验区，将先行试点的中国（杭州）跨境电子商务综合试验区初步探索出的相关政策体系和管理制度，在更大范围内推广。这些城市包括天津、上海、重庆、合肥、郑州、广州、成都、大连、宁波、青岛、深圳、苏州，加上之前的杭州，跨境电子商务综合试验区扩大到了十三个城市。

（二）我国跨境电子商务现状分析

1. 市场规模迅速扩大

跨境电子商务的最大优势在于基于互联网的网络化营运方式，这种新型的电子商务方式正在重新塑造中小企业国际贸易流程。跨境电子商务破除了传统对外贸易中海外渠道上的垄断，如进口商、批发商、分销商等，使得出口企业可以直接面对最终的商品需求方（如零售商），甚至是最终的消费者，成功缩减了贸易中间环节并节约了商品渠道成本。中间渠道以及商品流转成本的减少大幅提升了企业的获利能力，而消费者也能从中获得实惠。

自2011年开始，在进出口增速平缓的情况下，跨境电子商务凭借新型的贸易模式，反而取得了高速的发展。很多传统企业发现了这一优势，从2013年开始进入跨境电子商务领域，"触电"跨境电子商务成为传统企业自身发展的重要选择。

近些年，中国的电子商务市场呈现出"井喷"式增长，发展潜力巨大。在电子商务发展逐渐成熟的背景下，2013年中国跨境电子商务交易规模达到3.1万亿元，2017年将达到7.5万亿元，而2008年的销售额仅为0.8万亿元，跨境电子商务的年均增速将近30%。

我国跨境电子商务产业的发展远远领先于全球其他国家和地区，第三方机构艾媒咨询发布的《2017—2018中国跨境电商市场研究报告》显示，2017年跨境电子商务整体交易规模（含零售及B2B）达到7.6万亿元人民币，增速可观。2017年中国海淘用户规模升至0.65亿人，未来预计仍能维持较高增速。有业内人士表示，国内消费者对商品品质的日益关注，使得从母婴商品兴起的海淘浪潮，逐渐扩展到美妆、数码、百货、服饰箱包等全品类，在更多年龄层次和需求的消费者进入的同时，海淘电子商务的业务量也随之增长。

2. 结算方式日益多样化

在跨境电子商务经营中，在线批发多采用传统的通关物流和结算方式，如邮政汇款、银行转账、信用证等。近两年开始探索线上的大额第三方支付模式。在线零售多以商业快件和个人行邮为主要的通关物流方式，并由此衍生出包裹集中后以"百家货"方式清关到香港转运以及批量货物海外仓转运的模式。在线零售结算则采取网络结算方式，包括第三方支付、信用卡支付、邮政汇款、银行转账等多种支付方式。

跨境电子支付业务产生的外汇资金流动，必然涉及收付汇与资金结售汇。从目前支付业务发展情况看，中国跨境电子支付结算的方式主要有跨境收入结汇方式（含第三方收结汇以结汇或个人名义拆分结汇流入、通过国内银行汇款、通过地下钱庄实现资金跨境收结汇等）和跨境支付购汇方式（含第三方购汇支付、通过国内银行购汇汇出、境外电子商务接受人民币支付等）。

之前，受限于监管政策、人民币全球地位以及非金融机构业务处理能力等因素，没有国内支付业务许可证的外资支付机构一直垄断中国跨境电子商务的支付环节。但是自2010年9月和12月，中国人民银行颁布实施2号令《非金融机构支付服务管理办法》和17号令《非金融机构支付服务管理办法实施细则》以来，国内已经发放了250多张支付牌照，并于2010年开始从政策层面逐步放开跨境支付市场。相较于国内在线支付市场白热化的竞争现状，跨境电子支付将成为中国第三方支付企业争夺的下一片蓝海市场。同时，第三方非金融机构的加入，一方面为跨境电子商务支付市场引入了竞争，促进了行业快速发展；另一方面也极大地拓展了跨境电子支付的结算方式，推动了跨境电子商务发展。

3. 发展形式日益多样化

当前跨境电子商务主要存在三种发展形式：一是传统制造业、商贸企业、经纪人通过大型跨境电子商务平台网站发布商品信息，寻找商机，开展网上大额或小额在线支付国际贸易批发业务；二是在第三方跨境电子商务平台上开设店铺，通过这些平台以在线零售的方式销售商品到国外的企业和全球终端消费者；三是企业建立一个独立的跨境网站（如兰亭集势、大龙网等），以在线零售的方式将商品直接销售给全球终端消费者。

跨境电子商务按销售平台可分为B2C模式和B2B模式。通过现金流、盈利模式、盈利能力等层面对比，B2C模式在中国跨境电子商务市场中占有越来越多的份额，成为中国中小型企业新的盈利增长点。

为什么B2C模式将实现爆发式增长呢？首先，在开放的互联网环境里，B2C模式更容易突破国境的制约，充分发展细分商品市场、小众商品市场、长尾商品市场。与在有限的区域市场内进行激烈市场竞争的企业相比，B2C模式无疑能够创造更多的商业机会。其次，B2C网上零售直接接触消费者，可以有效掌握市场信息，把握产品经营流行趋势，同时，B2C 网站可以更好地打造企业品牌形象，在国际市场中成为一种品牌的象征，而不是传统的代加工工厂。最后，与传统的外贸交易相比，B2C 模式可以让制造商直接与最终消费者交易，避开了所有中间的加价环节，顾客可以享受更优惠的价格，企业则可以赚取更高额的利润。

4. 跨境电子商务交易规模扩大

经过数十年的发展，内贸电子商务已经形成一套较为成熟的模式，且市场份额几乎被几个电子商务巨头占据，市场竞争相对激烈，这对于想进入该市场的传统企业来说，分一杯羹已是难事。而新兴的跨境电子商务为企业提供了更为广阔的国际市场，去掉中间环节，直接与海外零售商和消费者进行交易，节约了时间成本，具有更为丰厚的利润空间。

我国跨境电子商务交易规模逐步扩大，在未来几年，我国跨境电子商务规模将进一步扩大，并凭借强大的市场供应能力和消费需求成为全球贸易的中心。

5. 跨境电子商务平台类型多样

我国现有的跨境电子商务平台分为三个类型。

一是以天猫国际、亚马逊中国、兰亭集势等为代表的电子商务大平台。这些代表性的电子商务平台拥有成熟的经营模式和广阔的用户市场，跨境电子商务只是由用户需求跨地域后衍生出来的分支。这些平台偏向于采取直邮的方式来完成跨境物流，跨境直邮模式更加灵活，确保消费者买到"原汁原味"的商品。据美国第三方数据机构尼尔森发布的《2015跨境网购消费报告》显示，41%的消费者会选择直邮的方式，该比例超过"保税发货""国内现货"等其他物流方式。

二是以蜜芽、小红书、洋码头等为代表的创业型中小平台。这类型的平台经过细致的市场需求分析后，善于利用社交分享进行口碑宣传，致力于培养对市场极具敏感度的买手进行海外采购，专注于垂直品类商品的销售。相比其他大型电子商务平台，它们的特点是商品种类较为集中，目标消费群体有共性，运营方式另辟蹊径，注重满足个性化、多样化的消费者需求，挖掘尚未被大力开发的市场潜力。在其新颖的经营概念与模式吸引下，这类平台更易得到资本市场的青睐，在资本的助推下快速跑马圈地。

三是以网易考拉海购为代表的新生代自营电子商务。自营电子商务的优势在于，它能够保证较优质的产品质量，避免良莠不齐，形成强大的品牌吸引力，增加消费者黏合度。同时，这种选择直采自营模式的电子商务平台会有强大的供应链支持，为产品的引入、分类、展示、交易、物流配送、售后服务等各个重点环节都提供了有力保障。

6. 跨境电子商务目标市场广泛

我国跨境电子商务的目标市场具有广泛需求。同时，国内跨境电子商务交易氛围也十分浓厚，主要国家有美国、英国、德国、澳大利亚等。这些国家的顾客熟悉跨境网购，且支付环境较安全、物流基础设施较完善，能够为顾客提供优质的服务。因此，我国将继续与这些国家保持跨境电子商务贸易往来，并且进一步挖掘其深层次的需求。与此同时，部分发展中国家因其不断增长的需求，也在寻求机会促进跨境电子商务发展，如巴西、印度等，但这些国家的本土电子商务企业并不发达，无法满足国内消费者的网购欲望。而中国制造的产品物美价廉，在这些国家的市场上具有巨大的优势，成为我国发展跨境电子商务的一大动力。比如，"一带一路"沿线国家都具有与我国跨境电子商务企业展开深度合作的基础。

我国大量跨境电子商务企业也在拓展东南亚市场，值得一提的是印度尼西亚。该国人口众多，巨大的消费需求吸引着易贝、亚马逊、日本乐天等电子商务平台巨头纷纷进入其市场。在未来一段时期，我国跨境电子商务企业将与上述企业展开竞争。在欠发达地区，电子商务和跨境网购依然是一个比较陌生的概念，对于跨境电子商务企业来说，这一类型的市场需要花费较多时间和精力来开垦和培养。

7. 跨境电子商务商品品类不断丰富

从销售商品的品类看，跨境电子商务平台热销的商品品类大部分以汽车配件、家居园艺、3C电子产品、计算机及配件、轻奢珠宝等易于物流运输的小规格产品为主，2016年以后逐渐向汽车、大型家居等大件商品扩展。根据易贝数据，2016年在易贝平台上增速最快的三大品类依次为时尚类、汽车配件类和家居园艺类，且71%的大商家都计划对现存商品品类进行扩充，超过64%的大商家计划延伸到其他产品线。跨境电子商务企业业务扩张的重要手段之一就是不断扩展销售商品品类，这有助于跨境电子商务企业抓住更多具有消费力的网购群体。随着电子商务对人们日常生活的影响不断加深，物流解决方案与科技手段不断创新，跨境电子商务零售商们将不断扩充其所覆盖的商品品类。

二、我国跨境电子商务发展特点及存在的问题

（一）我国跨境电子商务发展的特点

1. 传统企业纷纷加入

2012年以前，跨境电子商务的参与者主要以小微企业、个体商户及网商为主。2013年以来传统贸易中的主流参与者（如外贸企业、工厂和品牌商家）开始进入这个领域，并逐渐走向规模化运作。

2. 产业链日益完善

针对影响跨境电子商务发展的营销、通关商检、物流、支付等环节，跨境电子商务企业及服务企业不断向产业链其他环节延伸，整合多方资源提供一体化服务。与此同时，新的服务商也在不断涌现，整个产业链和服务链条越来越清晰和完善。

3. 品牌运营之路开启

早期跨境电子商务借助中国制造大国的优势，以销售物美价廉的产品及原始设备制造商代工为主。近两年来，大量企业开始考虑走品牌化运营之路，特别是一些较大的企业开始考虑规模化发展，建立自己的平台，把品牌引向海外市场，通过品牌来提升自身在跨境电子商务中的价值。

（二）我国跨境电子商务发展中存在的问题

跨境电子商务有不同的贸易方式，其存在的问题也有一定的差异。按一般贸易方式进出口的大额交易，目前尚未完全实现贸易无纸化，这在一定程度上影响了贸易的便利化及电子商务在贸易中的应用。从小额碎片化的贸易来看，除了受到未实现的贸易无纸化影响外，在产品、物流、通关等方面也存在一些行业性的难题，这些成为制约跨境电子商务发展的重要因素。

1. 物流时效的问题

物流一直是困扰跨境贸易的主要问题之一。目前来看，从我国发货到全球的物流模式还是粗放式的。从中国发货到全球，到美国和欧洲一般至少需要7~15天，到巴西、俄罗斯更长，有的甚至要1个月。除了物流时间长之外，物流还存在时效投递不稳定的问题，收货时间波动很大，有时7天收到，有时20天后才收到。由此看来，只有改善物流条件，才能掌握竞争的主动权。也只有这样，在这个行业中才能出现真正与国际一流电子商务平台相抗衡的中国企业。

随着跨境贸易逐渐向小批量碎片化发展，除了B2C企业，小额贸易的B2B企业同样面临通关的问题。由于小额B2B和B2C跨境贸易电子商务与一般出口贸易不一样，所以在出口过程中存在难以快速通关、规范结汇、享受退税等问题。虽然目前国家针对跨境电子商务零售出口提出可"清单核放、汇总申报"的通关模式，但该政策仅针对B2C企业，大量从事小额B2B外贸的中小型企业仍无法解决实质问题。同样在进口过程中，跨境贸易行业也存在以非法进口渠道逃避海关监管、进口商品品质难以鉴别，以及消费者权益得不到保障等问题。

2. 税收和仿货的问题

一方面是税收问题，跨境B2C交易金额有一定限制，超过规定额度需缴纳关税，而海外买家使用维萨和万事达信用卡完成的交易无法进行核销退税。从收款到结算存在一定的时间差，供应商可能面临汇率的波动或损失。另一方面是仿货问题，尽管各跨境B2C电子商务平台会加大对仿货、知识产权等方面的控制强度和审核力度，但由于平台上产品数量众多、涵盖品类繁多，因此，仿货控制难度非常大。此外，某平台上一旦存在仿货交易，该平台的整个跨境业务都极有可能面临被投诉以及海关查验、没收货物的风险。

3. 海外仓建设滞后问题

由于存在地理隔断、政策差异等诸多不可避免的问题，跨境物流的发展并非一帆风顺，跨境电子商务国内外企业物流信息系统配置不统一、流程不一致等因素，很容易导致在追踪货物物流信息时出现差错，消费者难以实时了解货物的状况，同时也可能导致货物损坏、丢件以及后续的退货不便等问题。为了解决物流时间长、退换货不及时、客服"远水解不了近渴"、消费者购物体验差等问题，最佳方案就是在目的国建立海外仓，为海外消费者提供高效优质的物流及售后服务。针对海外建仓，亚马逊运营中心等已经提供了很好的海外仓建设思路，但随着海外仓创立条件更加严格，诸多企业还未从根本上改变这种被动局面。

4. 尚未有效转变政府职能

目前，阻碍我国跨境电子商务进一步发展的因素主要有：监管制度跟不上互联网时代数字贸易步伐；政府监管部门之间的协作性不高，易造成程序上的成本浪费；跨境电子商务企业运作"不规范"、市场秩序较混乱等问题。传统的政府监管方式不再适用于跨境电子商务的网络发展模式，因此新型的"互联网＋政府"的整体监管方式就应该被提上日程。通过采取一系列的措施，对政府职能进行重设，让跨境电子商务在一个自由且合理合法的环境下创新与成长。在改革试验中，应明确政府的职责，在政府与市场之间形成一个良好的协作关系，充分发挥市场在资源配置中的决定性作用，激发企业的主体性、主动性和创造性。政府要有效引导社会资源优化配置，通过优化整体监管服务、完善政策法规的方式，构建适应跨境电子商务发展的综合服务体系。

5. 亟须完善信用评价体系

电子商务是虚拟的，它不仅具有传统商务活动的特点，而且具有自己独特的开放性、全球性、低成本、高效率等特点。电子商务交易双方的行为、市场中介的行为等都具有极大的不确定性，出口商家和国外客户缺乏诚信，出口商家中有些出售假冒伪劣产品，不保障售后服务，夸大广告效应，而且订单又大多是在线上完成的，很容易导致贸易纠纷。因此完善信用体系是发展电子商务的当务之急。

电子商务安全问题一直是影响电子商务发展的主要因素，电子商务是利用网上交易进行网上支付的一种新形式。如何在开放的互联网环境下，保证交易的安全性、保证商业秘密不被窃取，是发展电子商务要着重解决的问题。从目前国际情况看，由于电子商务发展过快，其安全技术和安全管理体系仍有待完善，对于各个国家来讲，支付方式和结算手段的缺失都会影响交易的正常进行。

6. 无法保证产品质量优劣

在我国，进行跨境电子商务贸易的企业很大一部分是小额外贸企业。一方面，它们一般不能承受商检所产生的费用，所以经常不做商检。同时，由于个人邮寄政策的宽松，缺乏严格制度要求，企业一般不必经过检验检疫环节就能进行进出口贸易。在这种漏洞下，产品的质量存在巨大争议。另一方面，跨境电子商务贸易中会出现热销的"爆款"，在利益的驱使下，就会有部分不规范的企业销售仿制品或是劣质品。这些都会给消费者带来各种损害，也必然会导致各国持谨慎态度，减少与某一跨境电子商务企业的合作。

7. 亟须规范商户的基本信息

有效的交易以经营主体即商户的信息真实性、规范性为基础。目前对这些信息进行处理的是我们的平台经营者，如果平台上的商户能够完全按照实名制进行注册，就会解决一大部分问题，就不会存在虚假的商户利用平台流量去欺骗消费者的现象，不会给平台的信誉造成伤害。但是对商户信息进行分析与判别是一项庞大的工作，这对于平台来说存在难度。所以在很多的情况下，经营主体的质量优劣就很难确定，不利于形成一个健康的、信用充足的跨境电子商务贸易链条。

8. 亟须建立跨境电子商务法律体系

由于我国电子商务的快速发展，很多相应政策及法律、法规还没有建立。加之互联网是虚拟的，本身就存在不安全性。因此，发展网络贸易须建立相关的法律、法规体系作为保障。因为跨境贸易企业发展电子商务需要涉及交易双方、工商管理、海关、银行等多个部门和跨地区、跨国家的贸易，所以需要加强电子商务法律体系建设。

法律的缺失会带来很大的风险，法律、法规的制定不容忽视。我国相关法律制度的制定速度远远滞后于信息产业的发展速度。所以，目前最迫切需要解决的问题是制定一些相应的电子商务法律、法规，以解决电子商务贸易中发生的各种纠纷。

三、我国跨境电子商务的发展趋势

（一）B2B 和 B2C 协同发展

随着物流、金融、互联网等国际贸易基础设施的改善和新技术的出现，国际贸易的形态也在不断演化。显著的变化之一是产品从工厂到消费者的道路越来越多元化，跨境电子商务 B2C 这种业务模式逐渐受到企业重视，近年出现了爆发式增长，究其原因，主要是跨境电子商务 B2C 具有一些明显的优势。一是利润空间大。相较于传统跨境贸易模式，B2C 模式可以跳过传统贸易的所有中间环节，打造从工厂到产品的最短路径，从而赚取高额利润。二是市场广阔。与传统产品和市场单一的大额贸易相比，小额的 B2C 贸易更为灵活，产品销售不受地域限制，可以面向全球 200 多个国家和地区，可以有效地降低单一市场竞争压力，市场空间巨大。三是有利于树立品牌形象，有利于国内不再满足做代工的工贸型企业和中国品牌利用跨境电子商务试水"走出去"战略，熟悉和适应海外市场，将中国制造、中国设计的产品带向全球，开辟新的市场。四是把握市场需求。因为直接面对终端消费者，B2C 有利于更好地把握市场需求，为客户提供个性化的定制服务。

随着物流、互联网技术的发展及利好政策的陆续发布，阻碍跨境电子商务 B2C 发展的一些因素正在消减，B2C 在整体市场中的份额占比将进一步提升。但 B2B 作为全球贸易的主流，未来仍然会是中国企业开拓海外市场的最重要模式，B2B 和 B2C 将会协同发展。

跨境 B2C 的发展对中国制造出口企业来说无疑为扩展新业务提供了新的可能性，但需要注意的是，B2C 存在订单量小且不稳定的缺点，无法满足制造企业规模化生产的要求。此外，与国内 B2C 相比，跨境 B2C 市场会有市场需求周期性明显、营销推广费用较高、用户获取难度较大等诸多问题，跨境电子商务 B2C 类企业与境外本土购物网站的竞争也是不可避免的。

B2B 作为全球贸易的主流，在可以预见的未来仍然会是中国企业开拓海外市场的最重要模式。而 B2C 作为拉近与消费者距离的有效手段，对中国企业打响品牌，实现弯道超车，也将发挥非常重要的作用。B2B 和 B2C 作为两种既存在区别又具有联系的业务模式，互补远远大于竞争，两者都能成为开拓海外市场的利器。

通过对中国跨境电子商务 B2B 和 B2C 模式的盈利模式、现金流、盈利能力等层面的对比，可以发现未来中国跨境电子商务的重点将从 B2C 转向 B2B，电子商务的 B2B 具有更大的发展潜力。B2B 模式在推动制造型企业上线、促进外贸综合服务企业和现代物流企业转型等方面，从生产、销售端共同发力，成为跨境电子商务发展的主要方面。B2B 在中国跨境电子商务市场中的份额不断上升，为中国中小微企业带来新的盈利增长点。

（二）产业生态将更为完善

中国跨境电子商务市场保持快速增长。中国的跨境电子商务将呈现出爆发式增长，发展潜力巨大。品牌化将成为传统企业跨境电子商务发展的主题词，制造商将开始成为跨境电子商务的主力军。

中国第三方支付企业向海外挺进，加快了人民币境外结算业务的开展。中国第三方支付企业通过收购、参股等方式参与到国外银行运营中，提升人民币作为国际结算货币的地位，使人民币可以真正作为流通货币进行国际买卖支付。

海外营销服务本地化。过去电子商务企业选择在国内寻找海外营销服务，未来将快速演变为直接由国外本地营销服务机构提供营销服务，以更加熟悉本地消费者的优势，加强海外电子商务品牌化建设。

（三）移动端成为重要推动力

移动技术的进步使线上与线下商务之间的界限逐渐模糊，以互联、无缝、多屏为核心的"全渠道"购物方式将快速发展。从 B2C 方面看，移动购物使消费者能够随时、随地、随心购物，极大地拉动市场需求，增加跨境零售出口电子商务企业的机会。从 B2B 方面看，全球贸易小额、碎片化发展的趋势明显，移动端可以让跨国交易无缝完成。卖家随时随地做生意，白天卖家可以在仓库或工厂用手机上传产品图片，实现实时销售，晚上卖家可以回复询盘、接收订单。基于移动端做媒介，买卖双方沟通变得非常便捷。

因此，随着时间的推移，移动端将逐步成为跨境电子商务业务发展的重要推动力。

移动跨境电子商务的发展情况与各国的互联网发展情况相关。对于美国之类的发达国家而言，互联网发展进程完备，跨境电子商务从PC到移动端的发展有很大的存量空间。在一些新兴市场，由于互联网发展水平略低，如东南亚和非洲，这些地区的大量用户不需要进入PC端跨境电子商务市场，而利用移动端的普及直接进入移动跨境电子商务市场，这是未来移动跨境电子商务发展的巨大增量市场。

（四）产品品类和销售市场多元化

随着跨境电子商务的发展，跨境电子商务交易呈现新的特征，交易产品向多品类延伸、交易对象向多区域拓展。

从销售产品品类看，跨境电子商务企业销售的产品品类从服装服饰、3C电子产品、计算机及配件、家居园艺、珠宝、汽车配件、食品与药品等便捷运输产品向家居、汽车等大型产品扩展。不断拓展销售品类成为跨境电子商务企业业务扩张的重要手段。品类的不断拓展，不仅使得"中国产品"和全球消费者的日常生活联系更加紧密，而且也有助于跨境电子商务企业抓住最具消费力的全球跨境网购群体。正如艾瑞咨询曾分析的那样，随着电子商务对人们日常生活的不断渗透，影响的不断加深，以及科技与物流解决方案的不断创新，跨境电子商务零售出口产业所覆盖的产品品类正在持续扩充。

从销售目标市场看，以美国、英国、德国、澳大利亚为代表的成熟市场在未来仍是跨境电子商务零售出口产业的主要目标市场，且将持续保持快速增长。与此同时，不断崛起的新兴市场正成为跨境电子商务零售出口产业的新动力，如俄罗斯、巴西、印度、印度尼西亚等国家的市场。

第三章 国际经济贸易的发展概况

21世纪是知识经济时代,科学技术知识既是社会经济发展的核心推动力,又是国际贸易竞争的重中之重。产品和科学技术不断升级换代,必将推动世界各国的产业结构和经济结构向着更高一级的层次发展,使国际间的相互依赖和彼此渗透进一步加深,进而推动国际商品范围和贸易量的不断扩大和不断增加,并使商品生产在内容、形式以及组织等方面都将发生变革。因此,在知识经济初露端倪的今天,国际贸易呈现出了一系列的新趋势。

第一节 新时期国际经济贸易的发展趋势与问题

一、新时期国际经济贸易的新趋势

(一) 国际贸易发展动因知识化

按照亚当·斯密、大卫·李嘉图古典的比较优势理论和赫克歇尔、俄林的资源禀赋理论,一国与他国发生国际贸易的动因,主要是各国拥有的生产成本和资源禀赋不同。按照生产成本的不同和资源要素丰缺盈余的程度不同进行国际分工,然后进行国际贸易,贸易双方均能获得拥有生产成本和资源禀赋相对优势的贸易利益。

20世纪90年代以来,知识经济初露端倪,特别是以信息技术、知识产业为主要标志的知识革命迅猛发展,当今时代正在快速迈向一个以智力资源和知识要素占有、分配、生产以及消费的知识经济阶段。知识总量、人才素质以及科技实力将代替资本成为国际贸易竞争的根本要素,智力资源的丰缺盈余程度将成为国际贸易分工和全球贸易的决定性因素。自然禀赋状况的重要性日益被削减,以自然资源为中心的国际贸易分工体系逐渐被以知识和技术为中心的国际贸易分工体系所取代,科学技术知识渐次成为国际贸易发展的新的重要动因。社会发展的实践经验亦充分证明了科学技术知识对世界各国经济贸易发展的重要作用。科学技术对经济的贡献率在20世纪上半叶不足50%,至20世纪

90年代，已经占85%～90%。同时，世界主要发达国家的经济增长也主要是借助科学技术的进步而获得的。以美国为例，据美国商务部以及美国电子工业协会统计，美国"新经济"增长的1/4以上归功于信息科学技术，当下对美国经济起主导作用的仍然是高新技术信息产业，微软、英特尔已经取代三大汽车公司通用、福特、克莱斯勒成为美国经济增长的主要推动力。高新技术产品的出口不仅利润较高，而且使美国对经济紧缩或经济发展周期的抵抗力更强，高新技术产品的出口成为美国20世纪90年代以来维持其经济持续增长的主要动力之一。

（二）国际贸易区域化

1. 第一次国际贸易区域化浪潮

在第二次世界大战后，国际贸易的区域化发展可以划分为两次大规模的浪潮阶段。第一次发生在20世纪50年代至60年代，这个阶段出现的协定大多数采取的是"北北"合作或者"南南"合作形式。发达国家的实践取得了比较好的成效，而发展中国家的合作大部分没有实质性效果。

在发达国家中，区域集团主要局限于西欧地区。1957年，《罗马条约》的签署宣告了由法国、德国、意大利、比利时、荷兰和卢森堡组成的欧洲共同体（欧盟的前身，European Community，简称"EC"）的成立。条约提出在1958年1月1日到1970年1月1日的十二年里，分三个阶段建成一个涵盖工业和农业的产品，并最终取消所有的内部关税，实行共同外部关税的关税同盟。

1960年，英国、奥地利、瑞士、瑞典、挪威、丹麦和葡萄牙等七国成立了欧洲自由贸易联盟（European Free Trade Association，简称"EFTA"）。欧洲自由贸易联盟只取消对工业产品的内部关税，不建立关税同盟和实行共同贸易政策，各国保持各自的关税税率。1972年，欧洲共同体和欧洲自由贸易联盟签订了一个欧洲自由贸易区协定，决定建立欧洲自由贸易区，同意免除成员国之间绝大部分工业品贸易和部分农产品贸易的关税，并取消数量限制。

研究表明，1970年—1985年，欧洲共同体十国的区域内贸易占GDP比重年均增长了68%，区域外贸易占GDP比重年均增长了5.2%。欧洲自由贸易联盟在1970年—1975年，其区域内贸易占GDP比重年均增长了4.6%，区域外贸易占GDP比重年均增长了3.8%。

在20世纪50年代至60年代，世界其他发达国家也成立了国际区域贸易集团。1965年，澳大利亚和新西兰两国签订自由贸易协定，创建了新西兰和澳大利亚自由贸易区。在同时期的发展中国家中，通过进口替代加快工业化的进程，以实现经济增长为初衷的区域一体化组织更是相继成立。例如，成立于1960年的中美洲共同市场，成立于1967年的东南亚国家联盟（简称"东盟"）等。但是，我们也必须看到，这些由发展中国家成立的国际贸易区域化组织，在促进贸易和经济增长方面始终没有取得实质性效果。由此也可以说明，在缺乏有效的经济合作基础的条件下，简单照搬发达国家的经验并不能为发展中国家带来预想的效果。

2. 第二次国际贸易区域化浪潮

从20世纪80年代中后期开始，全球出现了第二次国际经济贸易区域化浪潮。20世纪90年代以后，随着国际贸易竞争的日趋激烈和贸易保护主义的升级，区域经济贸易组织的发展出现了重大变化，原来仅仅在经济发展水平相近的国家间组织的传统做法被打破，陆续出现了由经济发展水平悬殊的发达国家与发展中国家共同建立和形成区域经济贸易合作组织的新模式。世界上三个主要地区——欧洲、美洲和亚洲，都出现了新的、更广泛的区域经济贸易合作组织。这其中以欧洲联盟、北美自由贸易协定和亚太经济合作组织最具代表性。

（1）欧洲联盟

1993年1月1日，欧洲共同体拆除内部边界，取消海关，实现了"单一欧洲法案"提出的发展目标——建立统一的欧洲共同市场和欧洲经济区，这是欧洲历史和国际经济贸易发展史上的一个里程碑。同年11月，欧洲联盟（European Union，简称"EU""欧盟"）条约正式生效。自1999年1月1日起，欧盟发行欧洲统一货币——欧元。2002年1月1日，欧元正式在12个欧元区国家进入流通领域，这不仅是欧洲经济贸易一体化的重大发展，而且对推动构建更加均衡的国际货币体系亦具有重大意义。截至2013年7月，欧盟已经成为拥有28个成员国，5亿消费人口，GDP总量达到19万亿美元的超大型国际贸易一体化组织。欧盟所取得的成功无疑对世界其他地区的区域贸易协定和一体化实践起到了十分重要的示范作用。

（2）北美自由贸易协定

在关税及贸易总协定多轮削减关税的谈判当中，美国一直扮演积极推动谈判取得结果的主要角色。1982年美国贸易代表威廉·布罗克建议在日内瓦展开新一轮多边贸易谈判，但是遭到欧洲国家的一致反对，于是美国开始积极推进区域贸易协定的谈判。1988年，美国与加拿大签订了《美加自由贸易协定》，广泛涉及商品贸易、服务贸易、投资和劳动力资源流动。1994年，其贸易协定扩展成为包括美国、加拿大和墨西哥在内的北美自由贸易协定（North American Free Trade Agreement，简称"NAFTA"）。

第一，北美自由贸易协定促进了该地区贸易增长和直接投资的增加。该协定自生效以来，由于关税的减免，有力地促进了北美地区经济贸易的增长。根据国际货币基金组织的数据，经过十年的发展，NAFTA成员国之间的货物贸易额增长迅速，三边贸易额翻了一番，从1993年的3060亿美元增长到2002年的6210亿美元。由于NAFTA提供了一个强大、确定且透明的投资框架，确保了长期投资所需要的信心与稳定性，因而吸引了创纪录的直接投资。2000年，NAFTA三国之间的国际直接投资（FDI）达到了2992亿美元，是1993年1369亿美元的两倍多。同时，从NAFTA区域外国家吸引的投资也在增长。目前，北美地区占全球向内FDI的23.9%和全球向外FDI的25%。

第二，北美自由贸易协定使发达国家继续保持经济强势地位。自由贸易区内经济一体化加大了发达国家与发展中国家间的贸易交往和产业合作，其中美国向墨西哥的出口增加了一倍多，从511亿美元增至1072亿美元。自由贸易区还强化了各国的产业分工和合作，资源配置更加合理，协议国之间的经济互补性提高了各国产业的竞争力。如墨西哥、加拿大的能源资源与美国互补，加强了墨西哥、加拿大能源生产能力。特别是在制造业领域，墨西哥的人力资源与美国的技术资本可以形成互补，大大提高了美国制造业的竞争力，使美国将一些缺乏竞争性部门的工作转移到更有竞争性的部门，把低技术和低工资的工作转变为高技术和高工资的工作，在汽车、电信设备等许多工业部门都可以看到这种就业转移的影响。在美国汽车工业中，1994年以来整个行业的增长速度远远快于美国加入NAFTA之前的年份。

（3）亚太经济合作组织

1989年11月，澳大利亚、美国、加拿大、日本、韩国、新西兰和东盟六国在澳大利亚首都堪培拉举行亚太经济合作会议首届部长级会议，这标志着亚太经济合作组织的成立。1993年6月改名为亚太经济合作组织（Asia-Pacific Economic Cooperation，简称"APEC""亚太经合组织"）。1994年的《茂物宣言》勾画了亚太经合组织实现亚太地区贸易投资自由化和便利化的长远蓝图，树立了亚太经合组织发展的第一座里程碑。1995年和1996年，亚太经合组织先后通过《大阪行动议程》和《马尼拉行动计划》，开始以单边行动计划和集体行动计划两种途径落实承诺，标志着亚太经合组织步入实质性发展阶段。

亚太经合组织现有21个国家和3个观察员国，其总人口约占世界的45%，国内生产总值约占世界的55%，对外贸易额约占全球的46%，总体规模超过了欧盟和北美自由贸易协定，成为世界上最大的经济合作体。亚太经合组织以"开放的地区主义"独树一帜。亚太经合组织区内贸易的比重一直呈现上升趋势，其成员国间的对外直接投资和引进外资规模不断扩大，投资依赖性也在增强。

（三）国际贸易交易对象高级化

在科学技术知识对经济发展日益重要的今天，国际贸易交易对象逐渐高级化。第一，国际技术贸易在国际贸易中的比重迅速增长。根据统计，1993年以来，主要工业化国家高新技术产品出口增长速度均高于全部出口的增长速度。1975年—1985年十年间，美、德、英、法、日五国高新技术出口额平均增长了73.1%，而1985年—1995年十年间，高新技术出口额增长了35.3%，是前十年高新技术出口额增长的五倍，可见高新技术产品的出口已成为国际贸易新的增长点。第二，国际贸易商品结构呈现逐渐高级化的发展趋势。1985年—1993年，世界高科技产业年增长率为14.3%，高科技产业产品在制造产业产品出口贸易中的份额也日益上升，到2002年占据制造业产品出口比重的1/4。

国际贸易交易对象高级化的原因主要有以下几个方面：首先，随着知识经济时代的到来，世界各国都普遍重视科学技术的开发研究，陆续把科技发展战略作为国家经济发展的重中之重，把高科技产业作为制高点；其次，世界技术发明创造与更新的周期大为缩短，这也是国际技术流动加快的重要原因之一；再次，与国际技术贸易相关的社会条件日益完善，尤其是各国在知识产权方面的努力，为国际技术贸易的发展提供了良好的经济、法律环境；最后，国际经济全球化和自由化浪潮使各国的经济合作与依赖进一步加深，国际技术交流更加频繁。

（四）国际贸易交易方式网络化

国际贸易交易方式网络化是指利用互联网进行国际贸易的行为，其主要以现代信息技术为核心贸易形态，实际上是国际贸易模式与方法的创新。在传统的国际贸易方式中，一般需要通过外部宣传或者是提升自身知名度来进行企业之间的合作交易，在双方洽谈、签订合同后，随之进行现金和货物的交易，即完成整体交易过程。随着网络与信息技术的飞速发展，人们获取信息的渠道不断增加，摆脱了以往国际贸易中信息获取难的约束。对于知名度较小的企业而言，可以让更多的客户更快地了解产品的信息，同时也相对削弱了国际知名企业的垄断地位。

在新产品的国际贸易中，企业一般都会考虑其所带来的经济效益，以及其所产生的影响，这些效应在整个贸易过程中都是必须予以考虑的。当今世界的国际贸易新体系中，大国的贸易条件正在逐渐恶化，导致大国会不断地压低商品的国际贸易价格，降低产出价值，减少各种不必要的损耗，同时通过网络寻找多样化的营销渠道，增加其国际贸易利益。对于广大发展中国家而言，其可以在新技术中获得更大的经济增长利益，随着时间的推移其所获得的利益不断向全世界扩散，同时其产业结构也会逐步地向人力资本密集度更高或者资本密集度更高的方向迁移。由此可见，当今世界各国之间的贸易条件正在不断地进行动态调整，而发达国家又不遗余力地给予有效支持，如此必然推动国际贸易网络的形成。

当前，世界各国正在不断地实施大型科技发展计划，这些研究开发不仅会刺激经济的增长，增加就业机会，而且还会带来许多科技副产品，带动诸多行业的技术进步和产品创新。此外，随着经济全球化趋势日益凸显，跨国集团公司的发展壮大以及市场化经营运作，需要更加高效率的通信系统给予技术支持。随着电信技术与计算机技术的相互融合，计算机联网、电子商务、数字业务网和通信网都得到了快速的发展。这为人们的日常生活提供了多样化的需求，不仅改变了经济发展的外部技术环境，而且为人们学习、生活、工作提供了便捷的网络环境。

（五）国际贸易交易市场垄断化

由于跨国公司垄断了国际技术创新的70%～80%和国际技术贸易的90%，因此，跨国公司在国际交易市场中的垄断地位日益巩固。当前，跨国公司是新科学技术的主要开发者，也是国际技术贸易的主要交易者，其已经成为世界经济发展的助推剂。据《商业周刊》2009年在美国纳斯达克指数疯狂暴涨时的一次统计，美国微软公司的市值已经超过了俄罗斯的国民生产总值，全球500家大型跨国公司内部和相互间贸易占据世界贸易总额的60%以上。在知识经济快速发展的21世纪，信息技术和国际运输技术飞速发展，企业的跨国经营变得更加容易和有效，跨国公司的发展也面临着新的飞跃。因此，当前跨国公司都纷纷调整发展战略，对内进行经济结构的升级和技术的大规模更新，对外竭力维护其市场份额并努力开拓新市场。可见，在未来的国际贸易中，跨国公司的垄断地位将进一步得到加强。

（六）国际贸易利益分配两极化

因为发达国家与发展中国家在国际经济贸易的发展过程中所处的地位不同，所以在国际贸易利益分配格局中，两极化的现象将十分明显，即所谓"中心—外围"化趋势。当前，发达国家与发展中国家在国际贸易利益分配中的"中心—外围"地位并没有发生根本性的改变。在国际经济与技术贸易中，发达国家占80%，其中美、英、德、法、日占据发达国家技术贸易总额的90%以上，仅美国就占据了世界技术贸易总额的1/3，而且全球技术贸易的85%在发达国家之间进行。此外，在知识经济的代表性产业——国际信息技术贸易中，发达国家同样占有重要的地位。例如，1995年，国际信息技术产品贸易额达到6000亿美元，市场份额基本被美、日、欧盟国家所占据。在全球电信市场上，美、日、欧盟国家也占据了3/4的份额。在网络贸易中，发达国家同样占尽先机。2007年全球网络贸易总额2000亿美元中仅美国就占据了850亿美元。知识经济全面发展的21世纪，在国际贸易利益分配过程中，发达国家"中心化"和发展中国家"边缘化""外围化"的趋势将更加明显。

二、新时期国际经济贸易发展中面临的问题

（一）地缘政治风险居高不下

叙利亚危机爆发以来，美国、欧盟对俄罗斯开展多轮制裁，重创了俄罗斯经济，俄罗斯以反制裁还击，欧盟部分成员国经济复苏受阻。2016年9月份，叙利亚冲突达成停火协定，局势出现好转迹象。同年10月份俄罗斯又采取了一些缓解叙利亚危机的举措。但叙利亚危机源于欧亚地区长期以来的地缘政治矛盾，未来发展仍存在较多不确定性，可能在较长时期内影响相关国家经济。

（二）部分国家面临通货紧缩的风险

发达经济体总需求不足，物价涨幅保持在较低水平，一些国家甚至面临通货紧缩威胁，欧元区问题尤为突出。通货紧缩往往会导致厂商压缩生产、减少雇员，就会加剧经济下

滑态势，还会导致重债国实际利息负担上升，财政状况进一步恶化。其他发达经济体中，日本曾长期遭受通货紧缩困扰，近期在量化宽松货币政策和上调消费税率的共同作用下，物价涨幅有所提高，但通货紧缩根源未除，随着上调消费税率影响消逝，物价涨幅有可能再度陷入低迷之中。

物价低增长态势也扩散到了新兴经济体中，但对不同国家的影响却存在重大差异。对前期通胀压力较大的能源资源进口国而言，物价涨幅回落缓解了宏观经济政策面临的压力，降低了经济风险。对能源资源出口国而言，主要出口产品价格大幅下跌，出口收入减少。2014年前9个月，阿根廷、巴西出口额分别下降104%和22%，2016年两国财政支出依然出现陡增，导致其经济发展雪上加霜。

（三）世界经济在分化调整中低速增长

美国经济已进入稳步增长轨道，劳动力市场接近正常状态，金融市场稳中有升，极度宽松的货币政策开始收紧。欧元区经济货币联盟建设取得初步进展，经济爆发系统性风险的可能性下降，但核心国家对经济增长的拉动作用减弱，整体经济依然低迷，通货紧缩压力增大。日本经济受消费税率上调影响出现大起大落，"安倍经济学"效果逐渐衰减，结构性改革面临多重制约。新兴经济体和发展中国家经济增长方式转变尚需时日，政策调整空间受限，对全球经济增长的贡献率总体有所下降。

失业问题困扰全球多个国家，在发达经济体中，除美国失业率下降较快外，其他国家高失业问题依然十分严峻。2014年，全球失业总数为2.013亿人，比2013年增加了120万人，比2007年增加了3100万人；全球劳动力中大约5.9%的人员处于失业状态。2017年全球青年失业率人数达到7090万人，占全球失业率的35%，情况依旧不乐观。在部分发展中经济体中，每年创造的就业岗位也不足以吸收新生的青年劳动力大军，就业压力不断累积。居高不下的失业率不仅抑制居民收入增长，严重打压居民消费能力和意愿，而且加剧收入不平等，成为影响社会稳定的重大风险因素。

主要经济体财政政策促进经济增长的空间有限，发达经济体公共债务负担普遍高于警戒水平，政府削赤减债任务十分艰巨，将持续对经济增长形成负担。新兴经济体财政状况好于发达经济体，但一些新兴大国财政连年赤字，且美国联邦储备系统加息可能抬高国际金融市场利率，进而增加新兴经济体融资成本，给这些国家财政稳定带来挑战。

第二节 我国国际经济贸易的现状与问题

一、新时期我国国际经济贸易的现状

改革开放以来，我国国际经济贸易一直保持着十分迅猛的增长势头，这为我国国民经济实现平稳快速增长起到了重要作用。最近几十年来，我国国际经济贸易额长期保持大幅度增长。

（一）国际经济贸易差额有所下降

我国自加入世界贸易组织以来，进出口贸易整体态势良好，从2014年—2015年中国月度货物进出口总值中，可以看出我国货物进出口总值的快速增长态势。此外，2001年—2011年，我国国际贸易进出口总额由5096.51亿美元增长到36420亿美元，贸易规模扩大了6倍。其中，出口额从2661亿美元增长到18986亿美元，出口规模扩大近6倍；进口额从2435.5亿美元增长到17434.6亿美元，进口规模扩大约5.7倍；进出口贸易差额从225.45亿美元增长到1551.4亿美元，扩大约8.1倍。2008年，全球金融危机的爆发使中国遭遇了空前的困难和挑战，对外贸易的发展势头有所折冲。一直不断扩大的进出口贸易差额在2009年首次出现减少，为1961.07亿美元。2010年进出口贸易差额延续2009年的低迷为1831.0亿美元。

（二）国际经济贸易依存度迅速下降

在当今世界，随着全球经济一体化进程的日益加快，国与国以及地区与地区之间的经济贸易往来日趋频繁。任何一个国家的经济发展都离不开国际大舞台，国际经济贸易在国民经济中发挥着举足轻重的作用，只有在国际市场上充分发挥本国的优势，依托世界性资源，才能在国际市场竞争中占据有利的地位。随着国际经济与贸易合作的加强，我国国际经济贸易迅猛发展，随之而来的则是国际对外贸易依存度的急剧攀升。外贸依存度（又称对外贸易系数）是指一国在一定时期（一般为一年）内进出口总额与其国内生产总值或国民生产总值的比率，它是衡量一国经济贸易发展对进出口贸易的依赖程度。

自加入世界贸易组织以来，我国对外进出口贸易得到了长足的发展与进步，伴随着我国国际贸易规模的逐步扩大，我国对外贸易依存度也大幅度提升，这在一定程度上表明我国经济对国际市场的依赖程度在不断加深。在金融危机的影响下，出口低迷使得我国经济对外需的依赖程度明显降低。2008年外贸依存度有所下滑，下降到57.29%，2009年中国外贸依存度持续下降到44.24%，但2010年，中国外贸依存度又回升到49.67%，至2017年又下降到33.6%。总体来说，中国还是保持着较高的外贸依存度。

（三）国际经济贸易增长速度强劲反弹

改革开放以来，特别是在加入世界贸易组织后，我国的国际进出口贸易得到了快速的发展，贸易顺差逐年扩大。进出口同比增长速度2003年达到最高点，为37.1%；出口同比增长速度2004年达到最高点，为35.4%；进口同比增长速度2003年达到最高点，为39.9%。2005年—2007年中国对外贸易进出口、出口、进口增长速度均保持在一个较为平稳的状态。

2008年9月金融危机在全球范围内爆发，我国对外贸易受其影响，2008年进出口增长速度下降为17.8%，出口增长速度下降为17.2%，进口增长速度下降为18.5%。2009年进出口总额自加入世界贸易组织后首次出现减少，外贸增长速度更是降到最低，均出现负增长。2010年外贸形势有所好转，外贸增长速度大幅上升。2015年我国对外贸易发展已经呈现出回稳的趋势，这种趋势在2016年表现得更加明显。2017年我国外贸进出口实现了14.2%的快速增长，外贸发展的质量和效益进一步提升。2018年，我国货物进出口总额保持较快增长，贸易顺差持续收窄。

（四）国际经济贸易市场结构有所变化

2008年金融危机的爆发对我国整体的国际经济贸易形势产生了极大的负面影响，但对我国主要贸易伙伴的双边贸易格局影响并不大。2009年，我国国际经济贸易市场结构中，欧盟仍然占据着我国第一大贸易伙伴的地位，双边贸易总值为3782.7亿美元，同比下降14.5%；我国第二大贸易伙伴依然是美国，双边贸易总值为3174.6亿美元，同比下降10.6%；日本为我国第三大贸易伙伴，双边贸易总值达到2553.7亿美元，同比下降14.2%。

2011年，我国已是东盟第一大贸易伙伴，东盟也超过日本，成为我国第三大贸易伙伴。2018年，我国对前三大贸易伙伴欧盟、美国和东盟进口分别增长7.9%、5.7%和11.2%，三者合计共占我国进出口总值的41.2%。同期，我国对"一带一路"沿线国家合计进出口8.37万亿元，增长13.3%，高出全国整体增速3.6个百分点。我国与"一带一路"沿线国家的贸易合作潜力正在持续释放，成为拉动我国外贸发展的新动力。在我国对外贸易高速发展的同时，国际与国内市场竞争日趋激烈，我们应该看到我国对外贸易中存在的一些问题，尤其是随着"一带一路"的深入推进，我国对外贸易发展面临着一些新的问题与隐患，我国需要投入更多经济和外交资源来为"一带一路"倡议保驾护航。

二、新时期我国国际经济贸易中存在的问题

（一）高额贸易顺差

自2001年我国加入世界贸易组织以来，我国对外贸易每年以20%速度递增。首先，我国出现高额贸易顺差最主要的因素是加工贸易的迅速发展。众所周知，我国拥有众多的廉价劳动力、丰富的原材料以及基础工业设备，这使得国外制造业向我国转移。加上国际加工贸易实行保税政策，更加鼓励了我国加工贸易的发展，加剧了贸易顺差。其次，利用外资直接投资数额的增长。我国广阔的外贸前景吸引了大量外资，并且外资在我国经营中获得了较好的经济效益，所以外资投资便替代了部分的进口，并且国内的企业很多面向出口，因国内需求有限，最终导致越来越高额的贸易顺差。最后，我国国民储蓄高于投资，由于国情、文化思想的不同以及国内社会保障体系仍然不够完善等原因，我国居民用于投资与消费的资金远远少于储蓄的资金，这就限制了国内消费，企业便更加注重改善技术，开拓国际市场，大量出口，这扩大了我国的高额贸易顺差。

2018年12月8日，海关总署公布了前11个月的外贸数据。2018年前11个月，我国货物贸易进口总值27.88万亿元人民币，已超过2017年全年，比2017年同期增长11.1%。其中，出口14.92万亿元，增长8.2%；进口12.96万亿元，增长14.6%；贸易顺差1.96万亿元，收窄21.1%。按美元计价，2018年前11个月，我国进出口总值4.24万亿美元，增长14.8%。其中，出口2.27万亿美元，增长11.8%；进口1.97万亿美元，增长18.4%；贸易顺差2995.9亿美元，收窄18.1%。

（二）服务贸易问题

1. 我国服务贸易发展规模相对滞后

当前阶段，我国服务贸易规模仍然比较小。究其原因，主要在于我国服务业发展仍然不够成熟与完善，服务业发展不具备规模优势，服务贸易发展的基础不牢固。在我国对外贸易中，对外服务贸易总额所占外贸总额的比重低，我国服务贸易发展相对滞后。

2. 我国有关服务贸易的法律、法规不够健全

在我国对外贸易中，相关的法律、法规数量比较少，对于一些重要的服务领域立法不完备甚至没有立法，缺少统一的关于服务业和服务贸易的基本法。此外现行的立法与国际规范也存在着比较大的差距，出台的法律有不足的地方，某些地方缺乏规范。

3. 国际服务贸易商品主要集中于传统贸易领域

现阶段，我国服务产业结构仍然不合理，劳动力素质不高，资本和技术密集型的新兴产业发展不够完善。而当今世界传统贸易领域已经出现了比较明显的变化，即已经从劳动密集型的服务贸易发展到资本密集型的新兴服务贸易。

4. 我国对外服务贸易的管理存在体制不完善及人才紧缺现象

管理体制不完善，缺乏统一的关于服务贸易的协调管理部门。各部门对管理责任不够明确，没有规范的行业和服务标准，有的甚至与国际规范不符。同时，人才的紧缺也极大地限制了我国国际服务贸易的发展。

（三）出口产品结构不合理

我国出口产品的整体层次较低，大部分出口产品都是科学技术含量比较低的产品，即劳动密集型产品。此种情况的出现，在一定程度上反映出我国从贸易总额上获取的贸易利润，实际上并没有数据反映的多，因为我国目前的比较优势主要在劳动密集型产品方面。这也就是说，我国国际经济贸易出口总额虽然比较大，但是我国通过国际经济贸易获得的利润却比较低。在这种情况下，如果采取一般的措施，即通过增加数量来扩大利润，在一定条件下，就会导致出口产品的价格下降。这样，产品价格下降又会导致利润下降，就容易形成恶性循环。如果此种情况持续出现，短期贸易中即使可以获得一定利润，但是从长远发展的角度来看，这种贸易结构还是欠缺一定的合理性。这是因为在长期进程中，如果竞争对手有更加廉价的劳动力，就会彻底消除我国贸易竞争的优势，这会损害到我国国民经济的健康运行。

（四）国际经济贸易摩擦问题

1. 反倾销问题

当前，我国国际经济贸易反倾销问题日益受到重视，一些国际组织和国家对我国外贸商品反倾销起诉开始呈现大幅度增加的态势，反倾销案件的金额也在不断上升，这已经严重影响到了我国社会经济的持续快速发展。反倾销税率加高的产品范围不断扩大，我国主要出口项目均遭到了反倾销起诉，并严重打击了我国国际贸易企业的积极性。世界各国对我国实施反倾销的事件不断增加，我国已连续多年成为全球遭遇反倾销最多的国家，几乎每3起反倾销案中，就有1起是针对我国的产品。

除了经济、政治方面的原因，还有西方敌对势力借口制裁中国，不希望看到一个强大的中国的原因。但是，对我国反倾销调查也是有一定内因的，如企业自身方面相对单一的价格策略导致反倾销。由于国内市场尚不规范，盲目发展的市场行为，导致出现了大量过剩产品。企业为了生存，在国内和出口的销售策略上采取低价倾销策略。部分企业反倾销意识淡薄，由于我国企业出口规模仍然比较小或者没有直接自营进出口，基于应诉成本和直接利益的考虑而不应诉。此外，国内部分企业对世界贸易组织框架不了解，对相关法律知识和信息掌握不足，企业对反倾销存在着一些错误认识以及对国际市场的规则了解不足等。由此导致企业之间的恶性竞争，采取价格大战，恶性压低价格，引起当地生产企业的恐慌，于是产生了要求其政府采取反倾销等保护措施。同时，政府、组织机构相关法律、法规不完善，外贸行业协会组织企业应诉不力。法制不健全、人才缺乏、我国的相关法制仍然不完善、法律规定在一定程度上也不够灵活等原因使出口企业无力应对频繁的国际诉讼。贸易保护主义者滥用反倾销措施，也加大了我国国际经济贸易的压力。

2. 技术性贸易壁垒

当前，虽然我国社会经济得到了快速的发展，但我国仍然还是一个发展中国家，并且是世界上最大的发展中国家，我国与发达国家在科学技术和经济发展水平方面仍然存在比较大的差距，这是毋庸置疑的事实。由于目前世界各国经济发展水平、科技文化水平仍然存在较大的差异，规定和实施的技术标准必然"标准不一"和"高低不同"。发达国家通常制定较高甚至高于一般国际水平的"技术标准"，从而形成国际经济贸易障碍。国内部分企业及产品仍然存在比较多的问题，如产品附加值低、国际竞争力弱、企业的标准化意识不强、企业基础工作薄弱并且不理解标准化是连接贸易技术壁垒的纽带等。外贸行业协会未能充分发挥其应对技术壁垒的特殊作用，绝大多数行业协会规模小且十分分散，基本上难以起到对行业内部企业的协调、规范和提供信息平台的作用。产品的技术法规和标准未与国际接轨，世界各国很多技术标准与国际通行的标准不一致，这给我国产品进入当地市场造成很大的影响。我国外贸企业对产品质量认证的意识较为薄弱，企业没有树立较强的、符合国际标准的质量认证意识，发达国家的产品认证体系已经成为事实上的技术性贸易壁垒，检验检疫技术与贸易技术壁垒发展趋势不适应。

（五）产业结构理论和贸易机制有待调整

改革开放以来，我国产业结构与我国贸易结构调整目标一直存在着较大的差异。我们可以参照成熟和发达的产业结构，如在美国产业机构中，第三产业占国内生产总值的比重在 2000 年为 74.6%，1995 年为 71.7%，1990 年为 69.9%，1980 年为 64.1%。由此可以看出，第三产业在美国的国内生产总值中的比重，随着经济的发展呈递增趋势，而且明显超过了第一和第二产业。而在我国，第三产业在国内生产总值中的比重较低，第三产业占国内生产总值的比重在 2000 年为 39%，1995 年为 32.9%，1990 年为 31.6%，1980 年为 21.6%，虽然近几年比重有所增加，但是增长速度相对较为缓慢。

第三节　新时期国际经济贸易发展变化与特点

一、新时期国际经济贸易的发展变化

(一)国际贸易的作用日趋重要

贸易依存度是人们评判国际贸易作用最常用的标准，其是指一国或地区的进出口总额（出口总额）占该国国内生产总值的百分比。以贸易依存度标准来反映新时期国际贸易的作用，具体如下。

①从全球范围来看，世界各国的贸易依存度呈现不断上升的趋势。从1950年至2008年，世界出口依存度从5%上升到78.4%，呈长期上升的趋势。这一趋势在20世纪80年代中期以后更加明显，在1985年至2007年的22年时间里，世界出口依存度上升了3倍多，在不同类型的国家中，除了中等国家有所下降外，其他各类国家均有不同程度的上升。

②从一国或地区不同的经济发展阶段来看，在一国或地区的经济起飞和迈向发达阶段，其贸易依存度快速上升。及至一国或地区的经济发展成熟以后，其贸易依存度的发展变化才比较稳定。这表明了国际经济贸易在一国或地区的经济发展过程中具有非常重要的作用，尤其是表现在产业演进、技术进步和制度创新等动态方面的作用。

③从经济规模和贸易依存度的关系来看，发达国家的贸易依存度同经济规模呈负相关关系，而在发展中国家却不存在这种负相关关系。这说明贸易同发展中国家经济发展的关系远比发达国家复杂和密切。究其原因，主要在于发达国家贸易的主要作用是解决国内生产的"过剩"问题，即相对于进口来说，出口更重要。在发达国家中，国内经济规模较大的国家一般是人口较多的国家。由于发达国家人均收入水平普遍较高，其经济规模越大，国内市场需求也就越大，从而出口贸易的比重相对于内销来说略小一些。然而，在发展中国家，人均收入差别很大，经济规模大，也并不意味着国内需求和内销的比重就大，部分国家的较大经济规模是通过出口实现的。因此，出口依存度也就难以衡量。另外，发展中国家贸易从根本上来说，其主要是由进口引起的，对进口重视程度的不同也导致各国贸易依存度的不同。但是，不管经济规模如何，发展中国家的贸易依存度同经济发展之间存在着一定的规律，即凡是经济发展比较成功的国家，贸易依存度都比较高。这从一个方面也说明了贸易在发展中国家经济发展过程中的重要性。

（二）国际贸易政策日趋自由化

贸易政策是指一个国家政府为了某种目的而制定的、对外贸活动进行管理的方针和原则，是一国经济政策的重要组成部分。"二战"以后，特别是20世纪90年代以来，世界各国贸易政策不断趋于自由化，自由贸易政策取代保护贸易政策成为国际贸易政策的主流。

1. 国际经济贸易关税壁垒的削减

"二战"结束后，世界各国的进口关税水平都维持在40%以上，经过多轮旨在削减关税和非关税壁垒的多边谈判，世界各国的关税水平已经大为降低。按照"乌拉圭回合"谈判达成的协议，世界各国的关税将继续降低。发达国家的工业制成品加权平均关税将从6.3%降至3.8%，发展中国家的工业品加权平均关税将从15.3%降至12.3%，经济转轨国家的工业品加权平均关税将从8.6%降至6.0%。1997年，发达国家的平均关税水平已经降至3.8%，发展中国家的平均关税水平也降至12.5%。

2. 国际经济贸易非关税壁垒的大幅度削减

20世纪70年代，非关税壁垒曾经成为全球经济贸易的主要障碍。20世纪80年代中期以来，发达国家和发展中国家都不同程度地减少了进口配额、许可证和其他行政规章制度。根据经济合作与发展组织的相关研究数据，20世纪90年代，经该组织的进口自由化已经达到95%以上。随着世界贸易组织"禁止数量限制"原则及其保障措施的实施，世界各国的非关税壁垒将不断被削减和取消。

（三）国际经济规模的全球化

相关统计数据表明，近年来国际经济贸易的交往数量总额在不断增加，涉及的贸易范围也在不断扩大，即经济发展的全球化。随着各国间经济综合能力竞争的不断加剧，国家间经济竞争早已由国内发展到国外，最具代表性的就是跨国企业。在全球经济的发展浪潮中，企业要想始终处于不败之地，就需要不断地壮大自身的企业规模与增强企业竞争实力。同时，企业之间需要强化合作，充分发挥各自的竞争与比较优势。企业的最终目的在于盈利，因此，企业必须寻找各种方法来节约成本。例如，德国在制造一架飞机时，使用本国企业的设计图纸，中国企业的员工加工，日本的动力装置设置，其他发展中国家提供原材料等。利用发展中国家廉价的原材料和劳动力资源，发达国家先进的技术和设计水平，使企业的生产成本降到最低。由此，就形成了跨国公司，我国的跨国公司包括海尔、中国电信、中国石化等。世界著名的跨国公司包括沃尔玛、家乐福、福特汽车、通用汽车等。

（四）国际经济与贸易的规范化

国际经济与贸易的正常交往需要交易双方能够遵循一定的行为规范与贸易原则，以保障贸易的规范化与正规化。为此，各国需要相互达成协议，成立相应的经济与贸易组织机构。现阶段，全球主要有三大经济组织，包括世界贸易组织、世界银行、国际货币基金组织。同时，不同的区域之间依照自身的地缘优势，也成立了各种各样的经济与贸易组织，此种类型的贸易组织主要包括欧盟、亚太经合组织、东南亚国家联盟、金砖国家、北美自由贸易协定等。而这些组织也大多数制定了不同的贸易交往的相关规定，以消除贸易壁垒和对外关税，促进了各国间经济或者地域间经济的交流与发展，使贸易双方在自愿独立的原则下按照组织的相关规定，除了享受权利外，还要履行规定的义务，遵循组织制定的原则，推动经济与贸易发展的规范化。这不仅有利于国际经济与贸易朝着合理、有序的方向发展，还能够进一步推动各国经济平稳、健康、快速发展。因此，国际经济与贸易的发展趋势必然是朝着规范化、合理化的方向发展。

二、新时期国际经济贸易的特点

（一）国际贸易增长迅速

国际经济贸易经过 20 世纪 90 年代中期的疲软后，于 1994 年开始呈现强劲增长的态势。伴随着世界劳动生产率的快速提高，世界各国和地区货物出口增长速度亦相应有所提高。2000 年—2012 年，世界主要国家货物出口量年均增长率为 7.6%，明显高于 20 世纪 90 年代后半期的增长率。1995 年，世界贸易总额（包括货物和服务）首次突破 6 万亿美元的关键节点，加之世界经济状况的进一步改善，国际经济贸易量继续维持较高的增长率。2004 年，全球货物贸易量增长率为 9%，比同期全球经济增长率高出两倍多，同期国际货物贸易额亦增长了 21%，达到 8.87 万亿美元。此外，该时期服务贸易额也增长了 16%，为 2.10 万亿美元。2016 年世界贸易增长率为 2.8%，2017 年全球商品贸易量则增长了 4.7%。

（二）国际服务贸易发展迅速

20 世纪 80 年代以来，国际服务贸易发展十分迅速。世界服务贸易进出口总额由 2000 年的 29718 亿美元增加到 2008 年的 72003 亿美元，并且年均增长速度始终高于国际货物贸易的进出口增长速度。2001 年，国际服务贸易总额达 29886 亿美元，已占全球贸易总额的 2/5。2016 年，国际服务贸易总额达到 94150 亿美元。

（三）国际贸易秩序日趋稳定

战后的国际经济贸易不仅延续了战前原有的国际贸易管理规则，更重要的是，战后由世界各国政府出面共同组成了区域性经济组织以及世界性经济组织。例如，不同层次的区域一体化组织、关税及贸易总协定（世界贸易组织的前身）、西方七国首脑会议等，这些组织多数都制定有关法规和行动准则，并定期或不定期举行会议，协调各国之间的贸易摩擦，解决贸易纠纷，使战后国际贸易秩序日趋稳定。

（四）跨国公司的作用显著增强

跨国公司，又称多国公司、国际公司、超国家公司和宇宙公司。20世纪90年代以来，跨国公司的数量显著增加，大型跨国公司日益全球化、国际化。同时，世界主要跨国公司开始结成新的战略联盟，这对于推动国际分工的进一步深化，促进国际市场的统一与规范化发展，推动国际经济贸易市场的竞争以及促进国际贸易的自由化具有举足轻重的重要作用。

首先，跨国公司是现代企业的主力军，是世界各国综合国力和竞争力的重要组成部分。当今世界国与国之间的经济竞争，正在通过跨国公司实施的全球经营战略，以前所未有的规模和激烈程度在全球范围内快速展开。根据市场的变化和竞争的需要，世界主要跨国公司立足全球，对生产经营实行全球性战略安排，把他国的市场和资源纳入其全球性的战略安排之中。为了实现跨国公司的全球经营战略，许多国家把本国的跨国公司变为世界范围内的总公司，在全球范围内设置生产基地和销售机构，建立国际商务信息网络，构建全球研究开发体系，积极参与国际经济合作与竞争。在实施全球经营战略过程中，跨国公司积极推进海外公司本土化以赢得所在国政府和公众的认可和支持。

其次，跨国公司进行的国际性投资，是加快经济全球化进程的有利条件。国际性投资是开展国际经济技术合作的基础。跨国公司的国际性投资，一方面是向全球扩张金融资本、垄断世界市场的实际需要；另一方面是生产国际化、社会化的必然要求。部分大型跨国公司陆续向国外开展大规模、系统化投资，在国外设立投资性控股子公司，统一管理投资企业。跨国公司对外直接投资具有明显的连锁竞争效应，只要有一家跨国公司向外投资扩张，同行的跨国公司为了保住自己国内外的资源和市场份额，也会竞相向国外投资扩张。

最后，跨国公司开展的跨国兼并和收购，是加快经济全球化进程的有效手段。跨国公司之间的兼并、收购以及战略联盟，是20世纪后期经济全球化的重要特征，也是国际经济激烈竞争的产物和结果。为了在全球市场上谋求发展壮大，跨国公司利用其自身的优势，采取整体收购、重组控股收购、增资控股收购以及股票认购收购等多种并购方式，在国外大力开展兼并、收购业务，不断实行产业整合，扩大经营规模。跨国公司通过兼并、收购的方式，使被兼并、被收购企业的法人地位、治理结构、文化理念和管理机制、业务方向等都发生了根本性变化。跨国兼并、收购是跨国公司获得他国有形资产、无形资产和竞争战略优势最迅速、最有效的手段。

（五）国际贸易区域集团化倾向日益显著

"二战"结束后，国际政治及经济关系发生了一系列的变化，经济上的竞争逐步取代政治上的对立，并且成为世界政治经济发展中的主流。地区经济的区域集团化也随之进一步发展，世界市场上涌现出越来越多的区域贸易集团，如欧洲联盟、北美自由贸易协定、加勒比共同体、东南亚国家联盟、亚太经合组织等。这些区域贸易集团，在其集团内部，贸易自由化程度较高，而在集团外部贸易保护程度较强。世界贸易的区域集团化发展，不仅对世界贸易增长产生重大影响，而且对世界贸易格局的变化和发展有重要作用。

（六）国际贸易商品结构和地区分布发生变化

国际贸易的商品结构和地区分布发生重大变化，工业制成品的比重不断上升，世界主要发达国家间的双向贸易在全球贸易份额中所占的比重呈现上升态势。从国际贸易商品结构来看，工业制成品在国际贸易中比重不断上升。而战前至战后初期，初级产品在国际贸易中占据主导地位。从地区分布上看，总体趋势表现为，在国际贸易中发达国家的比重渐次上升，而发展中国家的比重则逐年下降，而且发达国家间的双向贸易在世界贸易中比重逐渐上升，成为世界贸易中的主流。

（七）国际市场内的经济贸易竞争进一步发展

当今世界贸易自由化以及科学技术的快速发展，跨国公司遍布全球，同时开放政策盛行，使国际分工进一步展开，世界金融市场逐渐融为一体。全球和世界各国国际经济贸易系数不断提高，世界性经济交流逐渐频繁，企业之间相互依存度持续提高。但是，由于世界各国经济上存在较大差异，经济部门和结构失衡状态的持续发展，加之冷战结束后世界呈现多极化趋势，国际市场上的竞争范围日益扩大，国际经济贸易竞争手段逐渐多样化和科技化。

（八）贸易自由化继续发展，贸易保护出现新的形式

全球经济一体化的过程中一直伴随着国际经济贸易自由化和经济贸易保护主义的相互交融和斗争。随着经济全球化的快速发展，实行贸易保护主义的成本和代价日渐提升。而贸易自由化则推动了国际经济贸易的平稳、快速发展，同时带动了世界各国经济发展和产业结构的调整，这已经成为世界各国经济贸易政策的主流。与此同时，伴随着国际经济贸易规模的不断扩大，各国之间产生的贸易摩擦也时有发生。目前，世界各国经济发展状况的不均衡性、产业和对外贸易结构的竞争性、地区贸易集团的排他性、国际贸易分配利益的两极化以及贸易问题的政治化，这些都是造成贸易保护主义此起彼伏的重要因素。同时，由于传统国际贸易关税保护形式在世界各国多边贸易体制中的角色被极大地削弱，当前的贸易保护形式逐渐趋于隐形化。例如，滥用反倾销等贸易救济手段、建立歧视性的技术贸易壁垒等，就是最为典型的现代贸易保护形式。

（九）贸易方式多样化

对等贸易是在传统贸易基础上发展起来的一种新贸易方式，指某方向对方提供技术、设备、专利等的同时，承担购买对方一定数量商品的义务。该贸易方式既是一种易货贸易，

又是一种特别的信贷方式。它将出口与进口直接联系起来，可不动用现汇。其具体形式主要包括补偿贸易、综合易货贸易、转播贸易等。无纸贸易是利用电子数据交换代替传统的纸面单据进行的贸易活动，将标准的经济信息通过通信网络，在商业伙伴的计算机之间进行传输和处理，以实现买卖双方交易的目的。管理贸易具体是指一国政府从国家的宏观经济利益和国内外政策需要出发，对外贸活动进行的行政管理和干预。对国际经济组织来讲，就是对国际经济的协调管理。

第四节 我国国际经济贸易面临的机遇与挑战

一、我国国际经济贸易面临的机遇

（一）世界形势的缓和有利于我国集中精力进行经济建设

在世界经济一体化背景下，世界各国的经贸联系日益频繁，相互依赖程度加深。在和平与发展成为时代主题的今天，世界各国越来越重视科技和经济的发展。求和平、促发展、谋合作已经成为不可阻挡的时代潮流，虽然发展中国家和发达国家在意识形态、政治体制、价值观念上的矛盾和对立依然存在，但是发达国家已意识到，他们的发展离不开发展中国家的发展，他们的长期稳定和繁荣不可能建立在发展中国家贫穷和动荡的基础上，全球化问题的解决也离不开发展中国家的参与。

因此，发达国家从其自身利益出发，不得不重新认识发展中国家的力量和作用。扩大同发展中国家的交流与合作，这给我国经济、政治、文化、社会建设提供了良好的外部环境。

（二）世界经济格局变化将进一步提升我国的国际影响力

改革开放以来，我国经济持续快速增长，对外投资规模迅速扩大，对世界经济增长的贡献不断增加。然而，我国在国际经济金融事务中的话语权仍然不高，在国际经贸规则制定和宏观经济政策协调中长期处于被动地位。国际金融危机促使世界经济格局发生新的变化，发达国家与发展中国家力量此消彼长，主要新兴经济体在世界经济中的地位将进一步上升，而且世界经济格局变化还将推动国际经济秩序朝着更加公正、合理的方向转变。这有利于我国和其他发展中国家更好地维护自身利益，实现长远发展的目标。

（三）世界格局多极化形势有利于提升我国的国际地位和作用

首先，全球经济一体化为我国融入世界经济体之中提供了难得的契机。我国既是人口大国，也是一个高消费的国家，每年我国在促进世界经济的增长方面都起到了非常大的作用。当前，我国的综合国力日渐增强，在世界经济中的地位举足轻重。据了解，近十年来，我国国际贸易增长幅度大大超过国内生产总值的增长幅度，国际贸易得到了迅速的发展。

随着我国对外开放程度的进一步提高，我国对外贸易和投资规模不断扩大。同时，我国与国际市场的联系日渐紧密，可以在更大的范围内优化资源配置，劳动力资源等优势得到进一步的发挥，短缺资源则可以通过国际交换而得到弥补。我国也借此在与世界经济发展的相互促进中保证了自己的国际地位。

（四）绿色产业在全球的兴起有利于我国实现产业的转型升级

发展新兴绿色产业不仅有利于我国保护环境、提高能源资源利用效率和推动产业升级，而且由于绿色产业尚处于发展的起步阶段，这为我国赶上新一轮全球产业调整发展步伐、缩小与发达国家的差距提供了良好契机。此外，新能源和节能环保等绿色产业的发展潜力巨大，为我国培育新的经济增长点和市场需求以及更好地参与国际经济贸易竞争创造了机会。

（五）全球经济一体化有利于我国利用外资引进先进技术和经验

随着全球经济一体化的进一步发展，世界各国科技人才、跨国公司以及国家与民间的全球性科技活动日趋活跃。我国应借此机会积极参与国际竞争，利用国外的技术或在国外产品技术的基础上进行创新，从而有效地促进我国科学技术水平的提高，发展高新技术产业，实现国民经济的跨越式发展。同时，这还可以直接推动经济全球化的进程，实现人才、资本、信息、知识和物质在全球范围内的快速流动，为社会的发展提供强有力的保证。

二、我国国际经济贸易面临的挑战

（一）绿色贸易壁垒给我国带来的挑战

1. 外贸出口产品受到影响

当前，我国外贸出口产品在短期内仍然很难达到世界上主要发达国家制定的一系列过于严格的环保标准和环保标志制度，致使我国外贸出口产品经常面临被退货或者被拒绝入关的问题。我国既不是北美自由贸易协定成员，也无法加入欧盟的经济体系之中，这不能不说是十分严峻和亟待解决的问题。如果我国外贸出口市场份额缩小，出口增速则会相应放缓，外贸出口竞争力面临急剧下降的趋势，我国与世界各主要贸易国之间的贸易摩擦也不可避免地加剧。

2. 进口产品质量受到影响

当前，由于我国部分企业缺乏环保意识或者受到经济利益的驱动，导致从发达国家进口报废的旧汽车、电器等工业垃圾以及携带病虫害、传染病的产品或者旧服装、旧磁带等生活垃圾的数量呈现增加的态势。

3. 部分污染产业转移进入我国

由于部分发达国家推行贸易壁垒政策,其本国环境标准逐渐严格,这些国家的投资者为了获取高额利润和逃避本国严格的环境污染治理规定,利用我国环境治理标准要求相对较低的条件,在我国投资一些已被其国内限制或淘汰的高污染型产业。这种行为在农业、化工、造纸等行业中表现得尤为显著。这种向他国转移环境污染产业的行为,已经严重影响了我国的资源与环境,制约了我国社会经济的可持续发展,同时也对我国国际经济贸易的发展产生了严重的负面影响。

(二) 电子商务给我国带来的挑战

1. 国际服务贸易的发展面临巨大压力

第一,我国外贸服务业发展相对落后,香港的服务业占香港GDP的比重高达80%以上,而内地却不到30%,导致国际服务贸易的发展受到了极大的制约。第二,我国部分行业在外贸服务业上的竞争力比较薄弱,我国服务贸易的输出主要集中在劳务工程承包、远洋运输以及旅游业等传统服务业,这与世界主要发达国家在服务贸易中主要以智力和科技产品出口为主形成鲜明的对比,这样就使我国外贸服务业的整体水平难以与其他国家的外贸服务业竞争。第三,我国国际服务贸易法律、法规体系仍然不够完善、服务贸易管理滞后、服务贸易方面人才的缺乏都给我国国际服务贸易发展带来巨大的挑战,如果不尽快予以解决,那么必将进一步拉大我国与发达国家之间的差距。

2. 传统的国际经济贸易经营管理体制受到挑战

电子商务主要以电子数据交换为主,逐步取代了纸面文件并成为国际经济贸易的主要方式,实现由传统的信息传递与贸易方式向网上交易方式的转变。电子商务在世界范围内的实施,一方面提高了国际经济贸易效率,简化了操作程序,增加了贸易机会;另一方面向以传统贸易方式建立的国际经济贸易经营管理体制提出了新的挑战。我国国际经济贸易运输船舶在部分欧美国家港口因不能采用电子报关而频频被压港等候,有时拖延1到2周,每天损失高达几万甚至几十万美元。部分外贸公司不能接受电子订单和出具电子单证,越来越多的客户对此表示不满。要扭转这种被动局面,必须改革传统的国际经济贸易经营与运营管理体制。

3. 传统形式的企业经营理念与生产方式受到影响

当前,从企业的角度来说,电子商务不仅是一种新的企业经营方式与技术,更是一种新的运营方式与经营理念。如果企业不能及时转变观念并采取相应的措施,那么就将在国际经济贸易的竞争中处于劣势地位。然而,当前我国许多外贸企业仍然固守传统形式的企业经营理念与运营方式,或者即使做出了转变,却因为转变速度过慢而丧失了许多市场机会。

（三）世界部分国家的贸易保护主义制约我国出口贸易的发展

在当今世界，技术性贸易壁垒发展十分迅速，美、日、欧盟等部分发达国家或地区凭借其在科技、管理、环保等方面的相对优势，陆续设置了以技术法规、产品标准以及合格评定程序为主要内容的技术性贸易壁垒，并对市场准入机制设置了十分严格的条件。目前，我国相当数量的传统优势出口产品（包括纺织品、农产品、机电产品）频繁遭遇国外技术性贸易壁垒的限制，企业遭受了较大的损失，已经影响到了我国外贸出口的平稳、健康发展。

第四章 国际贸易的相关理论综述

国际贸易是在人类社会生产力发展到一定的阶段时才产生和发展起来的，它是一个历史范畴。国际贸易的产生必须具备两个基本的条件，分别是要有国家的存在和产生了对国际分工的需求。这些条件不是人类社会从产生就有的，而是随着社会生产力的不断发展和社会分工的不断扩大而逐渐形成的。下面将从西方国家贸易理论、自由贸易理论、保护贸易理论和贸易自由等方面来较为详细地阐述。

第一节 西方国家贸易理论

一、古典国际贸易理论

古典国际贸易理论主要指亚当·斯密和大卫·李嘉图提出的绝对成本理论和比较成本理论。其中，绝对成本理论是国际贸易理论产生的标志；比较成本理论是国际贸易理论的核心。

亚当·斯密的绝对成本理论认为只有在生产上具备绝对优势地位的国家参与国际分工和国际贸易，双方才能获得利益。该理论是建立在亚当·斯密的分工和国际分工学说的基础之上的。亚当·斯密运用逻辑演绎的方法对分工进行研究，发现分工能大大提高劳动生产率，并得出每个人专门从事一种物品的生产，然后彼此进行交换，则对每个人都是有利的，进而得出，每一个人看来是合算的事情对于整个国家来说就可能也是合理的，最终论证出，一国只要选择对其绝对有利的生产条件去进行专业化生产，然后进行交换，就会使各国的资源得到最有效的利用，获得增加总产量、提高消费水平和节约劳动时间的效果。

绝对成本理论是人类历史上第一次论述贸易互利性原理的理论，其克服了重商主义者认为贸易只对单方面有利的片面看法，为各国扩大对外开放、实行自由贸易政策提供了理论依据。但这一理论只说明了国际贸易中的一种特殊现象，即至少在一种商品的生产上处于绝对优势的国家,才能参与国际分工和国际贸易,并从中获得利益。而在生产上并不具有优势的国家能否参与国际分工和国际交换,能否获得利益,该理论并没有回答。

为了弥补绝对成本理论的上述局限性,大卫·李嘉图提出了比较成本理论,论证了国际分工的基础不仅限于绝对成本差异,只要各国之间的生产成本存在相对差异,就可参与国际分工。"两优相较择其重,两劣相较取其轻"就是比较成本理论的核心与精髓,即处于绝对优势的国家应集中力量生产利益较大的商品,处于绝对劣势的国家应集中生产劣势较小的商品,然后通过国际贸易互相交换,彼此都能节省劳动,都能从贸易中得到好处。

比较成本理论揭示了国际贸易产生的基本原因是各国劳动生产率的比较差异,从而扩大了国际贸易的范围,为各国参与国际分工和国际贸易的必要性做了理论上的论证。但是这一理论也存在很多缺陷,比如,未能揭示国际商品交换所依据的规律——国际价值规律等;只提出国际分工的一个依据,未能揭示出国际分工形成和发展的主要原因;把世界看作永恒的、不变的;把多变的经济状况抽象为静态、凝固的状态。因此,在李嘉图之后,又有一大批经济学家从不同角度发展、补充和完善了比较成本理论。比如,约翰·穆勒和马歇尔提出的相互需求理论,就很好地解释了比较成本理论所没有解决的利益分配问题,认为两国间商品交换的比例取决于双方消费者的嗜好与环境,即两国间的相互需求强度;戈特弗里德·冯·哈伯勒则通过将机会成本引入生产成本的比较中,用现代一般均衡理论的语言重新证明了古典比较优势理论。

二、新贸易理论

"二战"结束后,特别是20世纪80年代以来,国际贸易出现了与传统贸易理论不相符的三个显著特征:一是发达国家之间的贸易迅速增长,成为国际贸易的主流;二是产业内贸易大大增加;三是知识密集型产品在国际贸易中的比重不断上升。贸易实践对贸易理论发起了挑战,促使一些经济学家对贸易理论进行反思,新贸易理论就是这一阶段反思的结果,它在一定程度上把国际贸易理论向前推进了一步。

由于新贸易理论提出的时间尚短,涉及的范围又很广,因此到目前为止还没有形成一个统一的理论体系。在习惯上,人们经常把迪克西特-斯蒂格利茨模型作为新贸易理论的开端。1977年,迪克西特和斯蒂格利茨联名发表了篇名为《垄断竞争与最优产品多样化》的论文,建立了一个规模经济和多样化消费之间两难选择的模型。他们发现,即使两国的初始条件完全相同,不存在李嘉图比较优势,如果存在规模经济,则两国可以选择不同的专业,从而产生后天的绝对优势。该模型一经发表,就成为研究新贸易理论极为有用的工具。保罗·克鲁格曼等人就是采用迪克西特和斯蒂格利茨的研究方法,将垄断竞争模型推广到开放条件下,提出了规模经济贸易理论,从而使国际贸易理论获得了极大地丰富,对传统贸易理论也进行了较大的补充。规模经济贸易理论对贸易产生的原因做出了新的解释，认为相当一部分国际贸易，特别是经济特征相似的国际之间的贸易，其产生的原因主要是规模报酬递增形成的国际分工，而不是国与国之间在资源禀赋上的差异。此外，克鲁格曼还认为，哪国对某产品国内需求大，有利于该国的企业扩大生产规模，实现规模经济，降低平均成本，该国就具有该产品的国际竞争力，从而使该国成为该产品的净出口国。基于该理论，企业首先应扩大国内市场以获得相应的规模收益递增效应，出口才有竞争力。

这一阶段对国际贸易成因进行解释的理论还有以林德为代表的偏好相似理论和詹姆斯·布兰德的相互倾销理论。

偏好相似理论也称需求相似理论，是瑞典经济学家林德于1961年在其《论贸易和转变》一文中提出的。林德认为国际贸易是国内贸易的延伸，产品的出口结构、流向及贸易量的大小取决于本国的需求偏好，而一国的需求偏好又取决于该国的平均收入水平。平均收入水平提高，消费需求的质和量都会提高；平均收入水平越高，对先进的资本设备需求就越高。因此两国人均收入水平相当，需求偏好相似，两国间贸易范围可能最大。但如果两国人均收入水平相差较大，需求偏好相异，两国间贸易则会存在障碍。基于该理论，企业首先应选择国内市场巨大的产业进行出口贸易。

相互倾销模型是布兰德和克鲁格曼在其著名的《国际贸易的相互倾销模型》一文中提出的，该模型认为寡头垄断厂商为实现企业利润最大化，将增加的产品产量以低于本国市场售价的价格销往国外市场。如果这种销售不影响本国市场销售价格的话，从表面上看，在国外市场上产品的价格降低了，但从企业整体的角度上看却能获得利润最大化。其他国家的厂商也会采取同样的战略将增加的产品销往对方国家市场，这种相互倾销行为所形成的贸易不是由于两家分属不同国家的厂商生产了差异产品，而是因为各自对最大限度利润的追求。由此可以看出，根据相互倾销贸易理论，各国开展对外贸易的原因只在于垄断或寡头垄断企业采取了相互倾销的市场销售战略。

此外，在这一阶段对国际贸易理论做出突出贡献的还有赫尔普曼、格罗斯曼、雷蒙德·弗农、兰卡斯特和诺曼等一大批现代经济学家。

与传统的国际贸易理论不同，新贸易理论在模型的构建上摒弃了规模报酬不变和完全竞争的假定，把产业组织理论引入国际贸易理论研究之中，认为市场中不完全竞争是普遍现象，完全竞争才是特例，并且产业领域也存在规模经济报酬递增的现象，并非规模经济报酬不变。以规模经济和不完全竞争为前提，新贸易理论认为比较利益的来源除了各国资源禀赋上的差异之外，还源于一国企业的垄断优势和规模经济等。但是，新贸易理论并不是对传统贸易理论的全盘否定，它与传统的比较成本理论、要素禀赋理论仍然存在着不可分割的理论渊源，其主要观点和分析方法仍然没有离开比较优势的范畴。可以这样说，新贸易理论是比较优势理论在新的情况下的具体运用。

三、新古典国际贸易理论

在古典国际贸易理论模型中，劳动是唯一的生产要素，劳动生产率的差异是国际贸易产生的原因，这一理论在西方经济学界占支配地位达一个世纪之久。到了20世纪30年代，才受到赫克歇尔与俄林的挑战，这两位瑞典经济学家用在相互依赖的生产结构中的多种生产要素代替李嘉图的单一生产要素——劳动，并引入等产量线、无差异曲线、生产可能性边界等新的分析工具，从供给的角度重新探讨了国际贸易产生的原因。

1919年赫克歇尔在其《对外贸易对收入分配的影响》一文中初步提出两国之间产生比较成本差异必须具备两个前提条件：一是两国的要素禀赋不一样；二是不同产品生产过程中所使用的要素比例不一样。他第一次用生产要素密集的分析来解释国际贸易。俄林继承了赫克歇尔的观点，1933年在其出版的《区域贸易与国际贸易》一书中对"比较利益形成的原因"这一理论重新做出了清晰而全面的解释，并系统提出了生产要素禀赋理论。该理论奠定了新古典国际贸易理论的基石。生产要素禀赋理论认为，各国生产要素禀赋丰裕程度的差别，导致各国生产要素价格的差异，这就使得具有相同要素构成比例的同一种产品在不同的国家具有不同的生产成本，国际贸易由此得以产生。某个国家使用其丰富而便宜的生产要素，生产的产品成本较低，反之则成本较高。因此，各国生产较大比例地使用本国丰裕生产要素的产品，进口较大比例地使用本国稀缺生产要素生产的产品，就是一种能获得比较利益的国际分工模式。

生产要素禀赋理论是对单一要素的古典国际贸易理论模型的修正和完善。与古典国际贸易理论相比，该理论把比较利益形成原因的研究往前推进了一步，即不仅承认比较利益是国际贸易产生的基本原因，而且研究了比较利益形成的源泉——要素禀赋差异。所以一直以来生产要素禀赋理论被公认为国际经济学中一颗璀璨的"明珠"。但到了1953年，事情发生了很大的变化，特别是随着实证分析方法引入该理论研究中，这一理论的不足被逐渐发现。最具有代表性的是1953年，里昂惕夫运用投入—产出分析方法对美国1947年进出口行业的资本存量和工人数值进行了比较，发现美国出口产品的资本—劳动比小于进口产品的资本—劳动比，这与当时美国被公认为世界上资本最丰裕的国家显然相矛盾。为了解释里昂惕夫的悖论，当时许多经济学家，如加拿大的沃尔、日本的建元正弘和市村真一、原民主德国的斯托尔伯和劳斯坎普、印度的巴哈德瓦奇，利用本国的资料对生产要素禀赋理论进行重新检验，发现既有肯定生产要素禀赋模型的，也存在否定生产要素禀赋模型的，这使情况变得更为棘手。里昂惕夫悖论使得许多经济学家对"悖论"展开研究，并做出不同的解释，有的认为生产要素禀赋模型存在先天不足，如要素密集度逆转说和需求偏好差异说；有的认为是里昂惕夫在实证分析过程中出现差错，如关税保护说和自然资源说；也有的认为并不存在悖论，如劳动力不同质说和人力资本说。但是这些对"悖论"进行解释的学说都没有完全否定生产要素禀赋理论，而是成了对战后国际贸易理论的补充和发展。它们采用的定性分析和定量分析相结合、理论分析和实证分析相结合、比较利益的静态分析和动态分析相结合的方法，大大推进了国际贸易理论的研究进程。

第二节 自由贸易理论

一、自由贸易理论概述

自由贸易理论的创始者是英国经济学家亚当·斯密，其核心是自由贸易可使参与贸易的双方均获得贸易利益，它是通过对贸易原因近乎完美的实证分析和逻辑推论而得出的，这是自由贸易理论获得广泛认同的主要原因。自由贸易理论自诞生以来，就一直是国际贸易的核心理论，成为整个国际贸易理论发展的主线，甚至成为国际贸易理论的理念和目标，对后世各种不同类型国家的贸易理论和政策选择产生了深远的影响。

自由贸易理论在发展中国家的实践表明，它既能增加贸易利益，又不可避免地要付出一定的代价。但是不同的发展中国家在贸易自由化中的获利及付出的代价大小是不同的，有的国家经济地位提升了，有的却被边缘化了。一个重要原因是自由贸易理论所描述的自由贸易利益的实现有着或明或暗的一系列前提条件，而不同的国家这些贸易条件的具备程度是不同的。发展中国家对发达国家的自由贸易政策不能一概照搬。

亚当·斯密作为自由贸易理论的创始者，首创性地提出了分工学说。他的绝对利益论认为，不同国家生产同样的商品成本不同，一国应放弃生产成本绝对高的商品，选择成本绝对低的商品进行专业化生产，并彼此进行交换，这样两国的劳动生产率都会提高，成本都会降低，劳动和资本能得到正确的分配和运用。而分工和专业化的发展需要自由贸易的国际市场。因此，他认为自由贸易是增加国民财富的最佳选择。但亚当·斯密的绝对利益论无法解释当一国在所有产品的生产成本上较之另一国均处于绝对优势或绝对劣势时，仍能进行互利贸易的原因。大卫·李嘉图的比较利益论则解决了这个问题。他认为该国应根据"两优相较择其重，两劣相较取其轻"的比较利益法则，选择优势较大或劣势较小，即具有比较优势的商品进行专业化生产，而放弃优势较小或劣势较大商品的生产，并出口具有比较优势的商品，进口具有比较劣势的商品。李嘉图的比较利益说成为以后国际贸易理论发展的基石，为自由贸易政策制定和实施提供了强有力的理论依据。此后，国际贸易理论的主流学派就一直倡导自由贸易，并将其作为贸易政策追求的理想目标。而在贸易实践上，随着工业革命的发展，19世纪中期以后到第一次世界大战前，以英国为代表的各主要西方国家都实行了自由贸易政策。第二次世界大战后迅速发展的经济全球化，区域经济一体化，贸易、投资的自由化，以及关税及贸易总协定和世界贸易组织所建立的多边贸易体制都深受此理论的影响。

二、自由贸易理论的要点

自由贸易理论的要点有以下五个方面。

①自由贸易可以形成相互有利的国际分工。在自由贸易条件下，各国可按照自然条件、比较利益和要素丰裕状况，专门生产其有利较大或不利较小的产品，这种国际分工可带来很多利益，如专业化的好处、要素的最优配置、社会资源的节约以及技术创新等。

②提高真实国民收入。各国根据自己的禀赋条件发展，具备比较优势的部门要素就会得到合理有效的运用，再通过贸易以较少的花费换回更多的商品，从而增加国民财富。

③在自由贸易条件下，由于进口廉价商品，因此国民开支减少。

④自由贸易可加强竞争、减少垄断、提高经济效益。企业在自由贸易条件下，要与外国同行进行竞争，这样就会消除或削弱垄断势力。从长远看，加强竞争能促进一国经济增长。

⑤自由贸易有利于提高利润率，促进资本积累。对外贸易可阻止国内利润率下降的趋势，通过商品进出口的调节，可以降低成本，提高国民收入水平，增加资本积累，使经济得以持续发展。

三、自由贸易理论的演变与发展

自由贸易理论的演变与发展大致可分为三个阶段：第一阶段是在 18 世纪 60 年代到 19 世纪 60 年代的资本主义自由竞争时期，第一次产业革命使得自由贸易理论开始出现，这一时期的自由贸易理论通常被称为古典学派的自由贸易理论；第二阶段是在 19 世纪中叶到第二次世界大战结束，资本主义进入垄断时期，第二次产业革命的发生使自由贸易理论的发展出现了重大转折，这一时期的自由贸易理论可称为现代学派的自由贸易理论；第三阶段的自由贸易理论是指第二次世界大战以后的自由贸易理论，第三次科技革命的出现带来了自由贸易理论的创新和全面发展。

（一）古典学派自由贸易理论

古典学派的自由贸易理论以亚当·斯密的绝对成本论、大卫·李嘉图的比较成本论和约翰·穆勒的相互需求原理为发展主线。

亚当·斯密在其经典巨著《国富论》中指出，由于自然与社会因素的差异，各国在生产同种商品时会有不同的劳动生产率，因而形成各自绝对生产成本的差异，也就是各自绝对优势的不同。一国参与国际分工和国际贸易的原因在于该国在生产某种商品时存在绝对优势。

基于绝对成本论的研究成果，李嘉图以相对成本论补充和发展了这一学说，回答了绝对成本理论所没有解决的问题。李嘉图指出，当一国同另一国相比，其在两种产品的生产中均处在绝对劣势（或优势）时，只要它在两种产品上的比较成本同另一个国家相比是有差别的，则仍有资格参与自由贸易，都能通过贸易获得比较利益。关于贸易利益的分配问题，英国经济学家穆勒运用相互需求原理做出了一定的解释。第一，他运用比较优势原理，说明实际贸易条件必定介于两国国内两种商品交换比例所确定的上下限之间，超出上限或下限，国际贸易不会发生。第二，他得出结论，实际的贸易条件取决于贸易国各自对对方商品的相对需求强度。外国对本国商品的需求强度大于本国对外国商品的需求强度，实际贸易条件就接近于外国国内这两种商品的交换比例，这个实际的贸易条件对本国就有利。如本国对外国商品的需求强度大于外国对本国商品的需求强度，则实际贸易条件就接近于本国国内这两种商品的交换比例，这个实际的贸易条件对外国就有利。

（二）现代学派自由贸易理论

现代学派的自由贸易理论，以赫克歇尔和俄林提出的生产要素禀赋以及其后提出的与生产要素禀赋说相背离的里昂惕夫悖论为发展主线。

生产要素禀赋理论主要内容是，不同商品的生产需要投入不同的生产要素比例，而不同国家所拥有的生产要素是不同的，因此，一国应生产那些能密集地利用其较充裕的生产要素的商品并出口，以换取那些需要密集地使用其较稀缺的生产要素的进口商品。各种要素的价格将会因商品和生产要素的移动以及进一步发展或因其中一种遇到较小阻力而趋于均等化。

在早期，里昂惕夫对生产要素禀赋理论确信不疑，按照这个理论，一国拥有较多的资本，就应生产和输出资本密集型产品，而输入较稀缺的劳动力要素生产的劳动密集型产品。基于以上认识，里昂惕夫利用投入—产出分析方法对美国的对外贸易商品结构进行具体计算，其目的是对生产要素禀赋理论进行验证。结果发现，作为世界上资本最充裕的国家，美国出口的是劳动密集型产品，进口的是资本密集型产品，即要素充裕度差异不能有效地决定贸易方式。这一由里昂惕夫发现的生产要素禀赋理论与贸易实践的巨大背离现象使美欧国际贸易学术界大为震惊，被人们称为里昂惕夫之谜或里昂惕夫悖论。里昂惕夫之谜引发了西方经济学界大规模的辩论和验证，由此带来了第二次世界大战以后自由贸易理论的创新和发展。

（三）第二次世界大战以后的自由贸易理论

第二次世界大战以后的自由贸易理论根据其成因可以分成两大群：第一群是为解释里昂惕夫之谜而产生的，被称为新要素贸易论；第二群是为解释新的国际贸易格局而产生的国际贸易新理论。

新要素贸易论认为，在考虑国际贸易中商品的比较优势时，人力技能、技术进展在国际贸易中也起着重要作用。它是对生产要素禀赋理论的发展与补充，所不同的是赋予了生产要素新的内涵，突破了原来的局限。这一理论群主要有人力资本论、人力技能论和技术差距论。

关于国际贸易理论的创新，这里仅介绍国际贸易新理论。国际贸易新理论主要有需求相似理论、规模经济理论、产品生命周期理论、产业内贸易理论。

分析一下当代国际贸易的实践，可以发现有三个十分显著的贸易事实不容忽视：一是知识密集型产品在国际贸易总量中的比重不断上升——贸易产品知识化；二是工业化国家经济结构的趋同化；三是部门内贸易的主导化。这些是传统的贸易理论所无法解释和不能预见的。针对这些重大变化，国际贸易新理论做出了一些令人信服的解释。

四、自由贸易理论的前提

自由贸易理论，其核心是自由贸易可使参与贸易的双方均获得贸易利益，但是理论和实践都证明，自由贸易利益在不同类型国家间的实现是不均衡的。而且，亚当·斯密和李嘉图的自由贸易理论是在理想经济分析模型中建立的，这也是自由贸易理论的前提。这一模型主要包括三个基本假定：一是"简单化"的假定，即假定货币是"中性化"的，参与贸易的国家只有两个、商品只有两种、生产商品的要素只有两类，不考虑商品的运输费用；二是"静态化"的假定，即假定一国的生产要素总量、生产技术水平、国民收入分配形态、居民消费偏好是既定的、不变的，生产要素在国际间不能自由流动；三是"完美化"的假定，即假定参与贸易的国家都实行市场经济制度、市场完全自由竞争、价格具有充分的弹性。但是，值得注意的是，除了上述提及的按自由贸易理论所论述的国际分工格局自由地参与国际贸易外，自由贸易理论所描述的自由贸易利益的实现还有着其内在的其他前提，主要表现在以下几个方面。

①国际分工可按各国的绝对或比较优势无条件进行。可以说，分工是两国进行贸易和获得贸易利益的前提条件，只有实现分工，自由贸易理论的贸易利益才能实现。在现实经济中，在自由贸易理论所论述的市场自由竞争的条件下，两国各有绝对优势的产品能够进入对方国家市场，分工是能够实现的。而在所有产品的生产上都处于劣势的国家，其有比较优势而没有绝对优势的产品，要在市场自由竞争的条件下进入对方国家市场是很难的。毕竟，劣势产品占领强势产品的市场是不符合成本和价格竞争法则的。相反，在所有产品的生产上都处于优势的国家，则可以完全占领劣势国家的市场。但自由贸易理论内在的前提是在自由竞争情况下的分工可以无条件进行。

②因分工造成的各国产业调整无须成本。若按自由贸易理论所述，两国根据各自的绝对或比较优势所在进行分工和专业化生产，那么，原来投资于绝对劣势和比较劣势产业的不变资本和可变资本就必须转移到新选择的产业上来。有些具有专用性的资产，如

生产设备，则将被淘汰。但无论是转移或是被淘汰，作为国家范围内的产业调整，成本都是巨大的。这一成本在两国贸易利益中所占比重有多少，以及由于该成本的存在，产业调整乃至国际分工能否顺利达成，自由贸易理论在阐述它的理论基础和贸易前提——分工时，没有予以考虑。而与之相对的，现代动态竞争的贸易理论就认为，调整既不是瞬间发生的也不是不需要成本的。

③各国市场容量相等，贸易收支完全平衡。在自由贸易理论关于参加贸易的国家只有两个、商品只有两种、商品生产要素只有两类的假定，即"2—2—2"分析模型中，还暗含的一个前提就是，两国各自的出口额等于对方的进口额，贸易收支完全平衡。即两国的市场容量相同，国内的供求处于恒定均衡状况。然而，分工和专业化的发展取决于市场范围的大小。对外贸易也取决于本国和对方国家市场的需求和供给能力。不同的供求状况，导致不同的贸易结果，并非只要有绝对和比较优势就可以完成自由贸易。在现实经济中，各国或多或少地存在贸易顺差或逆差，几乎不存在贸易收支完全平衡的状况，亦证明了这一点。

④规模报酬不变。瑞典经济学家赫克歇尔和俄林发展了比较利益学说。他们创立的生产要素禀赋论认为，各国的要素禀赋是有差异的，要素的禀赋状况影响要素的价格，进而影响产品的生产成本，一国只有专业化生产和出口其丰裕要素密集型的产品，进口稀缺要素密集型的产品，才能获得贸易利益并增加整个社会福利。生产要素禀赋论是以资源禀赋差异为基础的比较利益理论。作为在绝对成本论和比较成本论之后最有影响的自由贸易理论，其研究模型和假定与比较利益论基本一致，但相对于比较利益论的各国劳动生产率或技术水平差异既定的假定，生产要素禀赋论假定各国劳动生产率或技术水平是不存在差异的。因此，其另一重要假设是规模报酬不变，即厂商的生产函数不随其生产规模的扩大而改变，因而扩大规模不会影响商品的价格，但会影响贸易的基础。

五、发展中国家贸易自由化的利益及代价

自由贸易理论所阐述的国际分工和国际贸易利益的获得是在一系列假定和前提条件下完成的。而自由贸易理论自诞生以来，发达国家在贸易利益的分配中一直处于绝对优势，发展中国家一直处于绝对劣势。当然，发展中国家按比较优势原则参与国际分工和贸易，也会获得一定的贸易利益，但由于贸易条件的不同，发展中国家要付出比发达国家大得多的代价。

（一）发展中国家在自由贸易中获得的利益

1. 提高资源使用效率

根据自由贸易的比较优势原理，一个国家具有比较优势的产品出口需求扩大，以这种产品所需资源为基础的产业就得以发展，以前闲置的资源能够被利用，可以使国内一

些资源的价值提高。而发展中国家往往拥有资源优势,由于其经济发展水平较低,大量资源被闲置。通过自由贸易,发展中国家可以把国内资源转换成使用价值不同的出口产品,使产品数量增多、使用价值多样化,从而提高资源的使用效率。

2. 补充稀缺资源

除了由资源禀赋所导致的资源种类短缺外,发展中国家在发展经济,尤其是在实现工业化的过程中,其生产最终消费品所需的资本、机器设备、中间投入品、技术以及管理经验等资源也存在大量缺口。通过自由贸易,发展中国家可获得这些必需的短缺资源,并由此带动国民经济发展,提高其劳动生产率水平。同时,发展中国家通过引进先进技术、设备和管理经验,还可以争取时间、节省资金、少走弯路,实现其经济加速发展。

3. 带动其他产业发展

发展中国家具有比较优势的出口产业往往是其主导产业,出口的增长,会对国民经济增长产生较大拉动作用,并带动相关产业发展。同时,对外贸易也是需求传递的重要渠道。通过对外贸易,发达国家的大量现代化商品进入发展中国家,使发展中国家的消费偏好逐渐向这些新商品转移,从而使其产生新的需求,进而刺激国内相关产业的生产扩张。当前,国际贸易的这种作用已使资本主义生产方式和消费方式传入发展中国家,使发展中国家出现了"早熟化"消费和投资,并由此推动了相关产业的发展。

4. 增加社会福利

自由贸易可使发展中国家进口较便宜的生产资料,降低生产费用,也可以引进高效率的机器设备,采用新材料和新工艺,更有效地利用固定和流动资金,提高劳动生产率。同时,发展中国家由于经济发展水平和资源拥有量的限制,在产品的质量和数量上都很难满足人民日益增长的需要,也需要通过进口来调剂国内市场,满足人民的需求。出口的扩大则可使企业组织大规模生产,实现规模经济,降低单位产品的成本。企业出口扩大引起的有效需求水平的提高,还可通过乘数效应的连锁反应,使国民收入和国内就业量增加。总之,通过自由贸易,发展中国家提高了利润率,增加了社会福利。

(二)发展中国家在自由贸易中付出的代价

1. 让渡部分经济自主权

贸易自由化使得贸易商品、资本和技术等生产要素变得更具流动性,且流动无序,使得经济运行速度加快,增加了各国政府实行宏观经济调控的难度。发展中国家的综合国力及政府的宏观调控能力都较弱,在国际分工中处于被动地位,难以完全控制本国的生产结构和经济局势。而发达国家由于控制了国际经济与贸易规则和制度安排,则可以在资本、资源、劳动自由流动的世界市场上获得收益的最大化。

因此,在一定程度上可以说,贸易自由化更有利于发达国家构建以其为中心的国际经济体系。而且，在主要体现和反映发达国家利益的制度基础上进行自由贸易，发展中国家的主权将受到更大的削弱，其中的大部分主权在不合理的国际经济秩序下，通过自由贸易让渡给了发达国家。发展中国家要想在整个世界经济发展过程中争得平等的权利，获得较好的国际发展环境，仍需要付出长期不懈的努力。

2. 支付高昂的产业转移及调整成本

按照自由贸易理论，一国应根据各自的绝对优势或比较优势所在进行分工和专业化生产。发展中国家由于生产力水平和科技水平相对落后，物质基础较薄弱，其产业转移和调整的能力也较差，许多在发达国家通过一定的技术改造可以重新使用的资产，在发展中国家则只能被淘汰。同时，由于发展中国家劳动力素质较低，劳动力再就业的能力较差，这种产业转移有可能产生大量的失业人口及由此带来的社会不稳定现象，而且这一产业转移和调整的过程也是漫长而深远的。因此，无论是产业转移或淘汰，作为国家范围内的产业调整，发展中国家付出的成本都将是巨大的。

3. 易形成出口贫困化及产业结构的单一化

与发达国家相比，发展中国家的资本劳动比率较低，在国际贸易中主要是利用自身廉价劳动力和资源的比较优势，以初级产品和劳动密集型工业制成品与发达国家高质量、高附加值的资本、技术密集型工业制成品相交换，产品缺乏国际竞争力。因此，发展中国家在自由贸易条件下，只能以量取胜，靠低价竞销，基本上属于"贫困"出口。由于初级产品和劳动密集型工业制成品的收入弹性较低、国际市场价格不定，发展中国家的贸易条件持续恶化，进而又导致许多国家出现了"出口贫困化"增长倾向，即出口越多，得到的利益越少，出口国越贫穷。这种过度依赖廉价劳动力的比较优势和价格竞争力的出口模式，使得发展中国家的劳工福利被牺牲，收入分配格局恶化，内需增长受到制约，经济持续增长的基础和动力被削弱。同时，处于国际分工体系外围的发展中国家，由于历史和现实的原因，容易接受发达国家产业的垂直分工，自由贸易又使其专注于初级产品和劳动密集型工业制成品的生产，"出口贫困化"增长的倾向更加剧了发展中国家对发达国家经济的依附性，造成发展中国家产业结构的单一化。

六、发展中国家获取自由贸易利益的条件

（一）培育竞争优势

劣势产品占领强势产品的市场不符合成本和价格竞争法则，只具有相对优势，而不具备绝对优势的产品是难以进入对方国家市场的。现实的经济状况是，发达国家在绝大多数产品上都具有绝对优势，发展中国家在绝大多数产品上都不具有绝对优势，只在一部分产品上具有相对优势。发展中国家的劳动密集型产品之所以能够大量进入发达国家市场，是因为其拥有丰富的劳动力资源，劳动者的工资相对较低，相对发达国家在该类

产品的生产上具有人力资本的绝对成本优势。因此发展中国家要获得自由贸易理论所论述的贸易利益，就必须培育本国产品的竞争优势，即令其产品具有进入国际市场所必备的绝对优势。同时，自由贸易理论假定国际市场竞争是完全的，在特定产业内，企业生产同样产品的生产条件及成本是相似的。但这一假定也与现实相距甚远，就同样产品来说，多数发展中国家并非完全竞争的市场，其国外供货者，特别是出口替代产业的供货者，常常是发达国家的大企业，在国际市场上往往具有某种垄断地位。

因此，一个发展中国家要获取自由贸易利益，还必须拥有比较有利的比较优势等级和相应的国际分工地位。这也要求发展中国家必须迅速增强本国具有比较优势产品的国际竞争力。大多数发展中国家具有自然资源和劳动力资源的比较优势，但这些比较优势在国际市场上并不具备竞争优势。要形成竞争优势，目前一个最根本的途径就是在产品中增加技术含量，使高科技与丰富的劳动力和自然资源相结合。

（二）获取规模经济效益

自由贸易理论的前提还包括规模报酬不变和完全竞争的市场结构。而现实经济的状况是，厂商的边际生产成本往往随产出的增加而下降，制造业领域更是大量存在着规模报酬递增的现象；大多数的市场结构是不完全竞争的，垄断竞争和寡头垄断是现实经济中的常态。发展中国家在国际市场格局中一直是贸易小国，其买卖行为无法影响和控制其进出口商品的国际市场价格，而发达国家正好相反，其出口的往往又是垄断竞争性产品和垄断性产品。因此，在存在规模报酬递增和不完全竞争市场结构的情况下，自由贸易所体现的发达国家和发展中国家的获利能力是完全不同的，这也是导致发展中国家长期以来贸易条件恶化、外贸利润率持续降低的一个重要原因。所以，在现实的国际贸易秩序下，发展中国家要增强获利能力，还应努力发展规模经济，尤其是内部规模经济即厂商水平上的规模经济，以获取规模经济效益。因为，当国际市场处于不完全竞争状态时，外贸采用单一的产业间贸易形式，对处于不利竞争状态的国家是极为不利的，其进出口渠道若被其他国家的大公司所垄断，则其进口商品的价格会抬高，出口商品的价格会降低，一进一出，其贸易利益将蒙受双重损失。

纵观发展中国家的贸易实践，无论其出口还是进口，都处于不利的竞争地位。发展中国家应根据其自身条件，进一步扩大已有优势产品的专业化生产规模，提高专业化水平或集中资源生产新种类、新型号的产品，发展内部规模经济。相对于外部规模经济即产业水平上的规模经济来说，内部规模经济，即厂商通过扩大生产规模可以深化分工和专业化程度，降低成本、提高劳动生产率，便于引进先进的生产技术及管理，以节约可变成本，从而使厂商的单位成本随着生产规模的扩大而下降，进而增加市场份额，促使产品发展成为垄断竞争性产品，最终在一定程度上影响或控制其出口产品的销售价格，提高其贸易地位，使之从中获取贸易利益。

（三）国家适度干预和保护

自由贸易理论还在市场完全竞争、规模报酬不变的假设基础上，提出了让各国进行完全的自由贸易，即政府不干预的自由贸易政策。但是对贸易的有效干预一直是每个主权国家都在思考的问题，因为这最终涉及国家的整体利益。尽管几乎所有西方发达国家的经济学家都支持自由贸易政策，特别是在第二次世界大战后，西方各国竭力推行自由贸易政策，但纵观国际贸易发展的历史，不论是现代化的开创者英国，还是后来居上的赶超者美国、德国和日本等国家，在其成功实现现代化的过程中，尤其在现代化起步期，都对本国的一些战略性产业进行了必要的保护。即使在经济高度发达的今天，发达国家仍不同程度地实行对本国工业的扶持政策，如法国对空中客车公司、美国对波音公司、日本对半导体工业等的扶持。

进入20世纪90年代以来，战略性的政策干预，已成为西方各发达国家在国际贸易领域中普遍采用的贸易政策。而在当今贸易体系中，发展中国家由于生产力和经济发展水平较低，大部分企业规模较小，很难获得规模效应，处于国际分工的不利地位，由自由贸易带来的经济增长主要由发达国家获得。发展中国家从自由贸易中获得的利益与处于分工顶端的发达国家差距越拉越大。因此，作为发展中国家，单纯地开放和利用比较优势，并不一定对其长期发展有利。如果发展中国家在国际贸易中只拘泥于静态比较利益原理，发展具有比较优势的产业，压缩没有比较优势的产业，那么就只能永远依附于发达国家。事实证明，一国不必完全囿于静态比较利益，比较优势是可以创造的，关键在竞争优势。发展中国家应该对具有动态规模经济效益和潜在竞争优势的幼稚产业进行适当的保护和扶持。发展中国家要在以垄断竞争和寡头垄断为主的国际市场上，参与国际竞争并获得更多的贸易利益，没有政府的政策扶持是难以想象的。事实上，与发达国家一样，发展中国家贸易条件的改善以及对外贸易的发展，都与政府的适度保护分不开。

当然，应当承认，基于比较优势的自由贸易理论并没有错，发展中国家的对外贸易要发展，贸易自由化是必由之路。自由贸易也是国际大环境的客观要求。但是，一国的开放程度应与其国力及竞争力成正比。发展中国家的贸易自由化进程应根据其自身的经济发展实际不断推进。众所周知，在当今世界，世界贸易组织致力于自由贸易，采取保护措施必须符合世界贸易组织的规定和要求。发展中国家对某些产业实施保护既要符合其自身经济发展的要求，也要符合世界贸易组织的有关条款。因此，在当今的国际环境中，发展中国家的对外贸易政策不应是绝对的自由和完全的保护，而应是自由贸易和保护贸易的有机结合，即国家适度干预和保护，这样才能使发展中国家获得更多的自由贸易利益。

第三节 保护贸易理论

一、保护贸易理论概述

自亚当·斯密之后的经济学家提出了各种自由贸易理论，但其所揭示出来的理论含义和政策含义大致都是相同的，基本结论都是自由贸易可以促进各国经济发展，保护贸易政策有害于经济发展。保护贸易理论始于重商主义，后经汉密尔顿、李斯特、凯恩斯及普雷维什等人的发展，形成了一个和自由贸易理论相对抗的保护贸易理论体系——保护贸易理论，旨在解释为实现本国贸易利益最大化，政府采取关税保护和数量限制的合理性与可行性。在现实的各国对外贸易中，纯粹的自由贸易难觅其踪，而保护贸易却盛行一时。正因为如此，贸易自由化以及相应的投资自由化和金融自由化才成为当代各国政府面临的主要问题之一。以16世纪兴起的重商主义为起点，保护贸易理论的演化过程整整比自由贸易理论的演化过程长了两个世纪，由此也产生了众多的学术流派和丰富的政策见解。需要注意的是，保护贸易理论虽然和自由贸易理论相对立，但并不意味着两者水火不容。事实上，保护贸易理论和自由贸易理论往往是不可以分开的，它们的对立常常在共同的贸易利益基础上统一起来。

二、汉密尔顿保护关税论

独立后的美国面临着经济发展方面的严重困难，而迫切需要解决的问题就是美国应该选择什么样的经济发展道路。北方工业资产阶级极力主张独立自主地发展本国工业，特别是制造业，彻底地摆脱来自欧洲国家的经济束缚和经济控制；而南方的种植园主则坚持美国独立以前的经济发展模式，即出口本国农林初级产品，进口本国所需的工业品。上述两种经济发展道路的不同选择直接关系到美国对外贸易政策的制定。汉密尔顿作为美国的开国元勋、政治家和金融家，第一届政府的财政部部长，坚定地站在了工业资产阶级一边，极力主张实行贸易保护主义关税制度，扶持本国工业特别是制造业的发展。汉密尔顿的保护关税思想主要集中于他在1791年向国会递交的一份题为《关于制造业的报告》中。在报告中，他明确提出了征收保护性关税的重要性，提出一个国家如果没有工业的发展，就很难保持其独立的地位。美国工业起步较晚，基础薄弱、技术落后、生产成本高，根本无法与英国、法国等国的廉价商品竞争，因此美国应该采取关税政策对国内产业进行保护。在汉密尔顿看来，征收关税的目的不是获得财政收入，而是保护本国的工业，因为处在成长发展过程中的产业或企业难以与其他国家已经成熟的产业或企业相竞争。

（一）汉密尔顿保护关税论的基本内容

汉密尔顿的保护关税论，主要是围绕制造业展开分析的。他认为，制造业在国民经济发展中具有特殊的重要地位，自由贸易政策不适合美国制造业的发展。美国作为一个刚刚起步的国家难以与其他国家的同类企业进行竞争。因此，自由贸易的结果可能使美国继续充当欧洲的原材料供应基地和工业品的销售市场，而国内的制造业却难以得到发展。汉密尔顿还详细论述了发展制造业的直接与间接利益。他认为，制造业的发展对国家利益关系重大。它不仅能够使特定的生产部门发展起来，还会产生连锁效应，使相关部门也得到发展，这些发展能够给美国带来利益。汉密尔顿还认为，一个国家要在消费廉价产品的近期利益和本国产业发展的长远利益之间进行选择，一国不能只追求近期利益而牺牲长远利益。在汉密尔顿看来，保护贸易不是全面性的，不是对全部产业的保护，而是对本国正处于成长过程中的产业予以保护，并且这个保护还有时间限制。汉密尔顿提出上述主张时，自由贸易学说仍在美国占上风，因而他的主张遭到了很多人的反对。随着英国、法国等国家工业的发展，美国的工业遭到了来自国外越来越强有力的挑战，汉密尔顿的主张才在贸易政策上得到反映，并逐步对美国政府的内外经济政策产生了重大而深远的影响。

在这一理论的指导下，1816年，美国首次以保护关税的名义提高了制造品的关税，1828年美国再度加强保护措施，将工业品平均税率提高到49%的高度。美国的贸易保护政策主要表现在，实现为本国制造业的发展提供比较廉价的原材料，同时鼓励工业技术的发展，提高制成品的质量，以增强其产品的市场竞争力。

（二）汉密尔顿保护关税论的历史评价

汉密尔顿的保护关税论是从美国经济发展的实际情况出发所得出的结论，反映了美国建国初期急需发展本国的工业，走工业化发展道路，追赶欧洲工业先进国家的强烈要求。这一观点的提出，为落后国家进行经济自卫和与先进国家相抗衡提供了理论依据。汉密尔顿的保护关税论，标志着从重商主义分离出来的两大西方国际贸易理论体系已经基本形成。重商主义是人类对资本主义生产方式的最初的理论考察，但是这种考察基本停留在对现象的表面描绘上。随着资本主义生产方式的进一步发展和变革，重商主义便开始分化瓦解，逐渐形成了两个独立的分支体系：一个是亚当·斯密和李嘉图开创的自由贸易理论体系；一个是汉密尔顿和以后的李斯特建立的保护贸易理论体系。汉密尔顿的保护关税论对于落后的国家寻求经济发展和维护经济独立具有普遍的借鉴意义。汉密尔顿的保护关税论实际上回答了这样一些问题：落后国家应不应该建立和发展自己的工业？如何求得本国工业的发展？对外贸易政策如何体现本国经济发展战略？这对于落后国家超越先进国家来说，不无借鉴意义。当然，在当时的历史背景下，汉密尔顿没有能够进一步分析其保护措施的经济效应和经济后果，没有考虑到保护贸易政策也有制约本国经济发展的消极作用。

三、李斯特近代保护贸易理论

近代保护贸易理论的主要代表人物是德国保护关税政策的首创者——弗里德里希·李斯特，他的主要著作是《政治经济学的国民体系》。李斯特把亚当·斯密的经济学称为"世界主义经济学"，认为它只有在世界各国是一个世界联盟并有持久和平的情况下才是正确的。然而实际情况并非如此，如果实行自由贸易，落后国家就会屈服于经济强国的优势之下。李斯特认为，发展生产力的措施有很多，其中最重要的就是实行保护贸易政策。他用历史主义的方法，提出经济发展阶段论，认为各国要根据它所处的发展阶段的情况，采取不同的对外贸易政策。李斯特根据各国农、工、商业的发展程度，即商品经济的发展程度，划分了五个历史阶段：原始未开化时期、畜牧时期、农业时期、农工业时期和农工商业时期。

李斯特还主张区别不同的情况，有步骤地实行保护关税制度，分阶段对本国幼稚工业进行保护，并按照产业进行调整。同时，他也指出，对于幼稚工业的保护应该是有限度的，当一个产业能够自立或长期扶植不起来时，就应取消保护措施。李斯特的上述观点被称为"保护幼稚工业"理论。该理论的提出，标志着保护贸易理论体系的完全形成，确立了保护贸易理论在国际贸易理论体系中的牢固地位。

（一）李斯特保护贸易理论的产生

第一，李斯特保护贸易理论的形成，同其长年旅美经历有关。李斯特在美期间，正值美国在时任财政部部长的汉密尔顿的率领下，推行保护贸易主义的高潮，保护贸易非但没有妨碍美国经济发展，反而促使其一跃成为发达国家。美德境况颇为类似，两国经济发展水平相当，同受英国《谷物法》的限制，农工产品无法直接向英国自由输出，既然美国为建立和扶植工业而实行保护政策效果显著，德国有必要加以仿效。因此，可以说，李斯特保护贸易理论的主张，首先源于他对美国经济与经验的观察。

第二，李斯特的保护贸易思想奠基于对德国国内社会现实的总结。19世纪中叶政治分裂、经济落后是德国的社会现状。德国在对外贸易中主要出口原料和食品，而进口半制成品和制成品。当时德国内部对实行自由贸易还是保护贸易的国际贸易政策分歧很大：一方面，亚当·斯密的自由贸易学说在整个欧洲的盛行，使得人们受到世界主义学派的熏陶；另一方面，以德国工商业协会为核心的团体主张实行保护关税制度。正是在这样的历史背景下，李斯特提出以生产力理论为基础，以保护关税制度为核心的国际贸易学说。

（二）李斯特保护贸易理论的意义

从实施的实际效果上看，李斯特保护贸易理论促使德国内各联邦的关税得到统一，加快了德国的统一步伐，使德国在经济发展乃至综合国力上得到迅猛提高，最终超过英国同美国一道成为新的资本工业化强国；从研究手法上看，李斯特从历史角度出发，将历史演绎和经济研究结合起来，可谓当今历史学派的创始人物；从经济思想上看，这一理论的提出，将保护主义同古典自由主义正式区分开来，确立了保护贸易理论在整个国际贸易理论体系中的地位，意义深远。

李斯特保护贸易理论虽然经过百余年的历史洗礼，但在当今时代背景下仍然具有理论框架的有效性，这体现在以下几点。

第一，在新的国际秩序下，各国国家利益的差异依然如故，国家利益高于一切。

第二，各国间经济发展不平衡，发达国家仍占少数，大多数国家处于发展中国家行列，不发达的国家和地区仍然不少。发展中国家的产业发展水平与率先进行工业化的发达国家相比，在总体上仍有不小差距。

第三，自由贸易主义仍是国际主流，但保护贸易政策也仍是各国参与国际贸易的有效手段，且这种手段日趋隐蔽化、合法化。

（三）李斯特保护贸易理论对我国的启示

面对严峻复杂的发展形势，针对当下我国贸易发展的困境，我国要想真正屹立于世界之林，实现中华民族的伟大复兴，必须具有强大的工业生产力在背后支撑。通过保护幼稚产业，提高社会生产力正是李斯特保护贸易理论的最终目的，而且该理论至今仍有高度的实用性，特别是在我国的对外贸易困境同李斯特保护贸易理论的产生背景有惊人相似之处的前提下。改革开放以来，我国在经济建设贸易交往中所积累的经验教训，允许我们通过李斯特保护贸易理论这一视角，重新审视当今中国在经济建设中的政策选择。

1. 实施有限度的贸易保护

从国际贸易理论发展历程来看，事实说明，自由贸易主义理论的发展和在实践中的推行是大相径庭的。自由贸易大国常常从自身利益出发，虽然在表面上高喊自由贸易主义，但暗中所实行的贸易保护比起他国有过之而无不及。如一些经济大国，虽然以自由贸易主义著称，但在一些高端技术产品上实行高度管制政策，在一些产品出口时甚至对其他国家进行出口限制。李斯特保护贸易理论指出，在国家利益高于一切的大背景下，没有真正超越国家利益的自由贸易主义。我国在参与国际贸易时，要谨记国家和民族利益高于一切，实施有限度的贸易保护政策。

2. 实行商务式外交

李斯特保护贸易理论的重心是对国内幼稚工业的保护，而在对外贸易环境的改善方面涉及较少，这和当时的历史背景是分不开的。19世纪，英国独霸于世界，德国则是落后分裂的农业大国，德国在综合国力和国际贸易地位上都不可能同英国相比，在改善贸易环境上只能是心有余而力不足，很难有所作为。但我国目前的综合国力和国际地位为改善外部贸易环境提供了可能。面对复杂多变的国际环境，特别是近年来日益恶化的国际贸易环境，中国政府如今有能力作为中国企业走向国际的坚实后盾，因而要坚定不移地支持我国企业走国际化道路，充分发挥世界大国优势，实行商务式外交，使我国企业特别是受保护的幼稚产业有更好的成长环境。

3.加大幼稚产业保护力度

首先，幼稚产业在发展的过程中要面对来自外部的激烈竞争。幼稚产业在发展初期由于起步晚、生产周期长、缺乏规模效应等原因，很难与市场中发展已经处于成熟期的企业相抗衡，所以必须对本国幼稚产业采取保护措施。通过这些适当的保护，幼稚产业才能迅速成长起来，具备适应国际复杂的竞争环境的能力，进而推动社会生产力水平的整体提高，即财富创造力的整体提高。我国的贸易保护政策必然是适度地为有希望的新兴产业提供保护，把国际竞争限制在我国目前工商业所能承受的范围内。

其次，要有选择、有限度、有时间性地保护重点产业和幼稚产业。以往我们对国内产业的保护主要采取进口关税和进口数量限制的方式。这种宽泛的、无期限的保护，一方面为国内产业的发展提供了宽松的环境，但另一方面，也很可能使国内产业丧失危机感，失去发展动力，国际竞争力也难以提高。这种保护，也是世界贸易组织规则和其他成员所不允许的，我国必须对以往的保护方式进行大的改变，对重点产业和幼稚产业实行有时间性的保护。

最后，要重点实施"前期支持"。以往我们对国内产业的保护是以"后期保护"为重点的，主要措施包括价格补贴、出口奖励、经营亏损补贴、出口退税等。"前期支持"措施因为符合国际多边贸易规则，可以从根本上改善企业的经营环境和技术状况，提高企业的竞争力，有较大的运作空间，应用效果更为理想。

4.坚持科学技术是第一生产力

李斯特保护贸易理论并不仅仅关注保护实体工业本身，工业的发展从根本上取决于科学技术的进步。体力劳动并非物质财富的唯一源泉，更重要的是"驱动这种劳动的力量之源"，就是科学与技能。"科学技术是第一生产力"是我国改革开放的总设计师邓小平同志提出的论断，就其目前的作用效果来看，这一思想对我国的现代化建设、对中华民族的伟大复兴起到了非常重要的作用，所以必须将其长期坚持下去。坚持"科学技术是第一生产力"要做到"打基础""促高端""广交流"。其中，"打基础"即狠抓基础教育，为科技发展打下夯实基础。正所谓"科教不分家"，科学技术的进步离不开教育事业的发展提高，教育事业的迅速发展是科学技术进步的基本保证，所以要不遗余力地继续大力普及义务教育，加大政府财政对基础教育事业的投入。所谓"促高端"即积极促进我国高端科技水平的发展。高端技术往往是一国科技实力的核心，近几年来，我国虽然在航空航天、大型机械等方面成果不断，但是在整体上同西方各发达国家相比仍有较大差距。在这种形势下，一方面要继续加大对高端科研的资金支持，另一方面则要转变思路，从科研制度本身下功夫，如吸引民间资金参与、完善高端技术迅速生效的通道等。"广交流"，顾名思义，就是加强在国际间的科学技术交流。只有思想的交流才能迸发出智慧的火花，才能迅速提升本国的科技创造力。

（四）李斯特保护贸易理论的相关内容

1. 生产力理论

生产力理论是李斯特保护贸易理论的基础，与古典学派以价值为核心的物质财富理论完全不同。李斯特认为："财富的生产力比之财富本身不晓得重要多少倍，它不但可以使已有的和已增加的财富获得保障，而且可以使已消失的财富获得补偿。"在此之上，一国财富的生产能力源于本国社会生产力的发展现状。李斯特认为："工业是科学、文学、艺术、启蒙、自由、有益的制度以及国力和独立之母。"工业在强化物质资本和精神资本方面的作用是农业所无法比拟的，工业化程度是衡量一国社会生产力水平的重要指标。所以，建立和发展国内工业是发展一国生产力的最有效途径。通过发展工业，既可以丰富物质财富，又可以振兴民族精神，从而迅速开发一国的生产力。所以，一个国家要想强盛于世界之林，必须具备较高的生产力水平。生产力理论否定了古典主义学派比较优势理论，认为通过自由贸易不能从根本上解决一国落后的现状，只有通过发展社会生产力，即发展工业，才能从根本上使国家强盛起来。

2. 经济发展阶段论

经济发展阶段论在理论上为李斯特保护贸易理论提供了依据。当本国的社会制度还没有获得充分发展时，应实行自由贸易政策；在农、工业并存时期，国家的经济水平已经具备建设成为工业国的条件，是一国从农业国向工业国转变的关键时期，一方面该国工业本身实力薄弱，另一方面一些核心工业发展本身需要相当规模的资金、能源以及时间，如果继续实行自由贸易政策，必然会导致这些行业在与国外已经成熟的工业大国的竞争中处于劣势，从而造成其难以成长甚至遭受淘汰的结果。所以在此发展阶段的国家有必要实行相应的贸易保护政策，加大对这些幼稚产业的保护。当幼稚产业成长壮大后，其拥有同外国竞争的足够力量时，再撤销保护继续实行自由贸易政策，通过与他国工业的竞争，获得最大的贸易利益。

3. 国家干预

李斯特认为，为了有效地保护本国幼稚产业，国家应当采取相应的干预手段。"保护性贸易政策的目的是促进生产力的发展，为的是最终使本国的幼稚产业迅速成长起来从而无须保护。"保护并非全面保护，保护对象也是需要认真挑选的，真正的保护对象应是那些目前处于幼稚阶段且有强大的外部竞争者，但通过国家关税、配额、补贴等政策的支持和促进，能够达到一定规模并自立的产业。实施保护的时间也应有限制，一般以 30 年为期限，产业一旦形成竞争优势，应立即取消保护政策，过度保护反而会不利于产业的健康发展。

四、保护贸易新理论

20世纪70年代中期以来，世界产业结构和贸易格局发生了重大变化。一些发展中国家在世界贸易中的地位迅速提高，并在纺织、家用电器、钢铁等原来被发达国家所垄断的行业中呈现出比较优势。传统的产业间贸易逐步被发达国家之间的产业内贸易所取代。石油输出国组织联合起来，限制产量并提高石油价格，以此来控制世界石油市场。世界产业结构和贸易格局的变化，使各国之间在工业品市场上的竞争越来越激烈。在这种背景下，一些经济学家力图从新的角度探寻政府干预对外贸易的理论依据，提出了管理贸易论和战略贸易论等新的保护贸易理论。

（一）管理贸易论

管理贸易论者主张一国政府应对内制定各种对外经济贸易的法规和条例，加强对本国进出口贸易的管理，使其有序发展；对外签订各种对外经济贸易协定，约束贸易伙伴的行为，缓和其与各国间的贸易摩擦，以促进出口，限制或减少某些产品的进口，协调和发展其与各国间的经济贸易关系，促进本国对外贸易的发展。管理贸易论是为适应发达国家既要遵循自由贸易原则，又要实行一定的贸易保护的现实需要而产生的。其实质是协调性的保护，它将贸易保护制度化、合法化，并通过各种巧妙的进口管理办法和合法的协定来实现保护。在国际贸易领域中，商品综合方案、国际商品协定、国际纺织品协定（多种纤维协定）、自动出口限制协定、有秩序的销售安排、发达国家的进出口管制、欧盟共同农业政策等都是管理贸易措施的具体反映。管理贸易论不仅盛行于发达国家，也为发展中国家所采用，并运用于区域性贸易集团中。

（二）战略贸易论

战略贸易论认为，在不完全竞争的现实社会中，在规模收益递增的情况下，要提高产业或企业在国际市场上的竞争能力，必须首先扩大生产规模，取得规模效益，而要扩大生产规模仅靠企业自身的积累一般非常困难，对于经济落后的国家来说更是如此。对此，最有效的办法就是政府应选择发展前途好，且外部效应大的产业加以保护和扶持，使其迅速扩大生产规模、降低生产成本、凸显贸易优势、提高竞争能力。战略贸易论建立在不完全竞争贸易理论的基础上，为国家进一步干预贸易活动提供了理论依据。

实际上，最早体现战略贸易论思想的，是布朗德和斯潘塞的补贴促进出口的论点。他们认为，传统的贸易理论是建立在完全竞争的市场结构上的，因而主张自由贸易应是最佳的政策选择。但在现实中，不完全竞争和规模经济普遍存在，市场结构是以寡头垄断为特征的。在这种情况下，政府补贴政策对一国产业和贸易的发展具有重要的战略性意义。在寡头垄断的市场结构下，产品的初始价格往往会高于其边际成本。如果政府能对本国厂商生产和出口该产品给予补贴，就可使本国厂商实现规模经济，降低产品的边际成本,从而使本国产品在国内外竞争中获取较大的市场份额和垄断利润份额。同时,规模经济的实现也可以为消费者带来利益。

克鲁格曼主要是以进口保护促进出口的论点,进一步丰富和发展了战略贸易论的思想。克鲁格曼认为,在寡头垄断市场和规模收益递增的条件下,对国内市场的保护可以促进本国的出口,因为进口保护措施可以为本国厂商提供超过其国外竞争对手的规模经济优势,这种规模经济优势可以转化为更低的边际成本,从而增强本国厂商在国内外市场的竞争能力,最终达到促进出口的目的。这就是说,在不完全竞争的条件下,只要规模利益是递增的,那么一个受保护的厂商就可以充分利用国内封闭起来的市场扩大生产规模,不断降低产品生产的边际成本。同时,通过销售经验的积累也会使销售成本不断下降,从而降低产品的总成本。本国厂商一旦在边际成本的竞争中具有优势,就可在国外市场成功地进行扩张,从而也就达到了促进出口的目的。克鲁格曼还认为,对外部性强的产业提供战略支持,不仅能促进该产业的发展,使其在国内外市场上扩张成功,该国还能获取该产业作为战略支持产业得到迅速发展而产生的外部经济效应。所谓外部经济效应,在这里是指某一产业的经济活动对其他产业乃至整个经济发展产生的有利影响。一般来讲,新兴的高科技产业往往都具有较强的外部经济效应。这些产业所开发的新技术、新产品,将对全社会的技术进步和经济增长产生积极的推动作用。虽然相关企业可以获得它们对这些产业进行投资所带来的收益,但却不是全部收益,因为知识外溢往往具有无偿性。因此,在扩大知识外溢所产生的经济效应方面,政府的补贴和扶持就十分必要。

不难看出,战略贸易论的核心,是强调政府通过干预对外贸易,来扶持战略性产业的发展,这是一国在不完全竞争和规模经济条件下,获得资源优化配置的最佳选择。

上述战略贸易论与李斯特的保护贸易理论在一定意义上具有异曲同工之妙,但两者又有本质的区别:一个是基于寡头垄断条件下的贸易保护主张;另一个则是自主竞争条件下的贸易保护主张。战略贸易论所保护的是具有规模收益递增特点的战略性产业,这些产业与幼稚工业是有很大区别的。

第四节 贸易保护的相关论述

一、贸易保护主要形式及其效益分析

(一)进口关税及其效益分析

①进口关税,即一国政府通过海关向进口商品或服务征收的税负。
②关税的效益分析。假定进口国是贸易小国,即该国某种商品的进口量占世界进口

量的很小一部分，因此，该国的进口量的变动不会影响世界市场价格，如同完全竞争的企业，只是价格的接受者。这样，该国征收关税后，进口商品在该国内价格上涨的幅度等于关税税率，关税全部由进口国消费者负担。

如果进口国是一个贸易大国，即该国某种商品的进口量占了世界进口量的较大份额，那该国进口量变动就会影响世界价格。因此，大国征收关税虽然也有上述小国的种种关税经济效应，但由于大国能影响世界价格，因此从局部均衡分析所得的征收关税的代价和利益对比的净效果，就与小国情况不同了。

（二）非关税壁垒及其效益分析

除关税以外，一切限制进口的措施都是非关税壁垒。

1. 进口配额制

进口配额又称进口限额，是一国政府在一定时间内对某些产品的进口数量或金额加以直接的限制，分为绝对配额、关税配额两种。

如果实行进口配额的是一个小国，那么该国由于配额而减少进口，不会影响世界价格，而只会引起其本国进口商品价格的上涨；如果实行进口配额的国家是一个贸易大国，那么该国由于配额限制了外国产品进入本国市场，就会造成国际市场商品充斥，导致国际市场商品价格下跌。

2. 自动出口配额制

出口国家或地区在进口国的要求或压力下，"自动"规定某一时期内，某些商品对该国的出口限制，在限定的配额内自行控制出口，超过配额即禁止出口。出口配额只限制数量而不限制金额，这样外国出口商就能以提高产品的价格来完成一个时期的配额。从经济福利的观点来看，出口国进行自动出口限制比进口国实行进口关税和配额，对进口国造成的净福利损失还要大。

3. 直接生产补贴

政府为了促进本国工业化发展进程，对国内某些过去必须依赖进口产品的生产部门（即进口部门）给予补贴，使之不断扩大生产规模，并能以同类进口产品的相同价格在国内市场销售，以达到排挤此类进口产品的目的。

直接生产补贴的效果是促进了本国进口替代部门的发展。小国实施直接生产补贴，消费者面对的价格不变，该国的消费者利益不会受到补贴的影响。如果实施直接生产补贴的是一个大国，其进口替代产业的发展减少了进口量，从而引起该产品的国际价格下跌，消费者会因此而受益。

4. 汇率政策

汇率政策大致分为三种——汇价高估、汇价低估、均衡汇率。

汇价高估就是高估本币价值。为了保证国际收支平衡，在采取汇价高估政策的同时，往往要辅之以数量限制和高关税保护，以限制其他一些商品，尤其是高档消费品的进口。

汇价低估是低估本币的价值，有意识地使本国货币对外贬值。为了保证必要的进口，一国在采取汇价低估政策的同时，会选择对某些产品实施进口补贴，以保证本国经济发展和人民生活必需的重要产品的进口。

均衡汇率是由市场供求关系决定汇率。均衡汇率对进口的调节作用是中性的，既不鼓励也不限制。但一些发达国家往往在汇率变动对本国有利时，为了自身利益，而任由汇率波动；在汇率变动对本国不利时，则通过采取措施，施加于己有利的影响。西方发达国家从自身利益出发，往往要求经济贸易发展迅速的国家实行货币升值政策，以限制来自对方的进口。

5. 技术性贸易壁垒

技术性贸易壁垒是指进口国通过颁布法律条例，对进口商品制定各种严格、繁杂、苛刻而且多变的技术标准、技术法规和认证制度等方式，对外国进口商品实施技术、卫生检疫、商品包装盒标签等标准，从而提高产品技术要求、增加进口难度，最终达到限制外国商品进入、保护国内市场的目的。

越来越多的技术性贸易壁垒阻碍着国际贸易的自由发展，不利于世界资源的自由流通和优化配置，并且与经济全球化、贸易自由化的社会发展潮流背道而驰。这是自由贸易主义反对技术性贸易壁垒的主要依据。在现行的国际标准体系中，标准的制定者基本上都是发达国家，发展中国家大多是标准的被动接受者。

同时，环境壁垒及绿色标准在客观上促进了可持续发展的实施。不断提高的检疫标准和包装设计标准，促使各国不断提高本国产品的质量和卫生以及安全性能，这对人类的生命安全和身体健康是有积极作用的。

6. 其他主要非关税措施

其他主要非关税措施包括进口许可证、外汇管制、进口和出口的国家垄断、歧视性的政府采购、各种国内税、最低限价、有秩序的销售安排等。

二、贸易保护与自由贸易的交叉性及冲突性

（一）贸易保护与自由贸易的交叉性

一国在选择贸易政策的时候，不会单一地选择贸易保护政策以及自由贸易政策；同时，随着时代的推进，贸易政策不会一成不变，会一直调整以适应经济发展的需要。在大多数情况下，一国在实行自由贸易的同时会选择性地进行贸易保护，这在西方发达国家很常见。如美国政府在第二次世界大战后一直对农产品部门进行较强的干预与调节，美国农产品部门就成为贸易保护主义较为典型的代表。同时，一国在实行贸易保护政策的时候，

也会选择性地开放一部分市场。一国在对某国实行自由贸易的时候,还可能在此类产业的对外贸易中对其他国家实行贸易保护,如欧盟成员国之间已形成高度的区域一体化,成员国相互间实行自由贸易,而对于成员国以外的国家则采取不同程度的贸易保护措施。

一国政府无论采取贸易保护政策还是自由贸易政策,目的都是相同的,都是从本国经济利益出发以寻求更大的发展。第一,新古典经济学的支持者认为发展中国家利用环境资源的比较优势开展自由贸易可以促进经济增长;第二,贸易可以提高人民收入水平;第三,国际贸易促使世界各国参与国际分工,使各国加强磋商与合作。贸易保护的观点认为贸易保护与市场开放并不矛盾,市场的开放与否等同于是否开门,而推行贸易保护政策还是自由贸易政策等同于门口是否有门槛。所以,适度的贸易保护可以一边开放发展经济,一边对自己的门户进行保护。

(二)贸易保护与自由贸易的冲突性

1. 理论上的冲突

贸易保护政策基于保护幼稚工业、战略性产业的贸易政策理论以及涉及更多方面的政治经济学理论发展起来。自由贸易理论产生的基本依据是比较优势理论,即各地区应致力于生产成本低、效率高的商品,来交换那些无法以低成本生产的商品。

2. 政策上的冲突

自由贸易政策指政府不采用关税、配额或其他形式来干预国际贸易的政策,是指国家取消对进出口贸易的限制和障碍,取消本国进出口商品的各种优待和特权,对进出口商品不加干涉和限制,使商品自由进出口,在国内市场上自由竞争的贸易政策。自由贸易是在没有进口关税、出口补贴、国内生产补贴、贸易配额或进口许可证等因素限制下进行的贸易或商业活动。这正是贸易保护政策的对立面。

三、贸易保护的作用

(一)在一定范围内可以避免本国参与竞争

著名经济学家韩德强曾说,自由贸易无疑是"泰森和幼儿园小孩同台竞争"。在毫无保护的自由贸易条件之下,强者更强、弱者更弱,落后国家必将永无翻身之日。所以,无论是发达国家还是发展中国家,在一些相对弱势的产业上都会采取适度的贸易保护措施。

自由贸易可以使外国物美价廉的商品进入市场,使消费者受益。然而在进口商品充斥整个市场的时候,本国的生产者会在竞争面前败下阵来。每个人都有双重身份,作为消费者受益的同时,作为生产者又在蒙受更大的损失。可以说,没有贸易保护,就没有新兴工业的发展。

（二）贸易保护曾使美国、德国和日本崛起

南北战争结束时，美国将关税迅速提高到60%～70%，然后，迎来了工业发展的黄金时期。从1867年到1890年，短短24年，美国一跃成为世界第一工业强国。到1890年，尽管美国当时已是世界第一强国，美国的关税却达到70%。此后美国的关税有所下降，但是一直比较高，这种态势一直持续到第二次世界大战结束。所以，美国实际上是靠贸易保护发展起来的。

1871年，德国在普法战争中获胜。法国内乱，巴黎公社起义，法国在无法镇压巴黎公社的情况下，邀请德国进行镇压。法国将阿尔萨斯、洛林割让给德国，又为德国支付巨额赔款和战争经费。德国则把得到的阿尔萨斯、洛林作为钢铁和煤炭工业基地，用法国支付的巨额赔款去发展其重工业、铁路与交通。从1871年到1914年短短的43年时间里，德国就崛起成为世界第二工业强国。德国的农产品竞争不过波兰、匈牙利、捷克，德国的地主和工业家纷纷主张贸易保护，德国就此发展起来。

日本明治维新后，大量派遣留学生到西方学习先进的技术，引进先进的技术和管理模式，但并没有开放国内市场实行自由贸易。日本就是这样一个靠贸易保护起家和发展壮大的国家。自由贸易无非是西方发达国家在其自身强大以后用以恃强凌弱的把戏，相对落后的发展中国家在选择贸易政策的时候要谨慎。

（三）避免内部贸易发展改变国际贸易差额分布

随着跨国公司及其海外经营的发展，国际贸易的流向和贸易方式发生了深刻变化，跨国公司内部贸易在国际贸易中的地位不断提高。跨国公司内部贸易的发展在一定程度上改变了国际贸易差额的分布。跨国公司通过其内部分工和核算体系，在内部贸易中获得了较为稳定的收益，但却把各国账面上贸易差额的此消彼长以及由此引发的贸易摩擦甩给了各国政府。作为惩戒跨国公司产业转移最集中地区之一的亚洲地区，制成品出口迅速增长，使其对美国、欧盟保持了较大规模的贸易顺差，而美国和欧盟的跨国公司在亚洲地区投资企业的出口，已经成为美国和欧盟贸易逆差的重要组成部分。但发达国家处理贸易逆差的政策并不主要针对这些跨国公司，而是在拿出口国开刀。在这种情况下，一国政府应及时调整贸易政策，适当地保护本国相应的产业，以免遭到西方国家的贸易报复。

第五章　电子商务在国际贸易中的具体运用

随着科学技术的发展，近几年来，互联网已成为人们生活的一部分，它在人类的工作、生活、娱乐还有学习等方面都扮演着十分重要的角色。在 21 世纪这样一个以网络通信为核心的信息时代里，随着互联网的快速发展，电子商务也在蓬勃地发展。在电子商务中，买卖是没有国家界限的，任何一个国家的企业、商人都可以在网上进行商业合作、商业交易、买卖商品等。电子商务作为一种新型的商业模式，已融入我们的生活，不断地改变着我们的生活，影响我们的消费方式，影响着企业的经营发展，影响着社会经济的发展。

第一节　电子商务在国际贸易中的应用和发展

一、电子商务的概念、应用和影响

在我们现在的生活里，许多人都离不开电脑，而一打开电脑，就会有许多网站、广告吸引着我们的眼球，引起我们的兴趣，从而使我们关注它。许多企业、许多商人在电子商务中看到了发展机遇，看到了无限商机。

（一）电子商务的概念

电子商务在我们的生活中十分重要，只要我们会上网，就会接触电子商务。在现在这个社会里，我们要了解电子商务，要学会利用电子商务。电子商务有许多不同的定义，许多国际组织、公司、各国学者等都对电子商务进行过定义，但到目前为止，电子商务还没有一个确定的定义。国际商会对电子商务的定义是，电子商务是指对整个贸易活动实现电子化。从涵盖范围方面可以将电子商务定义为，电子商务是交易各方通过电子交易方式，而不是通过当面交换或直接面谈方式进行的任何形式的商业交易。从技术方面可以将电子商务定义为，电子商务以信息网络技术为手段，通过各种途径去了解对方的资信、资产、信誉等，确保做到万无一失。

（二）电子商务在国际贸易中的应用和影响

互联网的广泛应用，使电子商务渗透到各行各业中，许多企业都在运用电子商务。在国际贸易领域中，电子商务作为一种新兴的贸易操作方式，以其特有的优势被世界上大多数国家及不同行业接受和使用，它的发展已经引起了国际贸易领域的重大变革。电子商务是信息技术发展的产物，在未来的商业活动中，一定会更多地应用到电子商务，电子商务的广泛应用将会是信息社会开展商务活动的一个必然趋势。

1. 电子商务在国际贸易中的优势

在网络经济时代，企业的竞争方式发生了重大的改变，现在竞争的不是有多大的厂房、有多大的商场、有多少员工，而是信息技术的竞争、高科技的竞争，是速度、质量、成本、效率和服务等综合实力的竞争。互联网打破了时空的界限，把全球的市场联结为一个整体，使贸易在网络上实现全球化。

在传统的国际贸易中，一笔交易的达成是十分复杂的，距离和时间是一个问题，贸易壁垒是一个问题，付款又是一个问题。这些都会增加企业的成本。而且烦琐的手续更加容易出错，导致处理速度慢等，极大地制约了商务活动的效率和规模。而在电子商务中，国际贸易的商务场所和运营方式都发生了根本性变化，与国际企业达成交易的所有环节都可以在网上进行，这无疑大大提高了贸易效率。作为一种以电子数据交换为主要内容的全新贸易运作方式，电子商务有着全新的时空优势。网络空间有多大，它的销售空间就有多大，并且没有时间的限制，想要几时上网订购或几时上网谈生意都可以。也就是说电子商务已经没有国界，也没有了昼夜之分。同时，电子商务有减轻对物资的依赖，全方位展示产品及服务的优势；减少库存、降低交易成本的优势；密切用户关系，加深用户了解的优势；减少中间环节，降低交易费用的优势。电子商务使企业能更有效地利用有限资源、降低成本、提高利润，有利于增强企业的国际竞争力。正因为有这些优势，电子商务在短短十年左右的时间里得以广泛应用和迅速发展。

2. B2B、B2C 等电子商务模式的兴起

近几年，网上交易处理如 B2B、B2C、C2C 等电子商务模式逐渐兴起，最有代表性的是那些大型的网上购物商城，如京东、淘宝网等。网上交易主要是在网络的虚拟环境中进行的交易，它利用电子商务的各种手段，完成从买到卖的虚拟交易过程。这些新型的电子商务模式，为国际贸易提供了更多的平台。

① B2B 电子商务是以企业为主体，在企业之间通过专用网络或互联网进行的电子商务活动。如阿里巴巴，它通过旗下三个交易市场协助世界各地数以百万计的买家和供货商在网上进行商品买卖。其范围已覆盖到全球，全世界不同的企业、不同的商人都通过阿里巴巴这个贸易平台进行不同商品的买卖或拍卖竞标。

② B2C 电子商务是指企业与消费者之间以互联网为主要服务手段进行的商务活动。

这种形式的电子商务一般以网络零售业为主，它通过互联网为消费者提供一个新型的购物环境——网上商店，消费者通过网络在网上购物，进行网上支付等。它的范围也是全球性的，如京东商城、商融商城等。

③C2C即消费者与消费者之间的电子商务。通过互联网，消费者之间也可以买卖商品，还可以与卖家讨价还价。淘宝网是目前国内最大的C2C购物平台。我们在淘宝网上买东西，可以通过阿里旺旺与卖家交流，询问卖家商品的情况，甚至与卖家讨价还价。淘宝网是十分亲民的，任何人通过一定的手续，都可以在淘宝网上拥有自己的"店铺"。

3. 我国电子商务在国际贸易中的应用

我国是一个发展中国家，经济建设是我们的首要任务，在互联网被普遍应用的今天，电子商务已成为我国的一个发展机遇。现在的时代是信息的时代，在这样的环境条件下，我们更要把电子商务应用到我国的国际贸易中，要使我们的国际贸易与世界联系在一起，使我们的传统产业重新焕发出勃勃生机。我国的企业可以在互联网上建立属于自己的网站，通过网络宣传来为自己打广告，把企业的知名度扩大到海外市场上去，开拓海外市场并提高企业国际竞争力。随着电子商务的出现，我国的企业与世界接轨，产品实现了国际化，扩大了我国企业的对外贸易范围。另外，电子商务没有空间的限制，这样使我国的中小企业就有更大的发展空间，有了更多与国际企业进行贸易的机会。这样一来，我国的经济也就发展起来了。

二、电子商务对国际贸易的影响

（一）改变国际贸易的运行与交易方式

1. 国际贸易运行方式发生重大变化

网上销售、网上促销、网上谈判以及跨国公司内部网络销售和会议都为国际贸易开辟了新的发展形式。网络贸易大大减少了人力、物力和财力的消耗，降低了成本和费用，减少了中间环节，加快了国际贸易的节奏。这种网上虚拟的信息交换，开辟了一个崭新的市场空间，全球以信息网络为纽带连接成一个统一的大市场，并使这个大市场由大变小、由繁变简。

2. 国际贸易交易方式发生重大变化

①交易工具发生了变化。在此之前，国际贸易要经过许多程序，需要将订单、发票、提货单、海关申报单、进出口许可证等各种单据，按国际标准化网络进行传送协议。网络上的广告代替了电视、杂志、报纸等日常新闻媒介；与以前的一些传统工具如传真、信函、国际长途相比，降低了成本和交易费用，节省了时间和金钱。

②付款方式，由现实的付款方式变为电子支付方式，并依托第三方支付平台，如支

付宝。这种付款的方式也改变了我国金融发展的趋势。

③交付方式由实际的货币变为虚拟的货币。

④国际贸易中间组织结构的革命。传统的贸易方式是由商人作为中介人,把生产者、用户或消费者相连接。在国际贸易中,进出口商是国家之间商品买卖的媒介,而这种贸易方式较为烦琐。现在,生产者与消费者之间可以通过网络直接接触,使得信息网络成为最大的中间商。这样不仅可以省去进出口业务烦琐的步骤,而且可以节省大量资金。这种贸易方式对贸易中间商、代理商和专业的进出口公司的业务冲击很大,从而改变了国际贸易之间的组织结构。

⑤电子商务有助于减少企业的库存产品。企业的库存量越大,经营成本就越高,利润就会减少,企业的风险越大。企业的存货量越少,其效益越高。正确管理存货能为客户提供更好的服务并为企业降低经营成本,减少库存量意味着现有的生产加工能力可以得到更有效地发挥。

(二)促进国际分工的深化

国际分工是指世界各国之间的劳动分工。它是社会分工发展到一定阶段,国民经济内部分工超越国家界限发展的结果,是国际贸易和世界市场的基础。电子商务对国际分工的影响主要表现在,其促进了国际分工的深化。因为在电子商务环境下市场范围扩大了,所以交易效率提高了

首先,电子商务推动"无国界"全球大市场的形成。电子商务的出现突破了传统市场必须以一定的地域存在为前提的条件格局,在全球形成了一个以信息网络为纽带、以互联网为载体的全球化大市场。这种市场被称为虚拟市场。一方面,世界各地的客商可以汇集在这个虚拟市场中,消除了距离的障碍,使各国的经贸联系与合作得到大大加强。另一方面,虚拟市场的形成使得商品与服务等有关信息能在全球范围内更加充分、自由地流动。

其次,电子商务极大地提高了交易效率,降低了交易费用。一笔交易包括三种流,即物流、资金流和信息流。与传统交易相比,在电子商务环境下,信息流和资金流都可以通过网络瞬间完成。电子商务可以节约文件处理的成本。调查表明,在传统贸易业务中,一笔进出口业务需要处理相关单据约200~350份,业务流程可长达数月,而纸张打印及差错造成的总费用约为货值的7%。如果应用电子商务,不仅可以简化数据处理程序、缩短文件处理周期,而且可以消除信息传递过程中的不对称性,大大降低成本。新加坡贸易网在运用电子数据交换之前每次报关需要3天,花费12新元~25新元(约合人民币60元~130元),应用电子数据交换以后,每次报关只需15分钟,花费1新元~2新元(约合人民币5元~10元),仅此一项,每年可为新加坡节省6亿美元的文件处理费用。除能节省文化处理成本外,电子商务还可节省传统业务中往返、住宿等许多交易中的人员费用。

电子商务环境下国际分工的深化主要表现在分工的精细化和水平化。国际分工格局的重心已经开始从产业间分工向产业内分工和产品内分工转变，从垂直型分工向水平型分工转变。所谓垂直型国际分工就是制造业和原材料工业分工体系；水平型国际分工就是工业品生产的专业化协作，而且是有层次的。产品内分工的特征是某个产品和劳务的生产供应过程的不同的工序、不同的区段、不同的环节在不同的空间区位完成，它是区别于在一个工厂内部完成整个工序流程的一种生产方式。国际的产品内分工是把不同的工序、区段和环节在不同的国家开展，是构成经济全球化的一个基础要素。产品内分工的基础，一个是比较优势，一个是规模经济。现代信息技术和电子商务为产品内分工提供了条件。

（三）改变国际贸易的成本结构

1. 网络贸易降低了采购成本

国际互联网的全球性与实时能力为企业与供应商的电子交易打开了方便之门。借助互联网，企业可以在全球市场上寻求价格最优惠的供应商，而且通过与供应商进行信息共享，能够减少中间环节由于信息不准确带来的损失。目前，已有一些大公司通过商业增值网络，使用电子数据交换（EDI）建立一体化的电子采购系统，降低了劳动力、打印和邮寄成本。这使得采购人员有更多的时间专心致力于合同条款的谈判，并注重与供货商建立更加稳固的购销关系。有资料表明，全球使用 EDI 在增值网络上进行的产品和劳务交易已经超过 1500 亿美元，使用 EDI 通常可以为企业节省 5%～10% 的采购成本。如果说大公司可以通过增值网络降低采购成本，那么国际互联网的出现，为中小企业同样提供了降低采购成本、获取新交易的机会。

2. 网络行销降低了广告宣传成本

对产品和企业进行宣传是绝大多数外贸企业的一项长期性工作。特别是对于自产自销的企业来说，广告宣传显得尤为重要。在传统贸易方式下，广告宣传一般是通过多种手段进行的，如印制、发送公司简介、产品目录，在平面媒体或电视媒体上发布广告，参加展销会、博览会，搞促销活动等。在电子商务时代，广告宣传则主要是通过互联网这一单一媒体进行的，主要手段为建立公司主页、建立搜索链接、在公共网站上发布广告、将广告信息以电子邮件方式发送给潜在客户等。利用多媒体及软件编程技术，商家能够在网络上构建销售网页，以生动逼真的视频图像、动画技术、文字、声音等附加信息，对产品进行全方位的描述和介绍，使用户如身临其境，足不出户便可实现消费意愿。同时，网络可以接受在线咨询、订购及提供按要求定制产品等个性化服务，将广告与交易有机地结合起来，弥补了传统广告信息量有限、广告宣传与实际交易脱节的缺点。发送电子邮件的方式可以将信息有针对性地发送给目标客户，克服传统广告无法选择受众的不足。

3. 电子结算降低了企业的资金成本

国际电子商务通过提高贸易效率、缩短业务运转周期、加速资金周转率的方式，降低了企业从事国际贸易的资金成本。以结算为例，在传统贸易方式下，从英国划拨一笔货款到中国，即使是采用几期信用证的付款方式，从来证、通知到交单、给付，至少也需要两周时间，过程漫长复杂，并且会出现许多意外风险，在等待汇款期间还有可能会丧失新的贸易机会。在国际电子商务中，电子结算在 1～2 天内就可以完成，且安全性大大提高，这就为企业增加了现金流，尤其可以缓解中小企业的资金困难。

4. 国际电子商务降低了信息获取成本

对于外贸企业来说，搜集商业信息是获取贸易机会的第一步。在传统的贸易方式下，贸易信息的获得主要是通过以下渠道实现：以邮寄或传真方式发送商品目录或询购单，电话询问潜在客户，参加交易会，组织贸易小组出国考察、拜访客户或开拓市场，向信息中介机构咨询或查阅贸易媒体等。国际电子商务以互联网为基础，通过介入网络信息、网络搜索工具和网络贸易中间商获取信息，从而有效地降低了信息的获取成本。与传统的邮寄、传真、电话、出差、面谈等获取信息的方式相比，通过网络获取信息的成本是非常低廉的。在国际电子商务中，企业除了自行搜索信息外，也会借助一些贸易平台，通过成为其会员获取更多的贸易信息，但通常一年的会费也不会高于一个业务员出国一次的费用。当然，并非网上搜寻信息、网上交易会、网上贸易会、网上贸易合作或网上谈判等手段可以完全取代必要的出国拜访和面谈，但单纯从信息获取的角度来说，国际电子商务确实将这部分成本降到一个比较低的水平，而且越是大宗的交易，信息收集成本的节约效应就越明显。从宏观角度讲，如果说信息获取成本在传统贸易方式下，平均每月占总交易成本的 3%～5%，那么在国际电子商务中，这部分成本几乎可以忽略不计。这也是目前在国际电子商务中运用得比较成熟的一部分。

5. 国际电子商务可以减少库存周转费用

一般来说，企业的库存越多，所需要的管理费用、周转费用就越高，效益就越低。对于开展国际贸易的企业来说，过多的库存还会带来资金压力和经营风险。电子商务的实行，使企业各部门之间、企业与客户之间很容易沟通，决策者可以及时了解市场需求及库存情况，并据此安排合理的库存，从而避免大量的库存积压。在国际电子商务中，出口商甚至可以在接到订单以后从生产企业发货，从而做到零库存管理，以降低交易费用。

6. 国际电子商务大大降低了信息传递成本和办公成本

交易磋商的过程主要就是贸易信息往复传递的过程，在传统贸易方式下，需要耗费大量的人力、物力和时间来形成、修改和传递纸面文件。统计资料表明，一笔国际贸易业务中平均要涉及 30 种以上的单证，连同副本要有 100 份以上的单证资料，每年国际贸易产生的纸面文件数以"亿"计，一般的外贸企业中均设有专门科室负责单证处理工作。

EDI 取代纸面文件是促成贸易成本下降的主要原因之一。EDI 不但使贸易双方的交流更为便捷，还大幅度降低了国际贸易中的信息传递成本和办公成本。首先，如前所述，电子信息的传输成本大大低于传统贸易中跨国电话、传真和邮寄的通信成本；其次，随着 EDI 的"无纸贸易"的普及，越来越多的贸易单证无须打印成纸面文件的形式，即使打印，一页单证的成本只有几分钱，可以节约的办公成本也是可想而知的；第三，由于 EDI 采用了标准化的报文格式，回复或传递信息时只需要对想修改的地方进行修改，无须重新制作文件，不但减少了大量重复劳动，而且还大大降低了出错率，从而降低了传统贸易方式中难以避免的大量由于单证差错造成重复工作带来的运营成本的增加。EDI 应用以来，已经产生了显著的经济效益，使贸易单证的传递速度提高了 81%，文件处理成本降低了 38%，因差错造成的损失减少了 40%。

7. 国际电子商务通过减少中间流通环节降低了采购成本

在传统贸易方式下，出口商品一般需要经过生产商、国内批发商、出口商、进口商、国外批发商、国外零售商，最后才能到达用户手中。交易链长，在每个环节都会加入中间商的利润，同时运营费用也会在转手过程中不断增加。

国际电子商务重新定义了传统的贸易流通模式，减少了中间环节，使得生产者和消费者的直接交易成为可能，从而在一定程度上改变了国际贸易的运行方式，国际电子商务大大简化了商品流通环节，取代了商品流通中大量的中间行为，外贸代理制、分销商、批发以及展销会等都有可能随着国际电子商务的不断发展而变得不再像以前那么重要。

在我国，这种情况尤为明显，商品在报关出口之前一般已经周转，即使是原料性产品也不例外，而这些中间商和专业外贸公司正是依靠中间交易维持公司的运转。一般来讲，国际贸易的中间环节交易费用会在 5%～15% 的水平，对于某些特殊商品，中间商的加价幅度甚至可以达到 50% 以上。因此，中间交易环节的减少将会使国际贸易中的商品采购成本发生较大幅度的下降。

（四）改造国际贸易经营主体和贸易方式

国际贸易经营主体发生了重大变化，出现了"虚拟公司"。现代信息通信技术通过单个公司在各自的专业领域拥有的核心技术，把众多公司相互连接为公司群体网络，完成一个公司不能承担的市场功能，可以更加有效地向市场提供商品和服务。这种新型的企业组织形式，在资本关系上不具有强制各个公司发生联系的权力，而是由于承担了一定的信息搜集处理和传递功能似乎具有某种实体性。跨国公司战略联盟便是这种"虚拟公司"的主要表现形式，通过开放系统的动态网络组合寻找资源和联盟，实现"虚拟经营"，以适应瞬息万变的经济竞争环境和消费需求向个性化、多样化方向发展的趋势，给跨国公司带来分工合作、优势互补、资源互用、利益共享的好处。

电子商务在国际贸易领域的广泛应用，产生了大批面向世界市场的企业。这些企业可以是虚拟型的跨国企业，他们利用电子商务技术迅速向全球范围扩展，为中小企业进入国际市场提供了良好的平台,扩大了国际贸易的经营主体范围。同时,电子商务是生产者直接到消费者的贸易形式,突破了传统贸易需要各种中间商、中介商的运作格局,不仅解除了传统贸易活动中的时空限制,更节约了中间成本,为生产者和消费者都带来了实惠。

在传统的贸易方式下,作为国家间商品和服务买卖的媒介,广大专业的进出口贸易公司在国际市场上占有十分重要的地位。电子商务新型中介突破了传统贸易以单向物流为主的运作格局,实现了以物流为依据、信息流为核心、商流为主体的全新战略,在计算机网络上为进出口提供包括进出口代理报关、商检、仓储运输等为内容的物流作为整套服务体系的载体,不断向网络成员提供商贸信息咨询、市场分析、进口产品的保税展示和仓储、网上推销与广告宣传等服务,在世界各地建立代理销售网络,为制造商与贸易商创造商机,寻找买主,使双方合作并成交,且提供成交后的进出口服务。这种经营战略,把代理、展销等多种传统贸易方式融为一体,把全部进出口货物所需要的主要流程引入计算机网络中,为世界各地的制造商和贸易商提供全方位、多层次、多角度的互动式的商贸服务,解除了传统贸易活动中的时空限制,逐渐淘汰那些利用信息不对称赚取差价的进出口业务中介。

电子商务对国际贸易有着很重大的正面影响,比传统的经济模式有着更大的优势,能够节约更多的成本。国家和政府应当重视电子商务的发展,扶持电子商务企业的发展,提高电子商务在经济领域的比重。

三、电子商务在国际贸易中应用的现状与发展前景

(一)电子商务应用的现状分析

从电子商务在世界的发展状况来看,美国、日本、德国、法国、英国等国家发展状况比较良好,相对来说发展的程度也比较高。中国电子商务发展的时间较短,但发展的规模与速度较快,于是形成了美洲、欧洲、亚洲较为发达,其他地方发展较为落后的局面。在我国的电子商务发展过程中,东部沿海地区较为发达,中部和西部地区较为落后。

我国的工业在经历了大规模的专业化和信息化之后,电子信息程度和对应的投资进入了新阶段。许多企业在内部建立规模信息化,把专业的生产和电子信息结合在一起,形成规模经济。电子信息化的改革与发展更使管理阶层的管理专业化和速度化。电子信息的发展大大促进了电子商务的发展与应用。

对于政府而言,政府更愿意支持和发展电子商务的发展,既节省资源,又树立了良好的地方政府的企业形象。在政府部门的支持和推动下,许多企业的信息化进程有了一个大大的转变。许多企业更是认识到企业信息化的重要性,转变经济发展方式,促进经济的发展。但是,企业的电子信息化发展程度相对较低。企业的软件设施和硬件设施都较为落后,从总体上来说,提高企业的竞争力必须大力发展电子商务,提高企业电子商

务的应用水平。

1. 国际电子商务发展的状况

在西方发达国家，电子商务经过多年的发展，已经进入了繁荣时代，通过互联网进行交易已经成为当下的一种潮流。美国凭借其高度发展的信息技术优势，竭力推动全球电子商务发展。对于电子商务的发展，在美国和欧洲一些发达的国家一直受到极大的重视。以美国为例，美国认为电子商务将是21世纪经济增长的重要的推动力。美国的电子商务发展于20世纪80年代，随着互联网技术的不断发展，传统的商业模式已经逐渐落后，电子商务模式已经渐渐取代传统商业。目前，美国在全球互联网贸易中已占85%的份额。

英国政府在经历一系列的经济危机后，决心大力发展先进的电子商务业务，将使用电子商务的家庭比例提高到世界前列。为此，英国政府任命了一位电子商务大臣，专门负责电子商务推行的各种业务。英国政府鼓励人们学会上网及网络技术。英国政府的公共部门招商和投标均以网络技术为依托，这样人们想要从政府部门获得工作机会，就必须学会网络技术。

加拿大总理也实施了一系列的公共政策，制定并实行了"加拿大电子商务战略"。这一法规的颁布，促进了加拿大在电子商务领域各方面的飞跃式发展。

日本在发展网络技术和电子商务方面是落后的，但为了赶上世界电子商务的进程，也采取了多种积极的方法和措施。日本专门成立了政府的电子商务部门。金融行业和银行的互联网取得了进一步的发展。

世界各国对电子商务的扶持政策很多，就不再列举了。而这些政策正好反映了各个国家想要通过电子商务抢占世界市场的战略目标。目前多数电子商务公司都看好亚洲，尤其是中国，这一地区人口众多，消费力大，是世界大市场的重要领域。为此多数实行电子商务的国家正在积极调整亚洲的人员分配和资源配备，准备迎接即将到来的电子商务发展高潮。

2. 我国电子商务发展的状况

从国际上看，我国的信息化程度偏低。个人计算机的保有量虽大，但人均计算机量却远低于世界平均水平，其中还有相当一部分计算机没有接入互联网，且网络基础设施差、网络运行速度慢、网络运营资费高、习惯利用电子商务获取商机的人少等都制约着电子商务的发展。但我国的电子商务发展势头强劲，尤其是近几年更是取得了巨大进步，各种电子商务咨询和交易平台如雨后春笋般涌现出来。在一些发达国家，电子商务的迅速发展，推动了商业、贸易、营销、金融、广告、教育等社会经济领域的创新，诞生了一些新产业，给世界各国企业带来了许多新的机会。国内现在的趋势是从政府到企业界再到普通消费者，对电子商务的发展前景和巨大潜力认识越来越清晰，政府也积极支持推动电子商务的发展。

3. 电子商务具有巨大的发展空间

（1）市场规模不断扩大

据数据统计，我国现如今已有电子商务网站1.86万家，涉及银行、商业、金融、购物、服装、百货、教育、广告等社会主要经济领域。2010年我国电子商务交易额突破4万亿元，特别是在网络购物方面，2016年前三季度网络购物市场交易规模达到5000亿元，与2015年同期相比增长一倍以上。数据显示，在未来3年的时间内，我国网络购物市场将以每年30%的增长率持续发展。

（2）用户规模持续增长

根据中国互联网络信息中心的统计，截至2011年6月，中国接入互联网的计算机为9527万台，我国网民规模已达到5.2亿，突破了5亿关口，成为全球互联网用户第一大国。但是对这些上网用户上网目的的调查结果显示，获取信息（42.6%）是主要目的，紧随其后的是休闲娱乐（18.9%）和交友（14.9%），网上购物占据3.3%，商务活动占据2.8%，炒股占据0.9%。网上购物和商务活动都可以概括为电子商务行为，也就是说，我国5.2亿上网用户中仅有3172万网民参与了电子商务活动。这说明我国在电子商务的发展方面还有巨大的潜力，同时也说明我国在电子商务的发展中存在着不尽如人意的地方。

（二）我国电子商务的应用前景

1. 人才的储备

我国的网络通信系统人才储备丰富，大部分中专和本科院校内都设有相关专业，且人才梯度分明，涉及领域广泛，在网页设计、运行程序、软件开发、安全通信等方面都有突出的特点和优势。但创新能力是我国网络通信系统人才最缺乏的核心竞争力，在电子商务的平台和程序应用上都是模仿美国的电子商务模式，并且非常成功，但一直都没有自己的特色，很多核心领域和专利项都受发达国家的牵制。所以说，网络通信系统人才对于我国当前的电子商务应用完全足矣，但从长远发展来看，创新将是人才培养和储备的主要目标。

2. 应用设施的建设

国家近几年加大了对网络基础设施建设的投入，在公用电信网方面，三大支撑网（窄带ISON网、智能业务网、多媒体通信网）已架设完成。2016年5月，北京、上海、深圳等地开始了与国际的网络接口相连接的大幅提速计划，网络宽带由2兆提升到8兆，计划到年底部分地区可实现100兆。在移动信息网络方面，北京、广州、上海、杭州、深圳同时推出了无线商用试验网，任何移动通信设备都可在这5座城市使用无线上网业务，该业务将促进地区的电子商务应用，人们在这5座城市的中央商务区可以随时接入网络进行业务的接收和处理。

3. 我国电子商务的发展趋势

（1）纵深化趋势

电子商务的基础设施将日益完善，支撑环境逐步趋向规范，企业发展电子商务的深度进一步拓展，个人对电子商务的参与度也将得到加深。图像通信网、多媒体通信网将建成使用，"三网合一"潮流势不可挡，高速宽带互联网将扮演越来越重要的角色，制约中国电子商务发展的网络瓶颈有望得到缓解和逐步解决。我国电子商务的发展将具备良好的网络平台和运行环境，电子商务的支撑环境逐步趋向规范和完善，个人对电子商务的应用将从目前点对点的直线方式向多点的智能式方向发展。

（2）个性化趋势

个性化定制信息需求将会增加，个性化商品的深度参与成为必然。互联网的出现、发展和普及本身就是对传统秩序型经济社会组织中个人的一种解放，使个性的张扬和创造力的发挥有了一个更加有利的平台，也使消费者主权的实现有了更有效的技术基础。在这方面，个性化定制信息需求和个性化商品需求将成为发展方向，消费者把个人的偏好带入商品的设计和制造过程中去。对所有面向个人消费者的电子商务活动来说，提供多样化的比传统商业更具有个性化的服务，是决定今后发展成败的关键因素。

（3）专业化趋势

面向消费者的垂直型网站和专业化网站前景看好，面向行业的专业电子商务平台发展潜力大。一是面向个人消费者的专业化趋势。要满足消费者个性化的要求，提供专业化的产品线和专业水准的服务至关重要。今后若干年内，我国上网人群仍将是以中高收入水平的人群为主，他们购买力强、受教育程度高、消费个性化需求比较大。所以相对而言，提供一条龙服务的垂直型网站及某类产品和服务的专业网站发展潜力更大。二是面向企业客户的专业化趋势。对B2B电子商务模式来说，以大的行业为依托的专业电子商务平台前景看好。

（4）国际化趋势

中国电子商务必然走向世界，同时也面临着世界电子商务强劲对手的严峻挑战。互联网最大的优势之一就是超越时间、空间的限制，能够有效地打破国家和地区之间各种有形和无形的障碍，这对促进每个国家和地区对外经济、技术、资金、信息等的交流将起到革命性的作用，电子商务将有力地刺激对外贸易发展。因此，我国电子商务企业将随着国际电子商务环境的规范和完善逐步走向世界。我国企业可以由此同发达国家真正站在一条起跑线上，将我国在市场经济轨道上的后发劣势变为后发优势。电子商务的发展是我国的中小企业开拓国际市场、利用好国外各种资源的一个千载难逢的有利时机。同时，国外电子商务企业将努力开拓中国市场。随着中国加入世界贸易组织，这方面的障碍将逐步得以消除。

（5）区域化趋势

立足中国国情，采取有重点的区域化战略是有效扩大网上营销规模和增加效益的必然途径。中国电子商务的区域化趋势与前面强调的国际化趋势并不矛盾。区域化趋势是就中国独特的国情条件而言的。中国是一个人口众多、幅员辽阔的大国，社会群体在收入、观念、文化水平等很多方面都有不同的特点。我国虽然在总体上仍然是一个收入比较低的发展中国家，但地区经济发展的不平衡所反映出来的经济发展的阶段性、收入结构的层次性十分明显。可以预见，在今后相当长的时间内，上网人口仍将以大城市、中等城市和沿海经济发达地区城市为主，B2B 的电子商务模式区域性特征非常明显。以这种模式为主的电子商务企业在资源规划、配送体系建设、市场推广等方面都必须充分考虑这一现实，采取有重点的区域化战略，才能最有效地扩大网上营销的规模，以增加企业效益。

（6）融合化趋势

电子商务网站在最初的全面开花后必然走向新的融合。一是同类网站之间的合并。目前大量的网站属于重复建设，定位相同或相近，业务内容相似，激烈竞争的结果只能是少数企业最终胜出，处于弱势地位的网站最终免不了关门的结果。二是同类别网站之间互补性的兼并。那些处于领先地位的电子商务企业在资源、品牌、客户规模等诸方面虽然有很大优势，但这毕竟是相对而言的，与国外著名电子商务企业相比仍有较大差距。这些具备良好基础和发展前景的网站在扩张的过程中必然采取收购策略，主要的模式将是互补性收购。三是战略联盟。由于个性化、专业化是电子商务发展的两大趋势，每个网站在资源方面总是有限的，客户需求又是全方位的，所以不同类型的网站以战略联盟的形式互相协作成为必然。

四、国际电子商务发展面临的新问题与策略

（一）我国电子商务在国际贸易中存在的问题

虽然我国的电子商务在国际贸易的发展进程中已快速得到了应用，且随着我国对外贸易的不断增长和输出，再加上我国还是以劳动密集型加工为主的国家，以及各国国际贸易的不断竞争，致使在这短短的几年里我国也积累了丰富的电子商务经验，但与以美国为首的发达国家相比，我国电子商务在范围、程度和技术等众多方面还是处于低水平位置。目前，我国的许多企业都还处于从传统向信息化转型的过渡阶段，许多企业都还尚未步入普及和建立信息"高速路"的行列中。所以我国的电子商务的发展还不尽如人意。大多数企业的计算机网络基础建设薄弱，有关的专业人才相对匮乏，甚至有的计算机人才没能得到很好的培养和利用，以及网络安全等一系列问题都亟待解决。

不仅如此，我国许多企业管理者对于电子商务的认识还处在初级阶段，他们只是单纯地将电子商务理解和诠释为就是在网上进行广告宣传，以及通过网络订单完成销售业绩。所以电子商务的发展带来前所未有的发展机遇的同时，也给我国这个高速发展中的

电子商务国际贸易发展大国的政府和企业，甚至是个人都带来全新的、巨大的挑战。

1. 信息基础设施薄弱

电子商务虚拟数据交易的网络贸易的实现，从洽谈、浏览、签约、交货再到付款等，全部或者部分业务都是由自动化处理和分析来完成的。在这些过程中，需要通过数字化技术将贸易相关的各个部门的重要关系组合，从而实现各个部门间的无距离的电子数据交换。虽然从改革开放以来，科学技术和经济的高速发展使我国逐步迈入大国的行列中，但是经济实力的薄弱和科技水平的欠缺等各个方面的原因，导致我国的网络基础设施建设陷入了比较缓慢和滞后的发展中，许多企业的信息化、电子化程度较低。与此同时，网络相对拥挤、运行速度缓慢、资费高等原因导致电子信息化没能很好地适应我国人多地阔的特点，相反却阻碍了我国电子商务的发展脚步。由于许多中小企业在硬件及软件上的匮乏，使不少新兴的企业在国际贸易的发展进程中处于相对劣势的地位，致使其在实施电子商务过程中举步维艰。相对于其他发达国家投入大量资金来建设密如蛛网的信息高速公路来说，我国在信息基础设施建设上的投入是少之又少的。在国内，只有北京、上海、广州、天津等几座大城市的信息高速公路的建设初具雏形，但还没有形成一定规模。从全国范围来看，我们的光缆铺设、电脑普及以及网络建设方面明显落后。因为许多偏远地区到现在都还没建立网点，所以我国的信息高速公路的建设仍然是一个相对较大的问题。

2. 网络风险性及安全问题

外贸企业在刚开始发展电子商务时需要在前期购入大量的设施建设设备，因此前期的资金注入是关键所在。可很多企业在前期因为没有大量的资源和足够资金的利用，致使其没能很好地实现这良好的开端，于是他们只能向银行贷款。而随着银行对贷款的风险性认识及其安全意识的不断提高，致使银行对这些中小型企业放贷的要求越来越苛刻和慎重，再加上高额的银行利息，使这些外贸企业还没能步入电子商务的国际贸易中就遇上了难题。电子商务是通过网络进行的，它要求网络之间的数据传递、交换及处理的安全系数很高。但互联网是个虚拟的环境，是一个开放且不设防的交流平台，其开发的初衷并非是出于商业目的。因此，互联网的商业交易不具安全性。大量的经济活动在这一虚拟世界中进行，交易需要做到万无一失。然而不管是在国内还是在国外，网上商务活动的环境都是令人担忧和不安的。据中国核工业集团有限公司电子商务资料库的最新统计报告显示，在过去的一年内，我国有63%的网络用户计算机被侵入。再加上我国大多数企业都处在转型期，致使现今的电子商务市场还不成熟，社会信用体系还不够完善。电子商务是不需要买卖双方直面的交易过程，所以我国大多数传统企业，甚至处在转型期的企业都会面临许多新的问题。目前在网上进行交易面临的主要问题有交易主体的身份确认、交易过程的商业秘密、电子通信的安全性等。

3. 跨国电子商务中物品征税困难

电子商务就如同早些年的广告一样属于大众传播媒体，没有特别清晰的国别界限。再加上因时间和国家、地区的不同，文化环境的差异以及电子商务的快速崛起，致使税务及物价部门没能来得及对相应的贸易做出研究，制定相应的征管对策和合理的定价，更没有完善系统的法律、法规来规范、约束及裁决企业电子商务行为的界限，在很多方面出现了税收管理和定价模糊的真空地带，从而导致了大量的应征税款流失。据有关资料显示，美国的函购公司采用互联网方式之后，政府每年损失各种税收高达约 30 亿美元。正是由于电子商务可最大限度地规避税收义务，大大减轻企业的赋税负担，因此许多企业纷纷通过网络躲避税收，牟取暴利。在大企业逃避税款的同时，还会让许多想取得利润最大化的中小型企业跟着效仿，从而致使市场的秩序被扰乱。即使在科学技术日益发达的我国能够解决网络追踪稽查的难题，也很难避免网上交易带来的税收流失。如计算机硬件属货物（需经海关），软件则可不经由海关，在网上就可轻易地直接传送；数控机床的操作规程也可用网络传送，付款一样能在网上轻而易举地进行。这样，按照以往传统的方式，海关将难以着手和根据交易的全部真实价格合理收税，这样关税在一定程度上会大打折扣。现在产品的价格构成中，软件的比重日益提高，因此必须要找到一个既能满足国家财政收入需求，又不会妨碍电子商务发展脚步的方式，从而实现电子商务、海关、税收和定价制度四者的有机结合和重大改革。

4. 我国电子商务相关法律不健全

电子商务的出现无疑给现今传统的商业习惯和中国商事法律体系带来了不小的冲击和挑战。电子商务的快速兴起，使得这个年轻的电子数据交易模式在全球都没能有一个系统的、标准的、完善的法律文献进行参考。传统的商事法律、法规都是基于有纸式的交易制定并存在的，然而电子商务的虚拟数据交易模式，交易的过程都是在虚拟的网络世界进行的，涉及了非基于纸张的通信设备和信息储存办法，所以从某种严格的意义上讲，传统的商事法律、法规与电子商务的交易模式是格格不入的。对于电子商务中所涉及的种种法律问题，如电子合同、电子签名、电子商务认证、电子数据证据、网上交易与支付、网上知识产权、电子商务管辖权及在线争议解决等，与传统商事背道而驰的贸易交易过程多数在立法上还是空白。这种立法的严重受阻与技术的不够发达和完善，将会为从事电子商务的交易主体乃至客体带来较大的风险，从而构成阻碍电子商务应用的一道不可轻视的屏障。虽然在这短短的几年里，我国为适应现代化贸易进程，已经对电子商务方面制定了相关的条例，但采用的都是部门割裂管理模式，缺乏权威的法律来全面、细致、有效地解决争端。因此，目前我国为了能让电子商务更好地发展，首要的任务就是要懂得该如何面对法律的不完善所带来的风险，其次就是技术层面带来的风险。正是这些风险的存在，在很大程度上制约了我国电子商务的稳定和快速发展。

随着电子商务这种大众传播媒体的国际化、全球化，各国的消费者的需求日趋一致，隔阂日益缩小，致使国界的观念已渐渐地被模糊，电子商务的诞生无疑促进了生产力水平和生产率的提高，并且加快了生产及销售的全球化进程。为了能在世界范围内有序地进行电子商务活动，必须制定一套完整的、有针对性的、适应性强的、普遍适用的电子商务准则。在电子商务时代，传统的贸易交易过程中所签订的纸张式合同已经不能适用于当前了。一方面，虚拟化电子合同容易编造、难以证明其真实性和有效性；另一方面，现今的法律体系尚未能对电子合同的数字化印章和签名的法律效力进行规范。这将涉及电子商务合同、单证、公正签名的认证及解决争端规则等一系列制度的改革。再加上各国所制定法律、法规的差异，以及全球尚未有系统的、标准的、完善的法律文献进行参考，对此进行规范，而我国现有法律、法规制度的制定又滞后于信息工业的发展，所以制定相关的法律、法规迫在眉睫。

知识产权的保护对于各国乃至我国都是一个极其重要的内容和话题。由于我国还处于社会主义初级阶段，法律、法规的建立还处在成长阶段，所以知识产权的法律保护一直是一个热议的话题。而对于电子商务中涉及的知识产权问题那就更不可避免了。卖方担心电子数据的传输会使其知识产权被剽窃，而买方则担心无法辨别产品的真伪。因此版权等知识产权的保护需要一个全新的法律制度来加以约束和管理，且这种制度还应当考虑到域名、商标等问题。一旦在电子商务中出现了知识产权的纠纷，电子数据的采纳性、电子数据的证明力及其审查判断规则就可成为解决纠纷的法律武器。只要有商务活动存在，必然会有法律纠纷。如果电子证据的可采纳性不能得到有效的解决和实现，那么不管是在国内，还是在国外开展商务活动都将只是"海底捞月"。从各国的立法来看，各国证据方面相关立法对证据的可采纳性的要求不尽相同。因此，电子文件作为一种新的介质形式存在，要想成为证据方面相关立法中被允许采纳的电子证据，还面临诸多的难题。

（二）对外贸易中电子商务发展的策略

电子商务作为电子工具创造和商务活动发展相结合的产物，为国际贸易的发展带来了便利和挑战。在国际贸易中信息技术飞速发展的时代，如何利用电子商务的优势，应对电子商务的挑战，是亟须解决的问题。

1. 完善法律法规

针对电子商务存在的问题和缺陷，首先我国政府相关部门应该联合其他部门尽快出台更多相关的并且可实行的电子商务的商法，以及制定使电子商务的商务贸易可以独立并征收赋税的相关法律、法规，从而进一步加强法律在电子商务方面的可依据性。其次我国政府相关部门应对对外贸易电子商务竞争力的提升做进一步支持，应积极参加国际性电子商务的论坛会议，使我国的电子商务法律、法规和国际标准趋于一致，并与国际的电子商务标准接轨，使我国的电子商务融入全球网络的支付系统体系中去，并提高跨国资金流通的效率。最后，我们还需要研究各大银行网上支付系统的兼容性与协调性，确立并实施一些跨银行、跨国家的网上支付综合解决办法和法案。

国际电子商务法律体系的建立既要符合各国的实际情况，又必须能够与国际接轨。从各国商务活动的实际情况出发，新的电子商务法规要求商务活动必须具有规范的交易过程和行为，以保障交易公平性和安全性，明确规定发生电子商务违法犯罪行为时应负的法律责任，使之规范电子商务行为，并使处罚措施有法可依、违法必究，为电子商务的发展提供一个相对宽松而又安全的法律保障和外部环境，促进国际电子商务健康、稳定、可持续发展。

2. 加强网络管理

为了给电子商务营造一个良好的运营环境，各国应从技术层面上进行根本性的防范。首先是做好数据的采集工作，构建综合信息服务平台。其次是建设企业内部的信息交流平台，从而提高企业管理水平，充分利用数据库及挖掘技术。最后是加快计算机的信息系统风险防范体系建设，来实现计算机病毒防范系统的建设。

从电子技术层面来说，需要采取一系列行之有效的电子技术手段来保证电子交易业务的安全。现阶段最常用的方法有：应用数字证书的安装和设置来解决交易主体对象身份的认证和通过；采用非对称密码和密钥这样的技术来解决交易信息传输过程中的保密问题；应用数字信封、数字摘要、数字签名等一系列的方法解决交易信息传输后的完整性以及正确性、未被修改的验证问题；或者通过数字时间的手段，从而解决电子交易文件发出的时间认证的问题。除了以上技术手段之外，我国最近还发明了一些新的安全认证协议，如安全电子交易协议等。这些协议在推动、保证以及提高电子交易安全性上发挥了重要作用。

在电子商务的参与过程中每个人的切身利益和网络安全都有着密切关系，电子商务的发展需要解决可靠性和安全性的问题，确保交易中安全保密性和信息身份特性是电子交易的关键。因此，有关部门应组织一支精干的安全技术研究队伍，集中力量尽快解决电子商务的安全技术问题，包括防火墙技术、密码技术、留痕技术、认证技术等，并能够随着科技的发展和电子商务的发展而不断改进和提高这些技术。

电子商务对于我国而言犹如一把双刃剑，这既是一个重要的机遇，同时也是一个巨大的挑战。在以电子商务为标志的新兴经济竞争中，我国应尽快融入发达国家的行列。针对现阶段电子商务在我国国际贸易领域中实际应用的现状，一方面应当增加对基础设施建设的投入，降低上网资费，发挥资源的合理配置效益，加强安全技术的研究和实际应用，为电子商务的发展提供更好的物质和技术条件。另一方面，应当加强网络技术、电子商务的宣传教育，鼓励更多的企业和个人上网，努力扩大网络覆盖范围，发展电子商务市场。同时大力培养复合型、实用型人才，尽快建立电子商务资料库，迅速培养起一支强有力的电子商务型人才队伍。在监管方面，应当围绕电子商务发展并结合相关的网络管理、信息安全、金融结算、知识产权保护等一系列方面，加快对现行法律的修改制定工作，积极参与国际商务的对话，建立一个对我国有利，且国际社会普遍接受的电子商务国际架构。及时追踪探究国际电子商务的发展动态，分析其对我国进出口贸易资本的输出与流入、国民经济发展和社会进步的利弊影响，从而提高我国电子商务在国际贸易市场上的竞争力，并在实践中不断加以完善和改进。电子商务的迅速崛起使得全世界的各个国家都能随时随地地分享与交流信息。国际贸易是电子商务驱动力量之一，电子商务为国际贸易提供了一个方便交易传输的网络平台。电子商务的兴起和发展是国际贸易领域里的一场跨时代的改革。在这一场改革中，世界市场重新构造，国际贸易方式正发生日新月异的变化，对每一个国家都会产生深刻而久远的影响。为了能够更为有效地参与国际市场竞争，可以在经济全球化过程中获得更大利益，我们更应该加倍重视电子商务的发展趋势，认真研究和探索电子商务发展规律及其对国际贸易产生的影响，以便更好地建设和发展我国的电子商务事业，使其成为推动我国经济技术发展的重要动力。

3. 建设电子商务信用体系

政府应与企业共同建立信用评价机制，鼓励个人和企业积极参与网上信用评估。在商务贸易活动中，由于缺少甚至没有信用评价机制存在，致使不管交易的达成还是交易失败，甚至是表扬或批评都没能很好地显现出来。为了解决这一问题，提高个人和企业的信用建设意识，我国政府和企业应该建立一些激励机制，鼓励交易双方主动参与网上信用环境建设。这样不仅可以完善商务交易环境，同时还可作为企业的融资和贷款良好形象的重要依据。所以，作为普通的企业或者是个人，都必须主动积极地以主人翁的态度和方式投身于我国的电子商务信用的建设和建立中去。第一，要重视提高网上的交易信用意识，而且要配合政府和信用中介机构建设相对比较好的信用管理的信息系统和个人征信系统。第二，要勇于揭露违背信用的交易行为或者是个人，例如，参与在线的信用评价、网络上的信用论坛活动等等。

电子商务信用建设的基石是信息技术，通过技术的手段可以预防甚至杜绝许多背信行为的发生。但从前面的资料分析可以得出，信息技术在电子商务信用建设中还存在许多的问题，而且这些问题需要制定相关的法律、法规才可以得到解决，法律、法规成了很多违背信用行为的最后一道约束机制。我们可以利用信息技术和法律巩固电子商务信用建设，电子商务信用的环境建设手段，不应该成为我们的信用建设的主要目标，信用体系建设的主要目标是构建一种优良的网络上的贸易信用氛围。所以，我国仍必须进一步加强企业和消费者在网络上的交易信用意识，通过多种教育方式，如在网络上的论坛中科普电子商务常识，从而进一步加强网上信用道德的构建。

为了电子商务信用环境建设的快速完成，我们国家需要借鉴一些国外的好方法，加强第三方的中介机构在培养电子商务信用环境中的效用。第三方机构的介入也许能增加一些贸易双方的交易成本，还有一些存在的问题是中介机构对于信息的认证仍然存在一些法律效力的问题，这些问题不足以否定中介机构对于电子商务贸易信用建设的监督和提高作用。反而在许多时候，法律、法规是无能为力的，只有通过信誉能起一些作用。

通过在法律框架以外建立依靠信任机制发挥作用的第三方在线中介机构，是电子商务信用建设不可缺少的重要角色。在这方面我国已有了较大的进展，例如，我国的第三方网上认证机构中相对比较典型的是北京市工商行政管理局下属的具有经营性网站备案登记权限的网上认证机构"红盾315"网站。除此之外，阿里巴巴的"诚信通"也是具有第三方认证机构特征的。

4. 加快信息基础设施建设

因为我国是发展中国家，所以用于发展信息产业的资源相对较少，信息产业管理系统整体相对混乱，资源缺乏和大量重复建设引起资源的闲置，限制资源相对有效的合理配置。以网络建设为例，广电网、邮电网、中国电信网络和联通网络各自为政，税务、海关、外贸等政府机关各有各的一套网络系统。大量的重复建设致使我国的网络传输能力的实际利用率仅有20%～35%，远远低于发达国家70%～80%的水平。

当下网络收费机制的改革，需要把过高的网络资费降低，网络资费较高是制约电子商务发展的重要阻碍。以上网费为例，现今我国国内网费是美国的15倍之多。国际专线价格昂贵，DDN专线不但收取月基本的费用，同时还加收流量费。现行收费制度改革，建立一个符合我国现阶段人均消费水平的资费标准制度，把过高的资费下调，只有这样才可以使我国大多数社会居民有机会、有可能、有条件去认识或者说去了解电子商务带来的便捷，同时也可在更大范围内增加我国网络以及电子商务交易经济效益。同时我国还应加强网络技术的研究与开发，并运用到实际生活中，大力推动企业信息高速化发展，积极参与国际合作与对话，加快我国信息基础设施建设。

第二节 国际结算

一、国际结算概述

（一）国际结算的主要方式

汇款，又称汇付，是付款人通过银行，使用各种结算工具将货款汇交收款人的一种结算方式。汇款分为电汇、信汇、票汇、托收。托收是出口商开立汇票，委托银行代收款项，向国外进口商收取货款或劳务款项的一种结算方式。托收方式有跟单托收、光票托收。信用证是指开证银行应申请人的要求并按其指示向第三方开立的载有一定金额的，在一定期限内凭符合规定的单据付款的书面保证文件。信用证是国际贸易中最主要、最常用的支付方式。

（二）国际结算方式的比较分析

1. 费用

各结算方式的费用高低不一。信用证业务，由于其涉及的当事人较多，银行费用较高，进出口双方都须付出手续费；托收业务涉及当事人较少，银行方面只涉及托收行和代收行，企业费用相对于信用证业务减少了许多。电汇业务由于银行只是支付中介，费用最低。

2. 信用性质

各结算方式信用性质不同。托收和电汇是以商业信用为基础的，决定了进口商和出口商在整个贸易过程中要自己承担相应的风险。如果进口商资信欠佳，受托办理结算的相关银行不承担保证付款的义务，货款的回收只凭进口商的信誉；反过来，如果进出口商双方签订合同以预付货款的方式进行贸易结算，但付款后能否收到货物或收到的货物是否符合合同的要求，则只能依靠出口商的信誉。信用证结算则有银行信用参与其中，形成了有条件的银行信用，提高了进出口贸易中的履约率。

3. 贸易融资方式

各结算方式的贸易融资方式不同。信用证结算方式容易得到银行贸易融资的支持，如对进口商的比例保证金、开立信用证、进口押汇、假远期信用证、海外代付等业务，对出口商的打包贷款、押汇、福费廷、出口贴现、保理等业务；对于托收和电汇业务，因其融资风险较大，贸易融资的品种较少，如托收单据押汇、电汇款的仓单质押等。由于出口客户为了在托收和电汇方式下也能及时进行国际贸易融资，一般会做出口信用保险，这样银行就乐于对其进行出口信用保险项下的贸易融资业务。

4. 银行扮演的角色

银行在各结算方式中扮演的角色不同。在托收和电汇业务中，办理国际结算的各相关银行对买卖双方的交货、履约、付款过程中的一切风险都不承担任何保证责任，只是按照买卖双方的委托，担任受托办理和支付中介的角色。而信用证业务中，开证银行则承担第一性的付款责任，若出口商提供的单据与所开具的信用证条款完全相符，银行必须无条件付款。

5. 对进出口商的影响

对进出口商各有利弊。对进口商而言，电汇费用低、货物质量有保证，可以在收到货物，并检验合格后再予以付款，风险最小，是其最佳选择；而信用证结算因其费用较高、操作烦琐、产品质量在付款后不能完全保障，是进口商最不愿选择的方式。对出口商而言则正好相反，出口商更愿意选择风险小、付款有保障的信用证结算方式。

6. 国际贸易规则与寄单方式

相应的国际贸易规则与寄单的方式不同。信用证结算遵循国际商会的《跟单信用证统一惯例》，单据的邮寄方式由银行负责；托收遵循国际商会的《托收统一规则》，单据的邮寄方式由银行负责；电汇业务没有国际通用的规则，单据的寄送由出口商直接寄送给进口商。

二、汇付与托收

（一）汇付

汇付又称汇款，指付款人通过银行，使用各种结算工具将款项汇交收款人的一种结算方式，其中涉及的银行主要是汇出行和汇入行。汇出行即接受汇款人的委托和申请汇出款项的银行，通常是进口地的银行。汇入行即接受汇出行委托，解付汇款给收款人的银行，又称解付行，通常是出口地的银行。因此汇付方式的四个基本当事人即汇款人、汇出行、汇入行和收款人。汇付方式分为电汇、信汇和票汇。电汇是由汇出行应汇款人的申请，用电报、电传等电信手段委托收款人所在地的汇入行将款项解付给指定收款人的一种付款方式。信汇是指汇出行应汇款人的申请，将信汇委托书寄给汇入行，指示其解付一定金额给收款人的一种汇款方式。两者的不同主要在于汇出行通知汇入行的通信方式不同。由于电汇方式速度快，银行占用汇款人的时间短，所以电汇是最主要的汇付方式，汇付银行手续费和汇付汇率也相对较高。

票汇是银行以即期汇票作为结算工具的一种汇付方式。一般指汇出行应汇款人的申请而开立以其代理或往来银行（即汇入行）为付款人的银行即期汇票，交由汇款人自行寄交给收款人，收款人凭票向付款行取款的一种汇付方式。

电汇和信汇使用委托通知作为结算工具，票汇使用汇票等金融单据作为结算工具，这些结算工具的传递方向是从买方流向卖方，与资金的流向一致，因此属于顺汇性质。在采用汇付方式结算货款的过程中，银行完全是付款人（买方）的代理，只提供服务，不承担付款责任。因此，是否采用汇付方式完全取决于买卖双方的一方对另一方的信任程度，并在此基础上与对方进行资金通融。据此，汇付属于商业性质。

（二）托收

托收是出口人委托银行向进口人收款的一种方式。各银行在处理跨国托收业务时通常遵循国际商会《托收统一规则》。

1. 付款交单

付款交单指卖方的交单需以进口人的付款为条件，即出口人将汇票连同货运单据交给银行托收时，指示银行只有在进口人付清了货款时，才能向进口人交出货运单据。按照付款时间的不同，付款交单又可分为即期付款交单和远期付款交单。

即期付款交单指由出口人通过银行向进口人提示汇票和货运单据，进口人见票即须付款，在付清货款后领取货运单据。

远期付款交单指由出口人通过银行向进口人提示汇票和货运单据，进口人即在汇票上承兑，并于汇票到期日付清货款后再从银行领取货运单据。

2. 承兑交单

承兑交单是指出口人的交单以进口人在汇票上的承兑为条件，即进口人在承兑汇票后即可向银行领取货运单据，待汇票到期日再去银行付款。

3. 托收的性质

在托收业务中，银行处理金融单据和商业单据完全是根据出口人的指示来操作，到底银行是否能够收到货款，依赖买方的信用。即使银行不能从买方实际收到货款，银行只要按照出口人的指示行事，就不承担任何责任。因此，托收方式与汇付方式一样，也属于商业信用。

4. 托收的使用

托收方式对买方比较有利，费用低、风险小、资金负担小，甚至可以取得卖方的资金融通。对卖方来说，即使采用付款交单方式，因为货已发运，万一对方因市场低迷或财务状况不佳等原因拒付，卖方也将遭受来回运输费用的损失和货物转售的损失。远期付款交单和承兑交单，卖方承受的资金负担很重，而承兑交单风险更大，因为买方只要承兑远期汇票，就可以取得运输单据，从而提取货物，一旦买方拒付，卖方可能要承担货款损失的风险。我国外贸企业以托收方式出口，主要采用付款交单的方式，一般不采用承兑交单。在进口业务中，尤其是对外加工装配和进料加工业务中，往往对进口物料采用承兑交单方式付款。

三、信用证付款

（一）信用证概述

1. 信用证的产生

信用证是19世纪进行的一次国际贸易支付方式上的革命，这种支付方式首次使不在交货现场的买卖双方在履行合同时处于同等地位，在一定程度上使他们重新找回了"一手交钱，一手交货"的现场交易所具有的安全感，解决了双方互不信任的矛盾。我们知道，采用汇付进行预期付款使买方处于不利地位，采用汇付进行迟期付款则使卖方处于不利地位，而采用托收方式，即使是即期交单付款方式，对卖方来说，也是一种迟期付款。因为，卖方必须在装运后，才能获得全套收款的单据。一旦买方拒付货款，即使货物的所有权还在卖方手里，卖方的损失还是难以避免的。

为了使买卖双方都处于同等地位，人们发明了信用证支付方式，由银行出面担保，只要卖方按合同规定交货，就可拿到货款，而买方又无须在卖方履行合同规定的交货义务前支付货款。信用证是有条件的银行担保,是银行(开证行)应买方(申请人)的要求和指示保证立即或将来某一时间内付给卖方(受益人)一笔款项。卖方(受益人)得到这笔钱的条件是向银行(议付行)提交信用证中规定的单据,如商业、运输、保险、政府和其他用途的单据。

2. 信用证的概念

信用证是银行开立的有条件的书面付款承诺,是银行应买方的申请和指示,向卖方开出的有一定金额,并在一定期限内,在符合信用证条款的情况下,凭规定的单据承诺付款的书面文件。在国际贸易活动中,买卖双方可能互不信任,买方担心预付款后,卖方不按合同要求发货;卖方也担心在发货或提交货运单据后买方不付款。因此需要两家银行作为买卖双方的保证人,代为收款交单,以银行信用代替商业信用。银行在这一活动中所使用的工具就是信用证。

可见,信用证是银行有条件保证付款的证书,现已成为国际贸易活动中常见的结算方式。按照这种结算方式的一般规定,买方先将货款交存银行由银行开立信用证,通知异地卖方开户银行转告卖方,卖方按合同和信用证规定的条款发货,银行代买方付款。

3. 信用证的特点

(1)信用证是一项独立文件

信用证虽以贸易合同为基础,但它一经开立,就成为独立于贸易合同之外的另一种契约。贸易合同是买卖双方之间签订的契约,只对买卖双方有约束力;信用证则是开证行与受益人之间的契约,开证行和受益人以及参与信用证业务的其他银行均应受信用证的约束。对此,《跟单信用证统一惯例》第三条明确规定:"信用证与其可能依据的销售合约或其他合约是性质上不同的业务。即使信用证中包含有关于该合约的任何援引,银行也与该合约完全无关,并不受其约束。"

(2)开证行是第一性付款人

信用证支付方式是一种银行信用,由开证行以自己的信用做出付款保证,开证行提供的是信用而不是资金,其特点是在符合信用证规定的条件下,首先由开证行承担付款的责任。《跟单信用证统一惯例》第二条明确规定,信用证是一项约定,根据此约定,开证行依照开证申请人的要求和指示,在规定的单据符合信用证条款的情况下,向受益人或其指定人进行付款,或支付承兑受益人开立的汇票;也可授权另一银行进行该项付款,支付、承兑或议付该汇票。后一种情况并不能改变开证行作为第一性付款人的责任。

(3)信用证业务处理的是单据

《跟单信用证统一惯例》第四条明确规定:"在信用证业务中,各有关方面处理的是单据,而不是与单据有关的货物、服务及/或其他行为。"可见,信用证业务是一种纯粹的凭单据付款的单据业务。该惯例在第十五条、第十六条及第十七条对此做了进一步的规定和说明。也就是说,只要单据与单据相符、单据与信用证相符,只要能确定单据在表面上符合信用证条款，银行就得凭单据付款。因此，单据成为银行付款的唯一依据，这也就是说银行只认单据是否与信用证相符，而"对于任何单据的形式、完整性、准确性、真实性、伪造或法律效力，或单据上规定的，或附加的一般及/或特殊条件，概不负责任"，对于货物的品质、包装是否完好，数（重）量是否符合等，也不负责任。所以，在使用信用证支付的条件下，受益人要想安全、及时收到货款，必须做到"单单一致""单证相符"。

（二）信用证的业务流程

在国际贸易结算中使用的跟单信用证有不同的类型，其业务流程也各有特点，但都要经过申请开证、开证、通知、交单、付款、赎单这几个环节。下面以最常见的议付信用证为例，说明其业务流程。

1. 申请开证

开证申请人即合同的进口方，应按合同规定的期限向所在地银行申请开证。一是指示银行开立信用证的具体内容，该内容应与合同条款一致，是开证行凭以向受益人或议付行付款的依据。二是关于信用证业务中申请人和开证行之间权利和义务关系的声明。

2. 开证行开立信用证

开证行接受申请人的开证申请后，应严格按照开证申请书的指示拟订信用证条款，有的草拟完信用证后，还应送交开证申请人确认。开证行应将其所开立的信用证通过邮寄、电传等方式送交出口地的联行或代理行，请他们代为通知或转交受益人。信用证的开证方式有信开和电开两种。

3. 通知行通知受益人

通知行收到信用证后，经核对签字印鉴或密押无误，应立即将信用证转知受益人，并留存一份副本备查。通知行通知受益人的方式有两种：一种是将信用证直接转交受益人；另一种是当该信用证已通知受益人时，通知行应以自己的通知书格式照录信用证全文，经签署后交予受益人。

4. 交单议付

受益人收到信用证后，应立即进行审核，审核无误，即可根据信用证的规定发运货物，缮制并取得信用证规定的全部单据，在信用证规定的有效期和交单期内，递交给通知行或与自己有往来的银行，或信用证中指定的议付银行办理议付。

5. 寄单索偿

议付行议付后，取得了信用证规定的全套单据，即可凭单据向开证行或其指定银行请求偿付货款。

6. 申请人付款赎单

开证行在向议付行偿付后，即通知申请人付款赎单，申请人付款后，即可从开证行取得全套单据。此时申请人与开证银行之间因开立信用证而构成的契约关系即告结束。

（三）我国国际贸易中信用证支付方式的利与弊

1. 信用证支付方式对国际贸易关联主体的作用

（1）信用证支付方式对进口商的有利作用

①保证进口商及时取得代表货物的单据。在信用证付款方式下，开证行、付款行、保兑行的付款及议付行的议付货款都要求做到单证相符，都要对单据表面的真伪进行审核。因此，可以保证进口商收到的是代表货物的单据，特别是代表物权凭证的提单，它是进口商得以及时提货的保证。

②保证进口商按时、按质、按量收货。进口商可授权开证行在信用证中规定最迟的装运期限，要求出口商提交由信誉良好的公证机构出具的品质、数量或重量证书等，以保证其按时、按质、按量收到货物。

③为进口商提供资金融通的便利。如果进口商的资信较好，开证行在开证时可以少收或免收押金；如采用远期信用证，进口商还可以凭信托收据向银行借单，先行提货、转售，到期再付款，这就为进口商提供了资金融通的便利。

（2）信用证支付方式对出口商的有利作用

①保证货款的及时结付。在信用证支付方式下，出口商交货后不必担心进口商到时不付款，而是由银行承担付款责任，只要出口商按信用证的规定提供了完整准确的单据，就能使银行及时付款，因为信用证支付是一种银行信用。

②使出口商得到外汇保证。在进口管制和外汇管制严格的国家，进口商要向本国外汇管理局申请外汇并得到批准后，方能向银行申请开证，出口商如能按时收到信用证，说明进口商已经得到本国外汇管理当局使用外汇的批准，因而可以保证履约交货后，按时收取外汇。

③出口商可以获得资金融通。出口商在交货前，可凭进口商开来的信用证做抵押，向出口地银行申请打包贷款，用以收购、加工、生产出口货物和打包装船；或出口商在收到信用证后，按规定办理货物出运，并提交汇票和信用证规定的各种单据，续作押汇取得贷款。这是出口地银行为出口商提供的资金融通方式，从而使其有利于资金周转、扩大出口。

（3）信用证支付方式对银行的有利作用

①为银行利用资金提供便利。进口商在申请开证时要向银行交付一定数量的押金或担保品，为银行利用资金提供了便利，银行可用进口商的押金从事银行短期拆借业务，以获取利息收入等。

②银行可获得服务费用收入。在信用证业务中，银行每做一项服务均可取得各种收益，

如开证费、通知费、议付费、保兑费、修改费等各种费用。

2. 信用证支付方式对国际贸易关联主体的不利方面

（1）信用证支付方式对进口商的不利方面

①进口商的资金负担过重。进口商在申请开证时要向开证行预交押金或抵押品作为担保。押金的数量往往很高，是信用证金额的大部分甚至信用证的全部金额。这对一些进口商，尤其是实力较弱的中小进口商来说，必然造成资金运用效率的降低以及产生机会成本，使进口商的资金负担较重。另外，如果进口商为初次交易者，且无法提供足够的担保时，银行可能拒绝为其开证。

②进口货物品质难以保证。由于信用证支付是一种纯粹的单据买卖，银行只关心单据的完整和表面的真伪，并不关心买卖合同和货物的好坏，只要出口商提供了完整、准确的单据，且做到"单单一致""单证相符"，银行就会对出口商付款。如果出口商信誉较差，用假货或低于合同规定品质的货物欺骗进口商，进口商只有在收到货物后才能发现和向出口商提出索赔，这必然会给进口商带来麻烦，耽误商机。因此，使用信用证支付方式并不能保证进口商的收货安全。

③进口商的权益受到限制。进口商申请开证时在开证行填写的格式化的开证申请书是银行事先拟就的，进口商没有修改的权利，并且申请书的内容以保护银行的权益为主，进口商处于弱势地位，权益得不到完全保护。因此进口商面临可能来自银行的风险，如申请书中的一些银行免责条款，会成为银行免除责任的保障，从而减少银行在信用业务中可能因失误所承担的责任。

④"严格相符原则"的模糊性使信用证业务中受益人面临风险。银行只根据表面上符合信用证条款的单据承担付款责任。所谓"严格相符原则"只是国际经贸界的一种共识，从性质上看它是一种还不够国际贸易惯例档次的准惯例。各国银行对如何才算是"严格相符"的解释众说纷纭，导致其掌握尺度也相去甚远。这种差异有时甚至成为有些国家贸易保护的有效手段，或者成为不法进口商随意拒付的"合法理由"，或者当开证行或进口商真正面临一些其自身无法控制的巨大风险时（如破产、大萧条等），他们就极有可能利用这个"保护伞"来转嫁风险，这就使信用证的付款保证大打折扣。

（2）信用证支付方式对出口商的不利方面

①缮制或收集单据与信用证不符遭到银行拒付。因为信用证结算要求出口商必须做到"单单一致""单证相符"，否则银行将有权拒绝付款。因此，出口商在缮制或收集单据时必须十分谨慎，要严格审核信用证和合同，按照信用证的规定制作发票并从相关部门取得运输单据、保险单据、检验证书、海关发票、领事发票、产地证明书等，务必做到完整、准确、及时和整洁。如果出口商向银行提供的单据与要求不符，就会面临被拒付导致的出口成本增加甚至钱货两失的风险。因为一旦被拒付，出口商必须与进口商协调以保证收回货款，如进口商不愿接受不符单据，则信用证结算就会失败而变成有证

托收，使出口成本和风险大大增加，如果托收失败，出口商更是钱货两失。

②由于进口商资信不良造成损失。与国内货物买卖相比，国际货物买卖多以远期合约形式为主，合同的签订和履行往往间隔较长时间。在合同签订后，如果进口商的经营状况恶化，如公司破产、倒闭，或资金周转困难等，使进口商无法履行或不能按时履行合同，进口商也就不能或不能及时开来信用证。因此，出口商就会面临货物转售或长期积压而增加额外的费用和损失。有些进口商由于缺乏商业信用，经常以单据、信用证或买卖合同不符为理由拒收货物或拒付货款，使出口商面临运回货物、就地廉价甩卖或被进口国海关罚没的费用和损失。

③开证申请人不开信用证或迟开信用证的风险。信用证是银行根据开证申请人的要求或指示开立的，开证申请人是否及时向银行申请开立信用证是受益人是否能够得到银行信用证保证的基础和前提。在国际货物买卖合同签订之后，因市场行情变化、筹资不利等原因，商业信用不足的进口商在确知履行合同只会带来更大损失的情况下，往往会违反合同的约定，不履行合同规定的申请开证义务，给出口商造成损失。

④信用证中的非单据条款。非单据条款是指信用证中要求受益人做到某些条件，但没有明确要求提交单据，也没有明确指出提交的某种书面文件是否作为结汇单据的一些条款。因此经常有不法商人利用非单据条款进行欺诈，致使贸易在进行过程中发生纠纷。

⑤不可抗力事件的影响。在国际买卖合同签订后，由于进口国的外汇管制等不可抗力事件，使进口商因申请不到进口许可证无法进口或申请不到外汇而无法开证，出口商就会因进口商不能履行合同而受到影响。

（3）信用证支付方式对银行的不利方面

①开证行可能因审单不严造成损失。在信用证业务中，开证行承担第一付款人的责任，要在审单无误后代进口商先行向出口商付款，因此，必须严格审核信用证表面的真伪，否则就会遭到进口商拒绝付款赎单，开证行就要承担因此而造成的损失。

②开证行因进口商资信不良而造成损失。由于信用证结算是纯粹的单据买卖且属银行信用，银行只需审核单证表面的真伪，而无须关心买卖合同，在审单无误后即代进口商先行付款。有些不法分子会利用这一点从事商业欺诈活动，与国外的公司或企业联合，签订虚假合同，来骗取银行资金。如果开证行在向进口商开证时没有充分调查进口商的资信，充分信任进口商，在开证时不收或少收押金。当国外议付行寄单索还垫款，且单据无误时，开证行就要返还议付行垫款，但当开证行找进口商付款赎单时，才发现合同并不存在或进口商已经破产倒闭，或根本找不到进口商，开证行就要承担因对进口商过分信任而造成的垫款损失。

③信用证中的"软条款"。"软条款"是指信用证中加列各种条款致使信用证下的开证行付款与否不是取决于单证是否表面相符，而是取决于第三者的履约意识或履约行为，从而降低银行信用程度的条款。这意味着信用证在实际上是可以撤销的，这会使银行信用受制于商业信用而大大降低。如暂不生效条款；规定一些单据必须由开证申请人

或其指定的人、或受益人不熟知的某个机构出具；或规定受益人提供的单据必须经过其他方的会签，并由开证行核实是否与其存档的签样相符；信用证条款自身互相矛盾，无法执行等。

四、银行保函

（一）银行保函的功能

1. 保证合同项下的价款支付

这是保函之所以能成为国际结算方式之一的基本原因。例如，买卖合同及劳务承包合同项下的付款保函、逾期付款保函，补偿贸易合同项下的补偿贸易保函，租赁合同项下的租金保付保函，借贷合同项下的贷款归还保函、票据保付保函以及其他诸如费用、佣金、关税等的保付保函，都是用来保证合同项下的付款责任方按期向另一方支付一定的合同价款，保证合同价款和所交易的货物、劳务、技术的交换顺利进行的。

2. 保证在违约情况发生时受害方可以得到合理补偿

履约保函、投标保函、预付款保函、质量保函、维修保函等都是保证合同项下除付款义务以外的其他义务的正常履行。可见，银行保函的适用范围和担保职能十分广泛，它不仅可用来充当各种商务支付的保证手段，以解决各种交易（不仅仅是买卖合同）中的合同以及费用支付的问题，还可以用来作为对履约责任人履行其合同义务的制约手段和对违约受害方的补偿保证工具。可以说，在任何一种交易过程或商务活动中，倘若一方对另一方的资信、履约能力产生怀疑而寻求银行作为第三者介入并担保时，都可以使用银行保函。

（二）银行保函的性质

银行保函的性质，就是保函和基础业务合同的关系。

①根据银行保函与基础业务合同的关系不同，银行保函有从属性保函和独立性保函之分，相应的银行付款责任也有所不同。

从属性保函是从属于基础合同的银行保函，保函项下的索赔是否成立是以基础合同条款为中心的，如果基础合同无效，银行的担保责任即告消除。如果委托人依法或依合同对受益人享有抗辩权，则担保行可以同样用来对抗受益人的索赔。如果委托人业已履行了合同项下的责任义务，或委托人根据交易合同条款，经权力机构裁决，业已被解除了交易合同项下的责任义务，担保行也随之免除了对受益人的偿付责任。在从属性保函条件下，担保行的付款责任是第二性的，只有申请人违约的事实得以认定，担保行才负责赔偿。此时，第一性责任在于申请人，只有申请人不履行其责任的情况下，担保行才履行责任。

独立性保函是指根据基础合同开具，但又不依附于合同而独立存在，其付款责任仅以保函自身的条款为准的一种保函，即只要银行保函规定的偿付条件已经具备，担保行便应偿付受益人的索偿，又称见索即付银行保函。在独立性保函下担保行的付款责任是第一性的，即便申请人履行了合同，如果受益人仍能提出合理索赔，担保行也应付款；反之，即便申请人没有履行合同，如果受益人提出的索赔要求不符合保函规定的条件，担保银行也不会付款。因此可以说，独立性保函的付款责任只与保函自身条款以及受益人的索赔要求密切相关，而与基础合同的履行情况并不必然相关。

不过，独立性保函的"独立性"也有局限，即如果有确凿的证据证明受益人有欺诈行为（如明知委托人已完全履行了合同项下所有的责任仍提出索赔），则受益人无权得到赔付。

②银行保函本质上是以促使申请人履行合同为目的的银行信用。虽然有从属性保函和独立性保函之分，担保行的付款责任也有第二性、第一性之分，但银行保函的根本目的还是在于担保而不是付款，其只有在申请人违约或受益人具备索偿条件的情况下才发生支付。从本质上看，银行保函只有在交易没有正常进行的情况下才发挥其促使交易正常进行的保证作用。

第三节　外贸函电

外贸函电是我们建立对外贸易关系和外贸往来的重要手段。外贸函电包括建立客户业务关系、询价、报盘、还盘、订货、接受、签约、包装装运、支付、结算、保险、商检、索赔、代理及仲裁等几项特殊贸易形式和经济技术合作形式。外贸函电方式包含商业书信及电报、电传等。外贸函电不仅要掌握商业书信的写作规则、原理及结构形式，包括完整的标题、恰当的称呼，熟悉国际贸易中的英语术语、符合英语的语法特点、准确的表述、及时的回复，还要掌握电报电传的种类、计费方法及组成。

外贸函电的作用：一是索取信息或传递信息；二是处理商务交流中有关事宜；三是联络与沟通感情。

外贸函电基本要求：主题明确、内容简洁、语言精练、表述完整。

外贸函电的格式：有固定的语言、习惯用法和常用句型；需要掌握各种英语语言知识；掌握外贸书信的格式与写作技巧；掌握常见的缩略语；条理清楚、内容适合。

外贸函电的语气：开发信、询盘回复一般要客气，表达感谢；平常业务联系要细心、信任；催促付款要紧急而不失礼貌；客户索赔要理解并给予足够的解释和说明。

外贸函电的写作应掌握的原则：完整、正确、清楚、简洁、具体、礼貌、体谅。

①完整：外贸函电应完整表达其所要表达的国际贸易中的内容和思想，何人、何时、何地、何事、何种原因、何种方式等。

②正确：表达的用词、用语及标点符号应正确无误，因为外贸函电的内容大多涉及商业交往中双方的权利、义务以及利害关系，如果出错势必会造成不必要的麻烦。

③清楚：所有的词句都应非常清晰明确地表现真实的意图，避免产生歧义。用最简单、最普通的词句来直接表达。

④简洁：在无损于礼貌的前提下，用尽可能少的文字清楚表达真实的意思。

第六章　国际商务与国际贸易的协同发展

　　电子商务是将网络作为有效载体,以电子技术为手段、以商务为核心的一种新型商业运营方式。近几年来,由于全球互联网技术与全球经济的迅猛发展,电子商务作为一种具有极大发展前景的商务手段,得到了前所未有的良机。尤其是对于国际贸易而言,全球范围内的交易在传统方式下往往效率较低,在很大程度上制约了贸易的发展,电子商务的出现极大地改善了这种状况。

第一节　全球化与国际商务

一、全球化的影响

(一)全球化对经济领域的影响

　　全球化最直观的表现,在经济领域就是经济全球化。经济全球化最一般的含义,是经济活动的全球化扩张和全球化联系,是资本、资源、信息、贸易的全球共享与优化组合。全球化源于资本的无限扩张性。资本作为一种社会力量,总是在不断地流通、运动,走向回报率最高的地方,地域、国界并不能成为资本扩张的限定和界限。从内在本质而言,资本是天生的开放派和国际派。资本主义生产方式是以市场配置资源作为核心的,追求利润最大化。为了达到这一目标,就必须不断冲破民族和国家对市场的封锁和控制,把不同国家、不同地区的经济活动按照市场化的原则进行运作和整合,不断开拓国际市场。对于资本主义的历史进程而言,全球化是资本主义的历史起点,也是不可避免的发展阶段。全球化在把资本主义的生产方式和科学技术一起送到世界各地的同时,获得的是双重效应。

1. 全球化在经济领域的积极影响

　　作为人类科技进步和世界交往扩大与深化的必然产物,全球化在促进生产力的发展、劳动的社会化以及人类的普遍交往与能力的发展等方面,都具有积极影响。这主要表现在以下几点。

①全球化为现代科学技术的迅速发展及其在全球范围的推广和运用提供了比较有利的条件。新科技革命正是借助于全球化浪潮,才不同程度地促进着世界各国的产业结构日益现代化和"高级化",为世界经济增长提供了强大的动力。

②全球化有利于世界市场的进一步拓展,为自然资源、资金和劳动力在世界范围内的统一配置准备条件。由于全球化推动商品生产和市场向全世界扩张,使各国及其企业可以不受本国狭小市场的限制,而是根据全球大市场的需求,充分发挥各自的优势,扩大生产规模和增强生产能力,以收到规模经济的效益。世界产品生产数量的增长和流通范围的扩大,生产社会化程度和世界资源配置效率的提高,是全球化发挥积极作用的总体表现。

③全球化还促进了人们的世界性活动与交往,促进了人类普遍的物质交换,全面的关系、多方面的需求以及全面的能力体系,形成世界性的生产体系、金融体系、知识体系和管理体系,促进全世界的繁荣与发展。

2. 全球化在经济领域的消极影响

然而,迄今为止,由资本主义所主导的全球化,力图把资本主义的生产关系扩展到全球,同时也把资本主义的各种矛盾和弊病扩散到全球,造成世界性的冲突和危机。全球化的这种消极影响至少表现在以下三个方面:①全球化把科学技术的资本主义使用方式扩展到世界范围内,导致掠夺性地开发自然资源,破坏生态平衡,污染环境等严重的全球性问题,威胁着人类的生存和发展。②全球化把单个企业生产的计划性与整个社会生产的无政府状态之间的矛盾扩展到世界范围内,把资本主义制度及其市场经济体制配置资源的自发性、盲目性和浪费性等弊端也扩展到全球范围内,引发全球性的经济失衡、危机与社会动荡。1987年美国股票价格狂跌,1990年日本"泡沫经济"破灭,1994年墨西哥金融危机,1997年东南亚货币金融连锁式崩溃等都给世界经济造成了严重的影响。③资本主义生产关系和社会制度的全球扩展导致世界范围内的贫富悬殊和两极分化,最终会加剧垄断资产阶级和广大工人阶级之间的矛盾。在全球化进程中,发达资本主义国家,一方面,以提高企业的国际竞争力为借口,肆意削减工人的工资与福利,减免资产者的税收,使资产者与无产者之间的贫富差距日益扩大;另一方面,又凭借其雄厚的经济和技术实力,通过不平等交换,加大了对广大发展中国家的盘剥与掠夺力度,使世界范围内的贫富分化加剧。

(二)全球化对政治领域的影响

全球化给全球政治带来了一些新变化。一方面使各国的政治交往不断扩大;另一方面使各国政治生活的相关性空前加强,政治生活与政治现象的某种共同性、规律性日趋明显。随着全球化的发展,世界秩序正在重构,国际关系更加复杂化。全球化对国际政治领域产生着广泛的影响。

1. 全球化在政治领域的积极影响

（1）全球化促进了国际机制的发展

由于全球化带来了各种各样的全球性问题，这就要求世界各国的人们以人类的共同利益为价值取向来解决所面临的全球性问题，使人类能够继续生存和持续发展。任何国家为了自身的生存和发展，都不能不考虑全球利益，这当然包括不同社会形态国家的共同利益，从而也增加了这些国家的全球意识。世界各国对毒品、艾滋病、核扩散、恐怖事件、国际犯罪、环境污染、生态破坏等的共同应对、广泛合作、全球行动，推动着全球化向人类文明进步的方向发展。从相反方面而言，全球性的危机和问题越多，人类的共同利益也就越多，促使人们坚持以人类的共同利益为导向来处理人与世界的关系，即在世界范围内的人与自然、人与人的关系，进而真正有效地应对各种各样的全球性问题。

（2）全球化推动着世界民主化进程

政治生活民主化是全球化在政治领域发展的一个必然趋势。全球化无疑将大大加快世界各国政治生活民主化的进程。因为世界经济发展过程中出现的"市场化"和"自由化"趋势，为各国政治生活民主化奠定了坚实的基础。20世纪90年代以来，世界各国的政治民主化进程明显加快。

（3）全球化给不同社会制度的国家和平共处带来更大的宽容度

全球化使不同类型国家的关系出现新特点，国家的对外职能趋于强化，外交在国家事务中的作用越来越重要。竞争与共处，是各国关系呈现的基本模式。20世纪90年代中期以来，大国关系的调整，尤其是中国作为社会主义大国，与资本主义大国之间所建立起的种种不同性质的战略伙伴关系，表明大国正在试图达成一种不使用武力解决相互分歧的战略默契。和平共处符合全球化时代政治发展的内在要求，也有利于推动国际合作的实现与世界新秩序的建立。

2. 全球化在政治领域的消极影响

①全球化使传统的民族国家的政治主权受到不同程度的削弱。这主要表现为突破国家界限，超越国界的经济、政治、社会和文化关系的强化，部分国家权力的丧失。西方资本主义国家借助全球化趋势和其拥有的强势地位将自由、民主、人权、法制等政治问题与经济问题挂钩，借与传统的民族国家发展经济关系之机，向其施加压力，干涉其国家内政，试图迫使传统的民族国家在政治上做出让步。传统的民族国家主权的削弱集中体现为国际干涉力度的加强。西方国家不惜血本向这些国家兜售西方的政治制度、政治模式、价值观念和意识形态，向这些国家民众施加影响。在全球化的背景下，传统民族国家维护经济独立、政治权力不受侵犯和保持民族文化的完整性，面临极大的危机。

②全球化导致传统的民族国家中部分民众政治倾向淡化，还可能引发政治信仰危机。全球化使各个国家、地区之间在政治、经济、文化、科技等领域里联系更加紧密。由于各国都在致力于社会经济发展，所以在国际交往中，意识形态淡化趋势日渐明显。市场

经济是以利益为中心的，广大民众不关心政治，只关心切身利益，这一点十分突出。信息全球化更是冲垮了意识形态的樊篱。互联网网罗了全球的一切信息，网罗了各种不同看法、不同信仰，大家共享这些信息。因此，全球化很可能引发发展中国家部分民众的信仰危机。

③西方资本主义国家借全球化之机，加紧实施"和平演变"战略，社会主义国家安全面临多方面的威胁和挑战。西方敌对势力对社会主义国家进行"西化"的图谋，主要是以"和平演变"战略为核心内容的。美国等西方国家"和平演变"战略的基本思想是，通过利用社会主义国家的开放政策，促使东西方国家在发展市场经济的过程中融为一体，最终把社会主义国家"和平演变"到西方资本主义体系中。西方国家借全球化之机正在加紧实施"和平演变"战略，使社会主义国家安全因素日益多元化，内容形式也更加复杂化。双方的渗透与反渗透、颠覆与反颠覆的斗争将是长期的、复杂的。

（三）全球化对文化领域的影响

全球化为文化的国际化铺平了道路。全球化在社会文化的层面上也产生着强烈的渗透和深刻的影响。一方面，通信数据爆炸性的增长，使文化规范、价值观念、信仰、传统，以及有形和无形的文化遗产自由、开放地进行跨国界的交流成为可能，使人们更多地意识到了不同的文化实体的存在。文化在更大范围、更多领域传播和交流，其相互借鉴与学习的积极影响十分明显。另一方面，西方思想文化的强势冲击，给各国民族文化带来了巨大负面影响，导致的文化边缘化的现状也十分堪忧。

1. 全球化在文化领域的积极影响

（1）全球化有利于各国文化的发展与扩散

全球化促进各国各民族思想文化的交流空前频繁，其中不可避免地会有冲突与融合，这就是人们通常所说的"文化整合"过程。通过文化整合，各种不同文化相互交流、相互学习、多元互补，各民族国家在"和而不同"的关系中，共存共荣、共同发展。一方面，一国可利用全球化之机，学习借鉴世界各国的先进文化，借"他山之石"来发展自己；另一方面，一国可利用各种现代传媒手段，把自己的文化传向世界。各民族国家的传统文化都既有优势，也有不足之处。各民族国家的传统文化在全球化的交融中发展与扩散，不断地自我扬弃，既继承发扬优良传统又充分体现时代精神，既立足本国又面向世界，必将不断促进本国、本民族文化事业的繁荣与发展。

（2）全球化有助于各国民众全球价值观的形成

全球化使世界在空间上和时间上被压缩，人类将在更真实意义上成为"地球人"，共同的利害关系把人类紧密地联系在一起，狭隘的地域观念将被逐步打破，取而代之的将是全球观念。全球化可能使全球不同信仰、不同思想相互融合，形成一种新的价值体系。这是一种和现代市场经济相适应的价值体系，这是一种兼容了人类所有精神财富的价值体系。它既不是亚洲价值，也不是欧洲价值，而是全球价值。正是这种价值体系制约着人类的行为方式，维系着世界的稳定与和谐。

2. 全球化在文化领域的消极影响

①在全球化过程中，各民族国家不断受到"西方中心主义"文化思想的冲击。全球化加剧世界各种思想文化的流传和冲撞，人们接触种种不良思想与价值观的机会增加，在辨别真伪与是非难度加大的情况下，容易造成一部分人迷失自我和思想混乱。由于全球化是在发达资本主义国家主导下进行的，这种状况导致"西方中心主义"的膨胀，它表现在文化领域里，就是要求世界都遵循西方资本主义意识形态、价值观和生活方式。西方国家所推行的这种文化霸权，将给各民族国家思想文化领域带来巨大的挑战。西方一些腐朽的文化，包括沉渣泛起的殖民主义意识、极端利己主义的观念、不健康的消费方式，甚至一些黄色文化的流入，这些虽然不构成主流，但它们的腐蚀作用和蔓延潜力是不可低估的。特别应当看到的是，文化影响的突出特点是辐射范围广泛，具有长期效应，在方式上以隐性为主，进行潜移默化地影响。所以，对于全球化给民族文化带来的负面影响，我们不能不加以认真研究和严肃对待。

②全球化给各民族国家的文化市场带来了极大的冲击。在全球化的过程中，各国的文化市场日益相互开放，以往施加在图书、报刊、音像制品、电影、电视节目、游戏软件等上面的严格审查和管制，迅速松弛或消除，这些文化产品日益成为跨国流动的重要产品。美国等西方资本主义国家凭借着它们的经济和科技优势，以工业方式大批量地生产和复制文化产品，迅速地占领和垄断了全球的文化市场。目前传播于世界各地的新闻，90%以上被美国和其他发达国家所垄断，美国等西方资本主义国家通过对新闻广播、电视、电影、音像磁带、商业广告、图书报刊等大众传媒的垄断，在潜移默化中无形地控制了世界各国人民的精神生活。

二、个体企业层次的国际商务活动

《一个价值链研究手册》比较全面地描述了全球价值链的概念。生产价值链是生产经营活动中的各项行为从概念到产品的完整的实现过程，这一过程包括产品研发设计、加工制造、生产和财务管理、品牌管理、市场营销和售后服务等。这个分析有两层含义：第一，如果把它们分解到不同企业，就意味着不同的企业分别从事同一条价值链中的不同行为；第二，把企业核心业务的重点从物质产品的加工制造行为转向生产经营的服务性行为。服务作为无形资产，其产品的流动性很强，促进了企业之间利用价值链开展合作，也推动了全球价值链的形成。

（一）国际商务活动的概述

对应契约形式和股权形式的国际贸易和国际直接投资这两个概念可以大致反映国际商务活动的总体情况。但是，这两个概念不能准确、全面地反映企业个体所从事的国际商务活动。国际直接投资与国际贸易概念对于区分企业个体层次的国际商务活动并无明确意义。比如，在某个国家从事进出口贸易的企业是外国公司，其从事的国际商务活动既属于国际贸易，也属于国际直接投资。国际直接投资和国际贸易概念不能覆盖某些典型的国际商务活动。比如，由本国企业在国内向位于本国的企业提供的诸如进出口代理、进口报关等服务。

具备以下四个可能相互重叠的条件之一，就可以被定义为国际商务活动。
①作为外国直接投资企业从事的商业活动。
②跨境交付的国际服务贸易活动。
③货物进出口活动。
④直接为当地的进出口活动及对外直接投资活动提供服务的活动。

进而，我们可以对国际商务活动持有以下的理解。

从总体上看，国际商务活动既包括跨境投资和跨境贸易，也包括对其提供直接协助的国内活动；国际商务活动的主体可以是本土企业，也可以是外国直接投资企业；作为本土企业从事的有货物进出口、跨境交付的服务贸易，以及货物进出口和对外直接投资的协助活动；作为外国直接投资企业从事的国际商务活动，除了涵盖本国企业从事的那些国际商务活动以外，还包括其他以商业存在形式提供的国际服务贸易活动。

在具体业务类型上，国际商务活动涵盖了制造、有形货物的进出口、许可与特许经营、国际工程承包、国际运输、国际货物运输保险、出口信用保险、国际贸易融资（包括商业融资和政策性融资）、相关代理和咨询服务等。

国际商务活动的业务主体是制造商、贸易商、服务商、承包商的身份。这些业务主体可以是跨国公司，也可能是所谓的全球企业，或许就只是纯粹的本土企业，规模上可以是大、中、小型的企业。

（二）全球价值链理论的演变

1. 价值链

20世纪80年代以来，众多学者相继提出价值链理论。1988年，哈佛商学院教授迈克尔·波特在《竞争优势》一书中指出："每一个企业都是在设计、生产、销售、发送和辅助其产品的过程中进行种种活动的集合体。所有这些活动可以用一个价值链来表明。"企业的价值创造是通过一系列活动构成的，这些活动可分为基本活动和辅助活动两类。基本活动包括内部后勤、生产作业、外部后勤、市场和销售服务等；而辅助活动则包括采购、技术开发、人力资源管理和企业基础设施等。这些互不相同但又相互关联的生产经营活动，构成了一个创造价值的动态过程，即价值链。在《竞争优势》中，波特还突破企业的界限，将视角扩展到不同企业之间的经济交往中，提出了价值系统概念，这是全球价值链概念的基础。在价值链的组成中，供应商具有创造和发送用于企业价值链之中外购投入的价值链，即上游价值；许多产品在到达顾客手里之前需要通过销售渠道的价值链，即渠道价值；企业的产品最终会成为其买方价值链的一部分，即顾客价值。这样，从上游价值到顾客价值形成一个完整的价值系统。波特的"价值链"理论揭示，企业与企业间的竞争，不只是某个环节的竞争，还是整个价值链的竞争，而整个价值链的综合竞争力决定企业的竞争力。

2. 价值增加链

科洛特在《设计全球战略：比较与竞争的增值链》中用价值增加链来分析国际战略优势。科洛特认为："价值链基本上就是技术与原料和劳动融合在一起形成各种投入环节的过程，然后通过组装把这些环节结合起来形成最终商品，最后通过市场交易、消费等最终完成价值循环过程。""在这一价值不断增值的链条上，单个企业或许仅仅参与了某一环节，或者企业将整个价值增值过程都纳入了企业等级制的体系中。"科洛特还认为，国际商业战略的设定形式实际上是国家的比较优势和企业的竞争能力相互作用的结果。当国家的比较优势决定了整个价值链条上各个环节在国家或地区之间如何配置的时候，企业的竞争能力就决定了企业应该在价值链条上的哪个环节和技术层面上倾其所有，以便确保其竞争优势。他也把价值增加链表述为一个过程：即厂商把技术同投入的原料和劳动结合起来生产产品、进入市场、销售产品的价值增值过程。在这一过程中，单个厂商或许仅仅参与了某一环节，或者厂商将整个价值增值过程都纳入了企业等级制的体系中等，厂商的各种活动与技术都会同其他的公司发生联系。与波特强调单个企业竞争优势的价值链观点相比，这一观点比波特更能反映价值链的垂直分离和全球空间再配置之间的关系，因而对全球价值链观点的形成至关重要。

3. 全球商品链

20世纪90年代中期以来，根据许多企业把生产经营的行为分布到世界范围的实践，国外有越来越多的经济学家把波特的价值链理论用于研究全球不同的企业在价值链中的分工。他们提出，价值链不仅存在于单个企业之内，多个不同的企业能够在同一个价值链中从事不同的生产活动。美国杜克大学的社会学教授格里芬把波特的价值链概念应用于全球范围内的企业之间的合作关系之中，提出了全球商品链的概念。在经济全球化的背景下，商品的生产过程被分解为不同阶段，围绕某种商品的生产形成一种跨国生产体系，把分布在世界各地的不同规模的企业、机构组织在一个一体化的生产网络中，从而形成了全球商品链。格里芬集中探讨了包括不同价值增值部分的全球商品链的内部结构关系，并研究了发达国家的主导企业如何形成和控制商品链发展的问题。格里芬等还区分了两类全球商品链——采购者驱动型和生产者驱动型。采购者驱动型全球商品链是指大型零售商、经销商和品牌制造商在散布于全球的生产网络（特别是奉行出口导向的发展中国家）的建立和协调中起核心作用的组织形式。采购者驱动型全球商品链是通过非市场的外在调节，而不是通过直接的所有权关系建立高能力的供应基地来构建全球生产和分销系统，如沃尔玛、家乐福等大型零售商，耐克、锐步等品牌运营商和伊藤忠式贸易代理公司等跨国公司控制的全球生产网络。生产者驱动型全球商品链是指大的跨国制造商在生产网络的建立和调节中起核心作用的垂直分工体系。在生产者驱动链中，制造先进产品（如飞机等）的制造商不仅获得了更高的利润，而且控制了上游的原料和零部件供应商、下游的分销商和零售商。通过比较生产者驱动型全球商品链中的非市场外部协调和传统的垂直一体化企业的内部协调，格里芬指出了生产者驱动在促进商品链中各国产业共同进步的重要作用。

在整个 20 世纪 90 年代，格里芬等人的理论没有摆脱商品这一概念的局限，也没有突出强调在价值链上运营的企业在价值创造和价值获取方面的重要性。直到 2001 年，格里芬和该领域研究者在《IDS Bulletin》杂志上推出了一期关于全球价值链的特刊——《价值链的价值》，从价值链的角度分析了全球化进程，认为应把商品和服务贸易看成治理体系，而理解价值链的运作对于发展中国家的企业和政策制定者具有非常重要的意义，因为价值链的形成过程也是企业不断参与到价值链中并获得必要技术能力和服务支持的过程。许多学者从全球价值链的治理、演变和升级等多个角度对全球价值链进行了系统的探讨和分析，并由此建立起了全球价值链基本概念及其基本理论框架。

斯特恩从组织规模、地理分布和生产性主体三个维度来界定全球价值链。从组织规模看，全球价值链包括参与了某种产品或服务的生产性活动的全部主体；从地理分布看，全球价值链必须具有全球性；从参与的主体看，有一体化企业、零售商、领导厂商、交钥匙供应商和零部件供应商。他还对价值链和生产网络的概念进行了区分：价值链主要描述了某种商品或服务从生产到交货、消费和服务的一系列过程；而生产网络强调的是一群相关企业之间关系的本质和程度。

联合国工业发展组织在 2002 年—2003 年度工业发展报告《通过创新和学习参与竞争》中指出："全球价值链是指在全球范围内为实现商品或服务价值而连接生产、销售、回收处理等过程的全球性跨企业网络组织，涉及从原料采集和运输、半成品和成品的生产和分销直至最终消费和回收处理的过程。它包括所有参与者和生产销售等活动的组织及其价值利润分配，并且通过自动化的业务流程和供应商、合作伙伴以及客户的链接，以支持机构的能力和效率。"该定义强调了全球价值链不仅由大量互补的企业组成，而且是通过各种经济活动联结在一起的企业网络的组织集合，关注的焦点不只是企业，也关注契约关系和不断变化的联结方式。

英国萨塞克斯大学的发展研究所是目前对全球价值链问题进行较广泛研究的机构，它将全球价值链定义为产品在全球范围内，从概念设计到使用，直到报废的全生命周期中所有创造价值的活动范围，包括对产品的设计、生产、营销、分销以及对最终用户的支持与服务等。组成价值链的各种活动可以包括在一个企业之内，也可以分散于各个企业之间；可以集聚于某个特定的地理范围之内，也可以散布于全球各地。

全球价值链理论的发展经历了价值链—全球商品链—全球价值链，这样一个动态演变的过程，而对于价值链的关注也从企业内部的闭环系统（国内、企业内部的商品流动）

到企业间、开放的系统（全球、企业间价值流动）。从企业层面而言，全球价值链治理、企业组织形态的网络化、企业边界和对企业内部管理的变革是研究者所关注的重点，企业内外部的一系列变化最终表现为对企业理论提出的挑战。

（三）全球价值链演变的社会因素

在传统的大工业时代，企业往往只有单一的生产部门。由于市场不确定因素大、协调能力原始、整合水平低下，使价值链的各个环节均集中在一个企业内部。

在家庭手工作坊生产时期，所有的价值生产过程由一个或几个家庭成员共同完成，价值链的各个环节还不清晰。到了工厂手工作坊生产时期，由于追求规模经济，出现专业化分工，商品的生产被分为若干个过程，价值链各环节逐渐出现并明确。随着垂直一体化的机器大生产时期的出现，机器很大程度上代替了人工，分工更加细化，企业内部形成了完整的价值链。

随着分工程度的提高，跨越空间地域的大型跨国集团形成。为了降低成本、规避风险，跨国公司开始着眼于在全球范围内按照价值链各环节的核心要求，搜寻优势区域。此时，虽然价值链被拆分在各个不同区域，但对单个跨国公司集团内部来说仍然是一条完整的价值链。

在众多大型跨国公司快速发展并实现垂直一体化的时候，更多中小型企业大量涌现。由于其实力规模有限，只能专注于价值链的某个环节，并通过市场与上下游企业进行交易，实现价值链在企业外、地区内的整合。在这种情况下，能够降低运输费用、共享劳动力、中间产品市场，并且实现外部规模经济和外部范围经济的地方产业集群出现了。这时，企业内部已经不是一条完整的价值链，价值链已经开始断裂，每个环节都分离出单独的企业。价值链从企业内部拓展到企业之间，垂直分离后在整个产业集群的地理空间内实现整合。

全球化程度的加深给世界经济带来了巨大的改变。消费者已经不再满足于单一和标准化的产品，而是越来越追求个性化。激烈的市场竞争也表现出高度的不确定性，这要求企业在更大程度上实现组织和生产的灵活性和弹性。对跨国公司来说，研发的日益困难和高成本、产品的个性化以及快速性等因素使整条价值链若全部纳入，企业内部就变得不经济。通信、交通技术的发展，全球化程度的加深等也促使跨国企业在强化自身核心优势的同时将弱势或价值低的环节交由其他企业负责。与此同时，发展中国家的企业由于资金不足、技术落后或者缺乏全球市场渠道，迫切需要与跨国公司进行业务联系。因此，发达国家的跨国公司开始战略性地将价值链分拆并寻找承接地区，而发展中国家也在积极盼望得到这种机会。这时，全球价值链就出现了。

三、世界经济层次的国际商务活动

尽管国际贸易和国际直接投资概念不能准确、全面地反映企业个体层次的国际商务活动，但观察这两个领域的实际情况，却是认识世界经济层次国际商务活动大致情况最便捷的途径。

（一）有关国际贸易的理论

国际贸易的理论主要是用来解释国际贸易的原因、结构和数量的，即为什么某国出口、进口某些类型的商品，其出口、进口数量是多少，并在此基础上分析国际贸易的利益分配、国际市场相对价格的决定、国际分工、国内经济增长对国际分工的影响，以及国内经济增长同国际贸易之间相互关系等问题。基于产品同质化假设的理论适于解释初级产品贸易（包括资源密集型产品），而基于产品差异化假设的理论更适宜解释制成品贸易。同样道理，基于产品同质化假设的理论有能力解释产业间贸易，而基于产品差异化假设的理论则适宜于解释产业内贸易。新国际贸易理论并不是对正统国际贸易理论的颠覆，而是国际贸易理论整体的一个重要组成部分。国际贸易的类型结构，国际贸易中货物贸易与服务贸易的结构比重，和其各自的内部结构都呈现了明确的变动趋势和特点。货物贸易中工业制成品贸易所占比重不断上升，初级产品贸易比重持续下降。服务贸易所占比重不断上升，1980年至2010年的国际服务贸易增长速度总体上快于货物贸易增长速度。服务贸易的结构正在发生重大变化。其中，运输服务、旅游服务在世界服务贸易中所占比重呈下降趋势，而其他服务增长最快，所占比重不断上升。

（二）国际贸易的企业和国家主体

一方面，发达国家仍然是国际贸易的主要力量；另一方面，发展中国家在国际贸易中的地位不断上升。跨国公司贸易是国际贸易的最主要组成部分。跨国公司发展迅速，数量剧增。2010年，这些国外子公司出口额为62390亿美元，占当年世界出口贸易额的1/3以上。

跨国企业跨越国界传输，却未超出企业边界的零件、半成品或成品的内部贸易，其早已成为世界贸易的一个重要组成部分。

1. 垄断优势理论

垄断优势理论认为，在外国进行直接投资的企业同当地的本土企业相比，由于对当地文化、制度与规则不熟悉，具有与生俱来的"外商劣势"。跨国公司之所以还能够同当地企业竞争，并通常可以实现更佳的绩效，是因为它们具备东道国当地企业所不具备的垄断优势。

2. 内部化理论

内部化理论是一大类理论的通俗称谓，包括观点既有相似之处，实际又存在显著差异的若干版本的理论。这些理论的共性在于都从市场不完善出发来解释对外直接投资。由于都使用了交易成本这个概念，这些理论又经常被称作交易成本方法的多国企业理论。

3. 资源观的多国企业理论

企业更偏爱那些可以更多地利用生产性资源的扩张机会。企业通常会对以下选择表示出明确的偏好次序——专业化优于出口，出口优于对外直接投资。资源观的多国企业理论关注的是扩张的方向——专业化、多元化和进入外国市场。而对于扩张的模式，如进入外国市场是出口，还是对外直接投资并不能做出最终的选择，只能留给内部化理论来处理。注意方向和模式是相互补充的决策，在没有选定一方面时就确定另一方面是不明智的，正如旅行者在选定交通方式之前就决定要去哪里一样，是缺乏理性的。

第二节 国际商务环境分析

一、国际商务中的政治环境

（一）国际政治环境

很多欠发达国家宁愿推迟经济发展，也要保护其政治独立性，因为外国先进国家的经济援助往往伴随着政治主权的削弱。而发达国家因长期维护了其政治主权，往往实行较为开放的对外政策。

国际商务所处的政治环境是指影响其经营活动的国内或国际政治因素，其涵盖三方面的内容——东道国政治环境、母国政治环境和国际政治关系。

1. 国际政治环境分析

（1）东道国政治环境

在东道国国际政治环境中，国家主权、政府政策的稳定性及经济民族主义，通常被看作东道国政治风险生成的基础，理性的管理者必须对其保持敏感。

（2）母国政治环境

大多数国家的政治环境都有为本国企业的国际商务活动提供全面帮助的倾向，这些做法有利于形成自由贸易的国际气候，帮助本国的企业减少其在国外扩张经营活动范围时所遇到的障碍，进而使其迅速获得市场份额，提高其市场地位。

不过，母国通常也会制定一些具体的规章制度来限制国际商务活动，这突出地表现在母国政府会限制企业进入某些国家等。

（3）国际政治关系

国际政治关系对国际商务活动的影响取决于本国与东道国之间、东道国与其他国家之间的双边政治关系以及控制着国家集团之间关系的多边协定。

2. 国家政治体制差别

一国的经济体制和法律体系取决于该国的政治体制。政治体制是指一个国家的政府体制。政治体制可以用两个相关的指标加以考察：一是其对集体主义或个人主义的重视程度；二是其民主或集权的程度。

（1）集体主义与个人主义

集体主义是指集体目标优先于个人目标的一种政治体制。当强调集体主义时，一个整体的社会需求通常被认为要比个人自由重要得多。集体中的社会主义是根据马克思的理论提出的，其核心思想是，要使工人们的报酬体现出其劳动的全部价值，就要建立国家所有制企业，使整个社会而不是少数资本家获益。但是经验表明，生产资料的国家所有制是与公众利益相背离的。鉴于国有企业的垄断地位所导致的保护伞以及来自政府方面的财务支持（津贴），却使许多国有企业的效率越来越低，最后人们发现自己通过高价格和高税收为国家所有制付出了昂贵的代价。20世纪70年代后，西方国家开始倾向于私人所有制和自由的市场经济体制。

20世纪早期，社会主义意识形态分裂成两大阵营：共产主义者相信只有通过武装革命和专政，社会主义才能成功；社会民主主义者则反对武装革命和专政，认为可以通过民主方式实现社会主义。两种不同的社会主义思潮在整个20世纪此起彼伏。作为集体主义的对立面，个人主义是指一个人应享有其经济和政治追求的自由，强调个人的利益应优先于国家的利益。个人主义是建立在两个核心原则基础之上的：强调个人自由和个人表达的重要性，强调只有通过让人民追求自己的经济利益，才能实现社会福利最大化，而不是由某个集体机构来规定什么是社会的最高利益。所以，个人主义的核心思想就是强调个人的经济和政治自由乃是一个社会赖以存在的基础。

（2）民主与集权

民主是这样一种政治制度：政府是由人民直接选举或通过其所选代表间接选举出来的。集权是这样一种政治制度：个人或一个政党对人类生活的各个方面都拥有绝对的控制权，政治反对党派则是被限制的。

（二）国际商务的政治风险

政治风险指的是企业所在的东道国或地区政府由于各种因素的波动而给国际商务企业的正常经营带来一定的冲击甚至破坏的可能性。这些因素主要体现为，东道国政府出现局势动荡，东道国政府与企业母国政府关系恶化，或东道国民众由于产生对企业母国的某种不满情绪而把这种情绪发泄到企业身上。政治风险不但存在于发达国家，还存在于发展中国家。总的来看，政治风险在发展中国家和发达国家各有不同特点。一些发展中国家政局不稳，政权更迭，宗教、民族冲突此起彼伏，甚至爆发内战造成国家分裂，这些都会给国际商务企业带来风险；而发达国家一般政局稳定但存在对外国投资技术限制及环境保护等方面的风险。传统的政治风险包括战乱风险、没收风险、征用或国有化风险、本国化风险、劳动力使用风险以及外汇管制风险、贸易壁垒风险、价格管制风险、税收风险等为政治目的服务的一些限制性经济政策。随着冷战过后国际政治格局的动荡和变化，政治风险的表现形式有了新的变化，可以概括为政策变动风险、歧视性干预风险和恐怖袭击风险。国际商务企业可以利用经营环境风险指数、经营环境等级评分法、政治制度稳定指数等方法评估政治风险，并采取合资经营、多元化策略、本土化经营、调整资本输出国国籍、参加海外投资保险，通过谈判和法律途径进行补救等方式有效管理政治风险。

二、国际商务中的经济环境

（一）国际经济环境

1. 经济总量

国内生产总值（GDP）与人均国民总收入（GNI）是指在一定时期一个国家的国土范围内，本国和外国居民所生产的最终商品和劳务的总和。GNI是指一个国家的国民在国内、国外所生产的最终商品和劳务的总和。GDP是与所谓国土原则联系在一起的，GNI是与所谓国民原则联系在一起的。

2. 经济发展阶段

经济发展具有明显的阶段性，不同的经济发展阶段具有不同的特征。关于经济发展阶段的划分，比较有代表性的有罗斯托的经济发展六阶段论和世界银行经济发展阶段的划分标准等。随着经济结构的转变，一国所需要的产品结构、数量以及层次都将发生重要的转变，这样不同产品的市场特征会有很大的区别，同时不同经济发展阶段的国家对国际投资的需求是不同的。

3. 经济体制

经济体制是指在一定区域内制定并执行经济决策的各种机制的总和，通常是一国国民经济的管理制度及运行方式，是一定经济制度下国家组织生产、流通和分配的具体形式，对一国当前经济效益和未来经济发展有较强的预见性，影响着外资是否能够进入一国市场。

（1）市场经济

在一个纯粹的市场经济中，所有生产性活动都为私人所有，而非为国家所拥有。一个国家生产什么商品和服务，以及生产多少不是由任何人计划确定的，而是由供求关系决定的，并通过价格机制将信息传递给生产者。在这个体制里消费者是上帝，消费者的购买模式通过价格机制传递给生产者，从而决定生产什么和生产多少。在一个以这种方式运作的市场中，不能对供给设置任何限制。当一个市场被单个企业所垄断时，对供给的限制就产生了。在这种情况下,对应需求的增加,一个垄断者可能不是增加产出而是限制产量、提高价格,这样垄断者就可获取更大的边际利润。这虽然对垄断者是好事,但是对消费者是坏事,而且因为垄断者不存在竞争对手,没有动力去寻找降低生产成本的方法。相反,垄断者简单地通过提高价格的方式将增加的成本转嫁给消费者,最终垄断者效率不断降低,导致整个社会福利下降。考虑到垄断固有的风险,市场经济体制下政府的作用就是鼓励私人生产者之间有活力的竞争,如政府可以通过《反垄断法》限制企业垄断市场的行为。同时,私人所有制也鼓励有活力的竞争和经济效率,因为私人所有制可以保证企业有权通过自己的努力获取利润。通过这种刺激作用,不断促使企业改进产品和生产工艺,最终就会对经济增长和发展产生重要的正面影响。

（2）计划经济

计划经济又称指令型经济,是对生产、资源分配以及产品消费事先进行计划的经济体制。在一个纯粹的计划经济中,一国生产的商品和服务、生产的数量及销售价格都是由政府计划制定的。与集体主义意识形态一致,计划经济的目标是由政府分配资源以求"社会利益"。并且一切工商企业均归国家所有,其基本原理是,政府能够直接按国家利益最大化的原则投资,而不是按个人的利益进行投资。从历史上看,计划经济存在于社会主义国家,在这些国家中,集体主义目标优先于个人主义目标。尽管计划经济的目标是为公共利益而利用经济资源,然而实际发生的情况似乎与初衷相悖。在计划经济中,国有企业对控制成本和提高效率缺乏动力,因为不会破产,况且私有制的取消意味着不存在刺激机制去鼓励个人寻求更好的满足消费者需求的方式。因此,计划经济缺乏动力和创新,取代经济增长和繁荣的是经济发展趋于停滞。

（3）混合经济

在市场经济和计划经济之外还有一种混合经济。在该体制下,经济决策主要由市场制定,资源主要由私人占有,但政府干预许多经济决策。因此,混合经济既有市场经济成分,也有计划经济成分——政府占有关键生产要素,而消费者和私人厂商仍然影响价格与产量。混合经济曾经在世界上许多国家非常流行,尽管其数量正在减少。混合经济既提倡自由竞争,又支持政府适当地干预经济。在实际操作中,政府采取各种方式干预经济：中央、地区或地方政府实际上可能拥有某些生产资料；政府可能影响私人生产与消费决策；为达到公平的目的,政府可以重新分配收入与财富。混合经济国家吸收外资的比重往往比纯粹计划经济或纯粹市场经济国家都要大。

（4）中国近年经济形势分析

截至2018年12月,我国加入世界贸易组织已满17年。根据《中国加入世界贸易组织议定书》第十五条规定,加入世界贸易组织18年过渡期结束后,世界贸易组织成员对华反倾销"替代国"做法必须终止。然而,美国、欧盟、日本却以不承认我国市场经济地位为由,拒绝履行条约义务。这违背了世界贸易组织规则和这些国家做出的国际承诺,是变相的贸易保护主义。这不仅损害了我国经济利益,而且损害了世界经济利益。

市场决定资源配置是市场经济的一般规律。加入世界贸易组织以来，我国对市场规律的认识和驾驭能力不断提高，通过一系列制度安排和政策设计，市场在资源配置中日益起决定性作用，同时政府宏观调控体系不断健全和完善。近年来，我国还对商事登记等多个领域的管理体制进行改革，实行市场准入负面清单制度，构建了各种所有制企业自主经营、公平竞争，消费者自由选择、自主消费，商品和要素自由流动、平等交换的现代市场体系；不断扩大对外开放，打造法治化、国际化、便利化的营商环境，使我国成为全球最具吸引力的投资东道国。我国社会主义市场经济体制建设的成就有目共睹，不承认我国的市场经济地位没有事实依据。

加入世界贸易组织18年来，我国严格遵守规则、认真履行承诺，为世界经济贸易发展做出了巨大贡献。目前，我国已经成为世界第二大经济体、第一大货物贸易国、第二大服务贸易国、第二大对外投资国，对世界经济增长的贡献率从2002年的约17%上升到2016年的超过30%。特别是2008年国际金融危机爆发以来，我国对世界经济增长的贡献率已经超过美国、欧盟和日本，成为拉动世界经济增长的最大引擎。中国对世界经济的贡献和影响如此之大，不承认中国市场经济地位是很不公平的。

反观美国和日本，虽然它们标榜自己为市场经济国家，但其许多行为和做法却与市场经济平等、开放、诚信的理念背道而驰。例如，美国政府公开主张实行赤字财政、贸易保护、量化宽松货币政策对外输出风险。特别是国际金融危机爆发以来，小布什政府于2008年强力推行7000亿美元的金融救援计划，帮助本国银行摆脱困境；奥巴马政府执政后，又先后出台三批刺激经济计划，共动用超过2万亿美元。为了支撑这些巨额刺激计划，美国积累了规模惊人的国债，危及世界金融安全。这些做法与其标榜的市场经济"标兵"形象显然大相径庭。

美国、欧盟、日本不承认中国的市场经济地位，并采取反倾销"替代国"的做法，实质是想维护其自身在世界经济中的既得利益，保护本国已丧失竞争力的产业。这不但不符合世界贸易组织通过实施市场开放、非歧视和公平贸易等原则实现世界贸易自由化的目标，也与世界经济合作与开放发展的大趋势相悖。同时，它也反映出目前国际经济秩序不合理的一面：少数发达国家掌握着国际规则的制定权和话语权，发展中国家一旦在现行国际经贸规则下胜出，它们就随意解释和改变规则。应当看到，过去几年里，全球经济重心正在向新兴市场经济体和发展中国家转移。面对这一发展态势，发达国家应调整心态，以积极的态度欢迎全球经济结构的新变化。美国、欧盟、日本否认我国市场经济地位的做法无理而苍白，是为了维护其自身利益的违约行为。面对当前全球经济复苏依然乏力、不确定性有所增多的局面，这种做法将给市场、企业和社会发出错误信号，不利于全球经济走出阴霾，更不利于构建公正、合理的世界经济秩序。

4. 国际经济环境评价

国际商务活动深受国际经济环境中各种要素的影响，各种要素发挥的作用在各国有所不同，但从共性的角度来看，诸因素构成一个有机整体，并且表现着以下五个方面的特性——复合性、客观性、差异性、动态性、个别因素权重的突显性。另外，从事国际商务活动的企业还不能忽略经济全球化所带来的影响。总之，如果管理者要评价一国的经济环境，可首先考虑该国经济的重要方面，然后考虑各因素的相互关联性。

（二）经济发展的决定因素

一国的政治、经济和法律制度对其经济发展水平具有深远的影响，从而也会影响该国对某企业在选择其作为市场和生产地点时的吸引力。

1. 经济发展的差异

不同国家的经济发展水平有很大的差异。衡量经济发展水平的一个共同尺度是人均国民总收入（GNI）。GNI被视为衡量一国经济活动的标准，可衡量该国居民总的年收入。然而，GNI值也可能产生误导，因为该值没有考虑生活费用的差异。为比较不同的生活费用，可以使用购买力平价（PPP）数值来调整GNI，利用参照购买力平价调整过的指标，可以对不同国家的生活水平进行较为直接的比较。GNI和PPP数据只是对发展所做的一个静态的描述，还应考察不同国家的经济增长率。

2. 发展概念的延伸

阿玛蒂亚·森一直主张，发展应该被视为人民能体验到的实际自由不断扩大的一个过程，不仅是一个经济过程，也是一个政治过程。其成功要求政治体"民主化"，在有关社会的重大决策力方面应该有公民的声音。所以衡量发展水平应少一点诸如GNI那样的物质产出指标，而多一点人民所拥有的能力和机会的指标。联合国采纳了森的著名理论，建立了人文发展指数（HDI）来衡量不同国家人民的生活质量。HDI有三个基本衡量指标——期望寿命、接受教育的权益、基于PPP估算的平均收入能否满足该国人民生活的基本需求。

三、国际商务中的法律环境

各国的法律环境差异很大，管理商务活动的法律通常反映出该国统治者的政治意识。

（一）母国法律环境

各国出于自身政治或经济利益考虑，对本国企业开展国际商务活动、进行涉外民事活动所形成的国际民事法律关系，制定出明确的法律加以规范。这些都是与本国企业国际商务活动相关的母国法律。国际商务企业要重点关注母国法律对进出口、对外投资、外汇等的管制。

（二）区域性法律环境

区域性经济组织通过制定一些共同遵守的法律、法令、条例、规则等，排除了成员国之间的贸易壁垒，一致对外，对其他国家在这一区域进行国际商务活动设置了障碍，在这个过程中也促进了与跨国企业利益相关的区域性法律乃至国际性法律的发展。

（三）国际性法律环境

在国际商务环境中，国际法起着重要的作用。虽然不存在强制各国执行的国际法律，但是许多国家共同遵循一些条约和协定，对国际商务活动的进行还是有着深远的影响。

管理者应当关注两个方面的国际法：一方面是由国际性组织，如联合国、世界贸易组织、经济合作与发展组织等规定的公约和惯例；另一方面就是国家间法律事务的合作。

四、国际商务中的文化环境

（一）文化差异

文化差异广泛地说，是指世界上不同地区的文化差别，即人们在不同的环境下形成的语言、知识、人生观、价值观、道德观、思维方式、风俗习惯等方面的不同文化上的差异（尤其是东西方文化差异），导致了人们对同一事物或同一概念的不同理解与解释。

（二）文化差异对国际商务谈判的影响

文化对谈判的影响是广泛而深刻的。不同的文化自然地将人们划分为不同的类群，这种地域的、所属群体上的差别有使不同文化的群体相互疏远的倾向。不同的文化也是人们沟通与交往中的障碍，因此，要求谈判人员要接纳彼此的文化，而且要透过文化的差异，无误地了解对方的目的与行为，并使自己被对方所接受，最终达成一致的协议。总的来说，文化差异对国际商务谈判的影响主要体现在以下几个方面。

1. 文化伦理差异对国际商务谈判的影响

文化伦理的差异也会在国际商务谈判中成为障碍，商务谈判人员在利益追逐中有自己的文化伦理底线，关注利益获得的基准线不能与自己文化价值的存在形式发生抵触。这些文化伦理价值的存在形式主要有宗教、道德、审美、科学和功利价值等。宗教色彩浓厚的国家或地区，其法律制度的制定必须根据宗教教义，对于人们行为的认可，要看是否符合该国宗教的精神。由于宗教信仰不同，一些国家依据本国的外交政策，在对外经济关系上制定带有歧视性或差别性的国别政策。

2. 思维方式差异对国际商务谈判的影响

思维方式作为一种长期的文化积淀，它潜移默化地影响着人们的社会生活。思维方式的差异往往成为国际商务谈判成功与否的关键所在，如对东西方文化而言，两者在思维方式上表现出各自的特点。从整体性思维和分散性思维方面看，东方文化崇尚儒家所倡导的"天人合一"的整体宇宙观。这种整体性思维把一切事物放在关系网中，从整体上对其进行综合考虑，而不把整体分解为部分逐一加以分析研究，强调事物多样性的和谐和对立统一。而西方文化则将生存环境视为外在，主体（人）和客体（自然）主客二分，承认人与自然的对立，从而对其加以探索和征服。因此，西方人注重对事物进行详细深入的剖析和严密的推理论证，透过现象研究事物的本质，形成发达的抽象思维、严格的逻辑推理方法，以及分工细致的各门学科，因而其思维具有分散性。这种思维差异也表现在东西方谈判习惯的差异上。

3. 价值观差异对国际商务谈判的影响

国际商务谈判中价值观方面的差异远比语言及非语言行为差异隐藏得深，也更难以克服。价值观差异对国际商务谈判行为的影响主要表现为在客观性、平等和准时等方面观念差异而引起的误解。

（1）客观性

国际商务谈判中的客观性反映了行为人对"人和事物的区分程度"。西方人特别是美国人具有较强的"客观性"，在国际商务谈判时强调"把人和事区分开来"，感兴趣的主要为实质性问题。相反，在世界其他地方，"把人和事区分开来"这一观点被看成是不可能的。例如，在裙带关系比较重要的东方文化中，经济的发展往往是在家族控制的领域内实现的。因此，来自这些国家的谈判者不仅作为个人来参与谈判，而且谈判结果往往会影响到这个人及其家族，个人品行和实质问题成了两个并非不相干的问题，而且在实质上两者变得不可分开。

（2）平等观念

西方社会经历了争取平等自由权力的资产阶级革命，平等意识深入人心。在国际商务活动中，英、美等国奉行平等主义价值观，坚持公平合理的原则，认为双方进行交易，无论哪一方都要有利可图。如日本人，善于做大"蛋糕"，但划分"蛋糕"的方式却不怎么公平。在日本顾客被看作上帝，卖方往往会顺从买方的需要和欲望，因此，对利润的分配较为有利于买方。而就我国而言，我国市场经济体制已初步建立，中国企业经营者的观念意识往往具有西方早期市场经济时期的某些特点，即在商务谈判中往往采取"单赢"策略，涉及经济利益时，较多地考虑己方的利益，而不太关注对方的利益。而发达国家的市场经济体制相当成熟，所以西方国家谈判者更多地采用"双赢"策略，基本上能考虑双方的实际利益。

（3）时间观念

不同的文化背景表现出不同的时间观念，如北美人的时间观念很强，对美国人来说时间就是金钱；而中东地区的人则时间观念较弱，在他们看来，时间应当是被享用的。由于持不同的时间观念，导致不同谈判人员的谈判风格和谈判方式各异。美国是直线型时间观的典型。而中国人的时间观是循环往复的，中国人会用长远的眼光和系统的方法，在广泛的范围内综合分析议题和衡量议题，最后方可得出结论。

第三节　全球化国际商务的实施

一、全球生产区位选择

（一）国家因素

对有些产业来说，在特定地方进行全球性集中生产是很重要的，区位外部性会直接影响对外直接投资的决策。外部性包括有适当技能的劳动力资源和支撑产业的存在。这种外部性在决定到哪里生产时会起到重要作用。例如，由于半导体制造业在中国台湾很集中，因此在半导体业务方面，大量有经验的劳动力已经形成。此外，这些工厂已吸引了大量支撑产业在这些企业附近建立了生产设施，如生产半导体基本设备和单晶硅的厂商。这意味着相对于其他缺乏这种外部性的地方，在中国台湾选址确实有利。在其他条件相同的情况下，外部性使得中国台湾成为吸引半导体制造厂商建厂的地区。

相对要素成本的差异，政治、经济、文化以及区位的外部性是重要的，但其他因素也比较重要，正式和非正式的贸易壁垒明显影响生产地点的决策，运输成本和对外国直接投资的规则和管制也会影响生产地点的决策。例如，尽管相对要素成本可能使一国作为一个成衣产地很有吸引力，但禁止外来直接投资的法律规定就会阻碍这个选择。同样，考虑到要素成本可能意味着应在一个特定的国家生产特定的元件，但贸易壁垒可能使这种做法不经济。

另外一个国家因素是预期的汇率变动。汇率的不利变动能很快改变一个国家作为制造基地的吸引力。货币升值可将一个低成本地区变为高成本地区，许多日本公司在20世纪90年代至21世纪最初几年都面临着这个问题。1950年—1980年，日元在外汇市场上相对低的价值有助于增强其低成本制造地区的地位。然而1980年至20世纪90年代中期，日元对美元的稳步升值提高了日本出口产品的美元成本，使日本作为制造地的吸引力减弱。相应地，很多日本公司将制造活动撤出本土，而转移到东亚低成本地区。

（二）技术因素

国际企业在制造过程中采用的技术，在决定生产地点时可能会起到关键性作用。例如，由于技术限制，在某些情况下，只有在一个地点从事一定生产活动以供应世界市场才是可行的。而在另一些情况下，技术又可能使在多个地点从事一项生产活动成为可能。这取决于三个因素——固定成本水平、柔性制造技术及最小的效率规模。下文重点介绍前两个因素。

1. 固定成本水平

在一些情况下，建立制造工厂的成本太高，以致一家企业必须仅从一个产地或少数几个产地供应世界市场。例如，建立一个生产半导体芯片的工厂要花费超过10亿美元。那么在这种情况下，企业就会选择在一个（最理想的）地点的一家工厂生产的产品来服务世界市场。相对低水平的固定成本，能使在不同地点同时从事一项生产活动变得更经济。这样做的优势之一，就是企业能更好地适应当地的需要。在多个地点生产也有助于避免企业对一个产地的过分依赖。在一个汇率波动的市场中对一个产地的过度依赖是特别危险的，很多企业将它们的制造工厂分散到不同的地点作为"实际的套期保值"，以防范潜在的货币汇率不利波动。

2. 柔性制造技术

规模经济认为获得高效率以及由此产生的低单位成本的最好方法就是大量生产标准化产品。这也意味着企业必须在单位成本和产品多样化之间进行权衡。一家工厂的产品越多样，意味着每种产品的生产时间越短，从而不能实现规模经济。同时，产品多样性使企业很难通过提高制造效率来降低单位成本。可以说，提高效率和降低单位成本的方法就是限制产品多样性，大批量生产标准化产品。

但是随着柔性制造技术的出现，这一两难困境正在得到解决。柔性制造技术（通常称为精益生产）旨在减少复杂设备的安装次数，通过更好的时间安排提高各机器的使用率，提高制造工序各阶段的质量控制。柔性制造技术使企业能够以只有通过一次大量生产标准化产品才能达到的单位成本，生产更多种类的最终产品。研究表明，企业采用柔性制造技术相对于大批量生产标准化产品更能提高效率和降低单位成本，同时使其能够最大限度地为客户定制产品。

生产能力利用程度的提高和减少生产过程中的产品（即减少半成品的堆积）以及浪费的减少是柔性机器单元在效率上的主要收益。机器安装次数的减少以及计算机控制的机器之间生产流程的协调能够显著提高企业生产能力的利用程度。机器之间的紧密协调也减少了生产过程中的存货。计算机控制使得机器具有既能识别如何将投入变为产出，同时又生产出最少的废弃材料的能力。由于这些因素，一台单独的机器可能在50%的时间里得到利用，而在一个单元中同样的机器则能被利用到80%，并且生产出同样的最终产品，只产出一半的废料。这就提高了效率，降低了成本。

柔性制造技术不仅能提高效率、降低成本，还能使企业根据小客户群的需要定制产品，并以只有大批量生产标准化产品才能达到的成本进行生产。这样有助于企业实现大规模定制，提高其对客户的适应能力。对一家国际性企业来说，柔性制造技术最重要的是能为不同国家的市场定制产品。采用柔性制造技术时，企业可选择在最佳地点建立工厂为各个国家的市场定制产品，而不必承担很大的成本。因而，企业再也不必在每个主要国家市场设厂生产，以满足特定客户的偏好和需要，这也为企业实行多国战略提供了可能性。

（三）产品因素

两个产品特点影响选址决策。第一个是产品的价值重量比，因为这影响运输成本。很多电子元件和药品有很高的价值重量比，它们很贵但重量很轻，因而即使它们被装在船上绕世界半圈，其运输成本相对于总成本来说只占很小的比例。在这种情况下，企业一般会选择在最佳地点生产这些产品并从那里供应全世界。而对于价值重量比低的产品来说，情况正好相反。精制白糖、某些大批量的化学制品、油漆和石油产品，其价值重量比都很低，它们不贵但重量颇大。因此，如果长途运输，运输成本将占到总成本很大的比例。所以，在其他条件相同的情况下，这些产品应在主要市场附近的多个地点生产以降低运输成本。

另一个影响选址决策的产品特点是，该产品是否服务于通用的需要，即这种需要是否在全世界都相同。很多工业产品（如工业电子产品、钢铁、大批量化学制品）和现代消费品（如袖珍计算器和个人电脑）都属于这类产品。对于这类产品，各国消费者的兴趣和偏好几乎没有差异，地区调试的需要就减少了，这就增加了企业在一个最佳地点集中生产的吸引力。

二、全球生产模式选择

（一）全球化生产的基本方式

根据价值链各环节之间的关系，特别是主导企业与供应商之间的关系，全球化生产可以分成四种基本方式，即加工外包、原始设备制造、原始设计制造和原始品牌制造。

①加工外包，即加工制造企业利用采购者提供的原材料从事加工生产，在我国称为来料加工。加工外包又分为两种形式：一种是原料和成品不计价，加工制造企业收取约定的加工费；另一种是原料和成品分别计价，加工制造企业通过对开信用证或付款交单的方式收取费用。加工外包是全球化生产比较原始的方式。

②原始设备制造（OEM），简称"代工生产"，是指加工制造企业按照采购者提供的设计方案生产并以采购者的品牌销售产品。例如，美国摩托罗拉公司将其设计开发的通信产品以OEM方式交给在中国的企业生产（这些从事加工制造的企业称为原始设备制造商），耐克公司将其设计开发的运动鞋以OEM方式交给中国、韩国的企业生产。OEM可以分为两种类型。一种是购买者驱动型，指由零售商和品牌企业来组织，零售商和品牌企业居于主导地位的类型。美国的沃尔玛商店就是这样的组织者，它不仅从事零售业，而且把组织生产作为主要业务。另一种是生产者驱动型，主要体现在机械设备、汽车、电子产品这些高技术产业。因为其设计、开发较为复杂，技术水平较为特殊，生产企业、品牌企业和供应商在技术上和管理上的关系较为密切，所以它们由生产者来决定。例如，德国奔驰公司将零部件交给近万家小企业进行加工生产，它是OEM的决定者。

③原始设计制造（ODM），简称"设计外包"，指的是委托企业（品牌企业）提出产品的大致要求后，受委托企业通过自己后期的研究开发，并最终生产出成品，该受委托企业称为原始设计制造商。OEM 和 ODM 两者的相同点在于，它们都是贴牌生产，即加工制造出来的产品贴的是委托企业的品牌；两者不同点在于，原始设备制造商完全只是按单生产，而原始设计制造商则加入了自己的设计开发。例如，德国西门子公司为我国及亚洲地区专门开发的折叠手机 CL55，就是由中国最大的手机制造商波导公司以 ODM 方式完成的。与 OEM 相类似，ODM 也可分为购买者驱动型和生产者驱动型两类。

④原始品牌制造（OBM），加工制造企业在具备生产能力之后，生产自有品牌的产品，该企业被称为原始品牌制造商。例如，台湾宏碁（Acer）电脑最早专门为 IBM 这样的大公司做 OEM 业务，后来逐渐发展成为拥有自有知名品牌的原始品牌制造商。目前，不少原始品牌制造商同时也从事 OEM 业务。如宏碁电脑公司、伦飞电脑公司，既生产自己的品牌产品，也为其他知名电脑商做"代工"。

对于从事加工制造行业的企业来说，上述四种方式在获取利润的能力上是不同的。从加工外包、原始设备制造、原始设计制造到原始品牌制造，利润率是依次增加的。

（二）全球化生产对企业的意义

全球化生产对于企业有着十分重要的意义，主要表现在以下几点。

1. 减少企业市场交易成本

对于共同完成价值链生产的企业来说，它们之间形成设计开发、加工制造、市场销售和经营管理等方面的协作或合作，从而超越了直接的市场交易，于是市场交易的成本就大为减少。同时，全球化生产也促进了产业集群的形成和发展。根据联合国贸易和发展会议的定义，产业集群是指企业集中于一种或数种产业，得益于由竞争者、买方和供方组成的网络协作关系。一些国家在一个地区或全国范围内，形成了特殊的产业集群，如芬兰以诺基亚为核心的电信设备产业集群，美国以英特尔和微软等为核心的电脑产业集群。产业集群也超越了直接市场交易，减少了市场交易的成本。

2. 提高企业灵活性和抗风险能力

由于走专业化道路，进行全球化生产的每个企业只经营产品价值链的部分环节，单个企业可以与多个企业进行价值链对接，从而可以在一定程度上避免风险，或者说分散风险。比如，从事设计开发的企业 A，可以在众多的加工制造企业中选择与之合作的伙伴，于是，企业 A 抗风险的能力比其同时从事加工制造行业时大为增强。同样，加工制造企业 B，也可以在众多从事设计开发的企业中选择与之合作的伙伴。在共同完成一条价值链生产的不同企业之间，往往有着协作伙伴关系，这样企业直接进入市场的机会减少，从而遭受市场风险的可能性也就降低。特别是对于加工制造企业来说，由于是根据需求确定生产，而不是按照企业的主观愿望决定生产，这有利于减少生产过剩现象。

（三）全球化生产对中国企业的特殊意义

中国改革开放、经济发展所取得的巨大成就，是与融入经济全球化进程密不可分的。我们参与了贸易的全球化、金融的全球化，也参与了生产的全球化。特别是我们顺应全球化生产的潮流，抓住发达国家制造业向外转移的机遇，使中国的制造业，特别是家电、轻纺行业取得了世人瞩目的成就。

第四节 全球营销策略

一、国际营销产品策略

（一）个别品牌策略

1. 个别品牌策略的概念

个别品牌策略是一个企业针对不同产品而采用的不同品牌的策略。这种多品牌策略主要在以下两种情况下使用：其一是企业同时经营高、中、低档产品时，为避免企业某种商品声誉不佳而影响整个企业声誉时，采用这种策略；其二是企业的原有产品在社会上有负面影响，为避免消费者的反感，企业在开发新产品时特意采取多品牌命名的方式，而不是沿用原有的品牌名称，并且故意不让消费者在企业的传统品牌与新品牌之间产生联想，甚至隐去企业的名称，以免传统品牌以及企业名称对新产品的销售产生不良的影响。

企业对各种不同的产品，分别采用不同的品牌，如通用汽车公司不同类型产品用不同商标。个别品牌策略可以增强企业的竞争性，提高企业的市场占有率，同时增强企业的抗风险能力，当某个品牌得不到消费者的青睐时，尚有其他品牌支撑。如一个生产高档产品的企业在推出低档产品时，若低档产品另外有自己的品牌，则企业不会因低档产品的推出而影响到其高档产品品牌的声誉，反之则可能损失惨重。如派克钢笔在推出其低档钢笔时，由于仍然使用"派克"这个品牌，结果导致"派克"形象受损，累及高档派克笔的销售。在品牌名称不同的情况下，如果某种品牌产品出现问题，可以立即撤下该品牌的产品，而其他品牌仍然可以不受影响。

2. 个别品牌策略的演变

提起美国的菲利普·莫里斯公司，人们立即就会联想到香烟，大名鼎鼎的"万宝路"牌香烟就是这家公司的拳头产品。然而，要是有人问你"卡夫"酸奶和奇妙酱、"果珍"饮品、"麦斯威尔"咖啡以及"米勒"啤酒是哪家公司生产的，不仅许多中国人不知道，甚至连美国的消费者都不知道，并认为是美国通用食品公司的产品。其实，这些产品全部出自美国烟草大王菲利普·莫里斯公司。

是突出品牌形象，还是突出公司形象，这历来是市场营销的关键问题。菲利普·莫里斯公司突出品牌、淡化公司形象显然是明智之举。当该公司从通用食品公司买下"卡夫""麦斯威尔"等品牌之后，一直在广告中突出这些品牌的形象，其中除了有这些商标已经形成巨额无形资产的考虑外，更让公司关心的是在全球禁烟运动此起彼伏的今天，再使用同一品牌策略，即采用"万宝路"品牌是不合适的。如何不让"烟草公司"的形象吓倒那些赞成禁烟的消费者，以避免产生不良的社会效果，可供选择的最佳途径就是不让公司本身在这些产品的广告中露面。

菲利普·莫里斯公司的这一品牌策略获得巨大成功。全球无数的禁烟主义者在购买上述品牌时，并不知道在这些品牌背后的正是烟草大王菲利普·莫里斯公司。

个别品牌策略做进一步演变，引申为品牌扩展策略和多重品牌策略。

所谓品牌扩展策略就是对个别品牌加以扩展，以表示该产品的不断改进。日本松下电器公司对其电视、录放影机等视听家电类产品就常采取这种品牌策略，从而给消费者传达一种该公司富于创新、年轻有活力的观念，最终博得消费者对该公司产品的认同及依赖。

这里着重需要说明的是多重品牌策略。这种策略是指在同一产品中设立两个或两个以上相互竞争的品牌。这虽然会使原有品牌的销量略减，但几个品牌加起来的总销量却比原来一个品牌时更多，因而这种策略又被企业界称为"1+1>1.5"策略。

多重品牌策略由宝洁公司首创。宝洁公司认为，单一品牌并非万全之策。因为一种品牌树立之后，容易在消费者中形成固定印象，不利于产品的延伸，尤其是像宝洁这样横跨多种行业、拥有多种产品的企业更是这样。因而宝洁公司不断推出新品牌。该公司在我国推出的美容护肤品牌就有近十个，占了全国美容护肤品主要品牌的三分之一。我国消费者熟悉的"潘婷""飘柔""海飞丝"三大洗发与护发品牌都是宝洁公司的产品，这三个品牌分别吸引三类不同需求的消费者，从而使得它在中国洗发用品的市场占有率上升为第一位，占50%以上。这显然是宝洁公司成功运用多重品牌策略的成果。

目前，这种方法在美容用品、洗涤用品等行业中运用已经较为普遍。上海家化联合股份有限公司也分别推出"露美庄臣""清妃""白领丽人""雅霜""尤维""友谊""六神""高夫"等许多品牌，以期占有不同的细分市场。

多重品牌策略之所以对企业有如此大的吸引力，主要原因有：第一，零售商的商品陈列位置有限，企业的多种不同品牌只要被零售商店接受，就可占用较多的货架面积，而竞争者所占用的货架面积当然会相应减少；第二，许多消费者属于品牌转换者，具有求奇、求新心理，喜欢试用新产品，要抓住这类消费者，提高产品市场占有率的最佳途径就是推出多个品牌；第三，发展多种不同的品牌有助于在企业内部各个部门之间、产品经理之间开展竞争、提高效率；第四，不同品牌定位于不同细分市场，其广告诉求点、利益点不同，可使企业深入到各个不同的细分市场，以占领更大的市场份额。

3. 个别品牌与统一品牌的运用

企业统一品牌和产品个别品牌同时运用，在统一品牌下，使用个别品牌。即不同的产品有不同的品牌，同时各种产品前面又有企业的统一品牌，这种策略兼收了两者的优点。如宝洁公司在每一种产品上都有其企业品牌，同时各类产品又有小品牌"飘柔""碧浪"等等。又如上海联合利华，不但"联合利华"这个整体品牌已确立，它的产品如"力士"等也已树立了品牌。这种策略的好处是，使新产品合法化，能够享受企业的信誉，各种不同的产品有自己的品牌又各具特色。如果企业的产品属于不同的类型，这时就不宜使用统一的品牌。在这种情况下，综合品牌更为适宜，即每一种商品都有自己的品牌，同时又有企业的统一品牌。

海尔将集团品牌划分为企业牌（产品总商标）、行销牌（产品行销商标）、产品牌（产品类别名称）三个层次。从家电的长线产品考虑，将各类家电产品统一以"Haier海尔"总商标统筹，即产品总商标；结合各产品特征，策划确定出产品主题词，以该主题词为重心，根据品种、型号扩充、演绎出一系列产品行销商标，如冰箱的王子系列。这就最大限度地发挥了海尔品牌的连带影响力，大大减少了广告宣传中的传播成本，使"海尔"的形象得到强化。

（二）新产品开发策略

①新产品的类型包括完全创新产品、换代新产品、改进新产品、仿制新产品。

②新产品开发的要求包括以下几点：以市场为导向，选择有特色的产品；以企业的资源为依托，具有经济效益；有效的组织支持，遵循新产品开发程序。

③新产品开发的原则要满足需求原则、创新原则、量力而行原则、效益原则。

④新产品开发的方式包括独立研制、联合开发或协作开发、技术引进。

⑤新产品开发的程序是，构思产生—构思筛选—概念发展和测试—营销战略—商业分析—产品开发—市场试销—商品化。

二、国际分销渠道

（一）国际分销渠道概述

1. 国际分销渠道的概念

分销渠道又称销售渠道，是指将产品或服务从生产者向消费者转移的过程中，取得这种产品或服务的所有权或帮助所有权转移的所有企业和个人。分销渠道包括中间商（因为他们取得所有权）和代理中间商（因为他们帮助转移所有权）。此外，分销渠道还包括处于渠道起点和终点的生产者和最终消费者或用户，但是不包括供应商、辅助商。

国际分销渠道是指通过交易将产品或服务从一个国家的制造商手中转移到目标国的消费者手中所经过的途径，以及与此有关的一系列机构和个人。国际分销渠道的设计直接影响和决定企业对国际市场营销的控制程度。

2. 国际分销系统的结构

企业把自己的产品或服务通过某种途径或方式转移到国际市场消费者手中的过程及因素构成国际分销系统。其中转移的途径或方式称为国际分销渠道。在国际分销系统中，一般具有三个基本因素——制造商、中间商和最终消费者。

制造商和消费者分别居于分销系统的起点和终点。当企业采取不同的分销策略进入国际市场时，产品或服务从生产者向消费者的转移就会经过不同的营销中介机构，从而形成不同类型的国际分销结构。出口企业管理分销渠道主要有两个目标：一是将产品有效地从生产国转移到产品销售国市场；二是参加销售国的市场竞争，实现产品的销售并获取利润。

3. 不同国家分销渠道比较

从事国际营销的企业，可以通过建立自己的分销渠道来销售产品，也可以利用目标市场现有的分销渠道。

（1）欧美的分销渠道

美国是市场经济高度发达的国家，基本上形成了有秩序的市场。进入美国的产品一般要经过本国进口商，再转卖给批发商，有的还要经过代理商，由批发商或代理商转卖给零售商，零售商再将产品卖给最终消费者。

西欧国家进口商的业务通常限定一定的产品类别，代理商规模通常也比较小，但西欧国家的零售商主体，如百货公司、连锁商店、超级市场的规模都很大，且经常从国外直接进口。大型零售商的销售网络遍布全国，我国企业若把产品销往西欧各国，可直接将产品出售给这些大型零售商，节省许多中间商费用，并利用它们的销售网络提高产品市场占有率。

（2）日本的分销渠道

日本也是高度发达的市场经济国家，但它的分销渠道结构却不同于欧美各国。日本的分销渠道被称为世界上最长、最复杂的分销渠道。其基本模式是，生产者＋总批发商＋行业批发商＋专业批发商＋区域性批发商＋地方批发商＋零售商＋最终消费者。日本的分销系统一直被看作阻止外国商品进入日本市场的最有效的非关税壁垒。任何想要进入日本市场的企业都必须仔细研究其市场分销渠道。日本分销体系有以下几个显著的特点。

①中间商的密度很高。日本国内市场的中间商的密度远远高于其他西方发达国家。由于日本消费者习惯于到附近的小商店去购买商品，量少且购买频率高，因此，日本小商店密度高，且存货量小，其结果就是需要同样密度的批发商来支持高密度且存货不多

的小商店。商品通常由生产者经过一级、二级、区域性和当地的各级批发商，最后再经过零售商到达最终消费者，分销渠道非常长，而且日本小零售商店（雇员不足9名）的商品销售比例非常大。以日本和美国为例，在日本，91.5%的零售食品小商店销售额占零售食品总额的57.7%，而在美国，67.8%的零售食品小商店销售额占零售食品总额的19.2%。日本小商店的非食品类销售额也很高，因此，高密度的小商店对日本消费者来说至关重要。

②生产者对分销渠道进行控制。生产者依赖批发商为分销渠道上的其他成员提供多种服务，如提供融资、货物运输、库存、促销及收款等服务。生产者通过为中间商设计的一系列激励措施与批发商及其他中间商紧密地联系在一起，批发商通常起着代理商的作用，通过分销渠道把生产者的控制作用一直延伸到零售商。

生产者控制分销渠道的措施主要有：其一，为中间商解决存货资金；其二，提供折扣，生产者每年为中间商提供折扣的种类繁多，如大宗购买、迅速付款、提供服务、参与促销、维持规定的库存水平、坚持生产者的价格政策等都会获得生产者的折扣；其三，退货，中间商所有没销售完的商品都可以退还给生产者；其四，促销支持，生产者为中间商提供一系列的商品展览、销售广告设计等支持，以加强生产者与中间商之间的联系。

③独特的经营哲学。贸易习惯和日本较长的分销渠道产生了生产者与中间商之间紧密的经济联系和相互依赖性，从而形成了日本独特的经营哲学，即强调忠诚、和谐、友谊。这种价值体系维系着销售商和供应商之间长期的关系，只要双方觉得有利可图，这种关系就难以改变。由于这种独特经营哲学的存在，致使日本市场普遍缺少价格竞争，使日本消费品价格居世界最高行列，如一瓶96片的阿司匹林售价20美元，日本的玩具价格是其他国家的4倍，出口到美国的日本产品甚至比在日本便宜。

④日本分销体系的改变。20世纪60年代以来，由于在美日结构性障碍倡议谈判中，日美两国达成的协议对日本的分销系统产生了深远的影响，最终导致日本撤销对零售业的管制，强化有关垄断商业惯例的法规。零售法规对零售店的设立条件有所放宽，如允许不经事先批准建立1000平方米的新零售店，对开业时间和日期的限制也被取消。日本的分销体系发生了明显的变化，传统的零售业正在失去地盘，让位给专门商店、超级市场和廉价商店。日本分销体系的改变也有利于外国产品进入日本市场。

（二）国际中间商类型

1. 出口中间商

国内中间商与企业同处在一个国家，由于社会文化背景相同，彼此容易沟通和信任。特别是在企业规模较小，或者处于进入国际市场的初期，企业国际市场营销经验不足，或者没有实力直接进入国际市场时，通过本国中间商进入国际市场是一条费用省、风险小、操作简便的有效途径。选择国内中间商进入国际市场的缺点是远离目标市场，与目标顾客的联系接触是间接的，企业对市场的控制程度很低，或根本无法控制，不利于企业在市场建立起自己的声誉,并以此作为扩大市场的基础,不利于出口规模的扩大和长远的发展,中间商为尽快获得利润,不会花很大力气去挖掘市场潜力等。但直到目前,通过本国中间商进入国际市场仍然是一条主要的国际市场分销渠道。

(1)出口商(出口经销商)

出口商是以自己的名义在本国市场上购买商品,然后再以自己的名义组织出口,将产品卖给国外买主的贸易企业。该企业自己决定买卖商品的花色品种和价格,自己筹集经营的资金,自己备有仓库,从而自己承担经营的风险。出口商经营出口业务有两种形式:一种是"先买后卖",即先在国内市场采购商品,然后再转售给国外买主;另一种出口形式是"先卖后买",即先接受外国买主的订货,然后再根据订货向国内企业购买。常见的出口商主要有以下三种类型。

①出口行。有的国家称之为"国际贸易公司",有的国家称之为"综合商社"(如日本、韩国),我国则一般称之为"对外贸易公司"或"进出口公司"。出口行实质是在国外市场上从事经济活动的国内批发商。它们在国外有自己的销售人员、代理商,并往往设有分公司。由于出口行熟悉出口业务,与国外的客户联系广泛,拥有较多的国际市场信息,一般在国际市场上享有较高的声誉,而且拥有大批精通国际商务、外语和法律的专业人才,因此对一些初次进入国际市场的企业来说,通过出口行往往是比较理想的选择。对国外买主来说,由于出口行提供花色品种齐全的商品,他们也愿意与出口行打交道。日本的综合商社是出口行的典型形式,是日本在世界各地经营进出口业务的主要企业。综合商社业务活动涉及面广,包括工业、商业、进出口贸易、进出口融资、技术服务、咨询服务等。

②采购(订货)行。采购(订货)行主要依据从国外收到的订单在国内生产企业进行采购,或者向国外买主指定的生产企业进行订货。他们拥有货物所有权,但并不大量、长期持有存货,在收购数量达到订单数量时,就直接运交国外买主。因采购(订货)行是先找到买主,而后才向生产企业进行采购,而且也不大量储备货物,所以其风险较低、资金周转快、成本较低。

③互补市场营销。互补市场营销又称"猪驮式出口"、合作出口或附带式出口,它是一种将自己与其他企业的互补产品搭配出售的出口营销形式。它指的是这样一种出口情况,一个生产企业 A 叫"负重者",另一个生产企业 B 叫"乘坐者","负重者"利用自己已经建立起来的海外分销渠道将"乘坐者"和自己的产品一起进行销售。在进行这种出口营销时,通常有两种做法:其一,"负重者"将"乘坐者"的产品全部买下,然后再以较好的价格转卖出去,起到出口商的作用;其二,"负重者"在佣金基础上为"乘坐者"销售产品而起到代理人的作用。互补出口对于那些没力量进行直接出口的小企业来说,是一种简单易行、风险小的出口经营方式。而对于"负重者"来说,由于扩大了经营产品的范围,填补了季节性短缺,因此增加了利润。

（2）出口代理商

出口代理商是接受出口企业的委托，代理出口业务的中间商。出口代理商并不拥有货物所有权，不是以自己的名义向国外买主出口商品，而是接受国内卖主的委托，按照委托协议向国外客商销售商品，收取佣金，风险由委托人承担。在国际市场上，出口代理商常见的类型有以下几种。

①综合出口经理商。在企业海外销售额占企业总销售额的比重不大，或者企业不愿设立外销部门处理国外市场业务时，选择综合出口经理商是一种理想的渠道。综合出口经理商为企业提供全面的出口管理服务，如海外广告、接洽客户、拟定销售计划、提供商业情报等，其以生产企业的名义从事业务活动，甚至使用生产企业的信笺，实际上起到生产企业出口部的作用。综合出口经理商一般负责资金融通和单证的处理，有时还要承担信用风险。综合出口经理商一般同时接受几个委托人的委托业务，其获得的报酬形式一般是通过收取销售佣金，除此之外，每年还收取一定的服务费用。

②制造商出口代理商。这是一种专业化程度较高的出口代理商，又称为制造商出口代表。他们也相当于具有生产企业的出口部的职能。他们接受生产企业的委托，为其代理出口业务，以佣金形式获得报酬。制造商出口代理商是以自己的名义而非制造商的名义做买卖，其所提供的服务一般要少于综合出口经理商，通常不负责出口资金、信贷风险、运输、出口单证等方面的业务。而且由于制造商出口代理商同时接受许多生产企业的委托，其销售费用可以在不同厂家的产品上分摊，因此收取的佣金率也较低，制造商对其有较大的控制权。

③出口经营公司。出口经营公司具有类似制造商出口部的功能，其提供服务的范围很广，包括寻找客户、促销、市场调研、货物运输等。其还可以为制造商讨债和寻求担保业务。不过，其最主要的职能是和国外的客户保持接触，并进行信贷磋商。选择出口经营公司渠道的优点是制造商可以以最少的投资将产品投放到国际市场，并可借此检验产品在国外市场的可接受程度，而制造商本身却无须介入。其缺点是这种分销渠道极不稳固，出口经营公司为了自己的利益不会为销售产品做长期努力，一旦产品在短期内难以盈利或是销量下降，将很可能被出口经营公司所抛弃。

④出口经纪人。这种代理商只负责给买卖双方牵线搭桥，既不拥有商品所有权，也不实际持有商品或代办货物运输工作，只在双方达成交易后收取佣金。佣金率一般不超过2%。出口经纪人与买卖双方一般没有长期、固定的关系。出口经纪人一般专营一种或几种产品，多数经纪人经营的对象是笨重货物或季节性产品，如机械、矿山、大宗农产品等。

2. 进口中间商

（1）进口商

进口商又称"进口行"。其是以自己的名义从国外进口货物向国内市场销售，获取商业利润的贸易企业。其拥有货物所有权，因而须承担买卖风险。进口商既可以"先买后卖"（先从国外买进商品，然后再卖给国内工业用户、批发商、零售商或其他用户），也可以"先卖后买"（先根据样品与买主成交，然后再从国外买进商品）。按其业务范围，一般可分为三种类型：①专业进口商；②特定地区进口商；③从国际市场广泛选购商品的进口商。进口商熟悉所经营的产品和目标国际市场，并掌握一套商品的挑选、分级、包装等处理技术和销售技巧，因此国内中间商很难取代进口商的位置。

（2）进口代理商

进口代理商是接受出口国卖主的委托，代办进口，收取佣金的贸易服务企业。其一般不承担信用、汇兑、市场风险，不拥有进口商品的所有权。进口代理商主要有以下几种类型。

①经纪人。经纪人是对提供低价代理服务的各种中间商的统称。其主要经营大宗商品和粮食制品的交易。在大多数国家，经纪人为数不多。但由于其主要经营大宗商品交易，再加上在某些国家，经纪人组建了联营公司，熟悉当地市场，往往与客户建立了良好持久的关系，常常是初级产品市场上最重要的中间商。其工作是把买卖双方汇集在一起，不进行具体促销，只进行中介服务，佣金较低。其没有存货，但需要参与融资和承担风险，如信息中介。

②融资经纪商。这是近年来迅速发展的一种代理中间商，这种代理中间商除具有一般经纪商的全部职能外，还可以为销售、制造商生产的各个阶段提供融资，为买主或卖主分担风险。

（3）制造商代理人

这是指凡接受出口制造商的委托，签订代理合同，为制造推销产品收取佣金的进口国的中间商。制造商代理人有很多不同的名称，如销售代理人、国外常驻销售代理人、独家代理人、佣金代理人、订购代理人等。制造商代理人可以对一个城市、一个地区、一个国家或是相邻几个国家出口企业的产品负责。其不承担信用、汇兑、市场风险，不负责安排运输、装卸，不实际占有货物。其忠实履行销售代理人的责任，为委托人提供市场信息，并为出口企业开拓市场提供良好的服务。当出口企业无力向进口国派驻自己的销售机构，但又希望对出口业务予以控制时，适当地利用制造商代理人是一种明智的选择。

（4）经营代理商

经营代理商在亚洲及非洲较为普遍，在某些地区也称为买办。其根据同产品制造国的供应商签订的独家代理合同，在某一国境内开展业务。有时也对业务进行投资，报酬通常是所用成本加母公司利润的一定百分比。

三、国际定价策略

（一）国际营销的定价因素

在国际市场上，影响产品定价的因素主要有以下几点。

1. 定价目标

定价目标是指企业通过定价策略所要达到的目的。企业的定价目标取决于企业的经营目标，不同的企业在不同的时期及不同的国家有不同的定价目标。企业的定价目标主要有三种。

①维持生存，避免竞争的定价目标。

②当期利润最大化的定价目标。当产品在目标市场上具有较强的竞争优势，如果该价格可以保证企业当期利润最大化又不会牺牲企业的长远利益，就要及时确定该价格。这种价格一般来说是该产品较高的价格。追求当期利润的最大化应以企业长远利润最大化为前提。

③提高市场占有率的定价目标。国际市场占有率是指企业某种产品的销售量占国际同类产品销售量的比重。当企业具有较大的高档品牌优势时，可以吸引大批群体的注意力以提高其市场占有率；当市场对价格高度敏感时，企业可以采取低价策略来提高市场占有率。

2. 成本因素

成本是企业定价的下限。成本因素包括与国际营销有关的一切生产、销售和管理费用，是国际定价策略中一项非常重要的影响因素，主要包括制造成本、销售成本和风险成本。其中需要特别关注的有关税、其他税收与管理成本，中间商和运输成本，通货膨胀，汇率波动。

3. 市场因素

（1）需求

需求是定价的重要依据之一，各个国家的经济发展水平、居民收入水平决定了消费者的需求水平及其对价格的承受力。一是要考虑国际市场上消费观念对消费需求的影响；二是消费者的消费偏好和消费习惯可直接影响价格的高低；三是要对企业不同产品在不同国家的需求弹性进行分析。需求弹性比较大时，应适当降低价格，可以增加总收入；需求弹性比较小且缺乏替代品时，如日用品，则宜采用较高的价格。国际营销企业不但要通过市场调查掌握目标国家的需求状况，而且还要关注需求的变化以便制定与需求相适应的价格。

（2）竞争

竞争是影响价格水平的又一个重要因素。如果说对产品的需求决定了产品价格的上限，产品的成本决定了产品价格的下限，那么市场竞争则在很大程度上影响了产品价格在上下限之间的变动。

（3）国际市场价格

国际市场价格是指在国际市场上具有代表性的成交价格。商品的国际集散中心、经常大量进出口商品的地区、成交额大的著名国际交易会和博览会、国际商品期货市场的成交价格通常可视为国际市场价格。

（二）国际营销的定价方法

企业在确定了定价依据和定价目标后，就要采取适当的方法进行定价。国际市场营销定价方法主要包括成本导向定价法、竞争导向定价法、市场需求导向定价法三种。

1. 成本导向定价法

它主要以成本为依据，在考虑企业定价目标、市场需求、竞争格局等因素的基础上，增加适当利润的一种定价方法。这种方法可分为成本加成定价法、边际成本定价法和目标利润定价法三种。

（1）成本加成定价法

成本加成定价法是指在单位产品总成本的基础上加上一定比例的利润来确定产品价格的方法。其计算公式为，单位产品售价＝单位产品总成本×（1+成本利润率）。这种方法的关键是要确定成本加成率，即成本利润率。例如，美国零售业中的百货公司一般对烟草制品加成20%，对照相机加成28%，对服装加成41%。

我国企业在运用成本加成定价法制定产品价格时，还要考虑到国外市场的新贸易保护主义的因素。我国劳动力成本低，导致了产品的低成本和低售价，有时在国外市场上被他国政府认定为有倾销倾向，企业在制定产品价格时要充分重视这个因素。

（2）边际成本定价法

边际成本定价法是指产品售价以边际成本为基础，价格或收益大于边际成本或高于可变成本。

边际成本定价法的计算公式为，单位产品售价＝单位变动成本＋单位边际贡献。其中，单位变动成本＝总变动成本÷总销售量；单位边际贡献＝总边际贡献÷总销售量。

（3）目标利润定价法

目标利润定价法亦称为投资收益率定价法。它是根据企业的总成本和计划的总销售量，加上按投资收益率制定的目标利润率作为销售价格的定价方法。在计算时，应先求出单位产品的固定成本和可变成本，再加上单位产品目标利润额。其计算公式为，单位产品销售价格＝（总成本＋目标总利润）÷总销量。

2. 竞争导向定价法

竞争导向定价法是指企业以市场上竞争对手的价格作为定价的基本依据，随竞争状况的变化来确定和调整本企业产品的价格。

（1）随行就市定价法

随行就市定价法是竞争导向定价法中最常用的一种方法。它是将本企业产品的价格保持在同行业产品的平均价格水平上。在国际市场上，对于小麦、茶叶、大豆、咖啡等大宗农副产品，其国际市场价格是经众多买卖双方通过多次交易达成的，已经成为标准价格，企业只需随行就市定价即可。

（2）主动竞争定价法

主动竞争定价法不是追随竞争者的价格，而是根据本企业实力及其与竞争对手产品的差异状况来确定价格，价格可以高于、低于市场价格或与市场价格一致。

（3）投标定价法

投标定价法主要用于招投标交易方式。在报价时，企业既要考虑成本费用和利润目标，也要考虑竞争状况，以提高中标率。其关键是投标报价。一般来说，报价高、利润大，但中标机会小；反之，报价低、利润小，但中标机会大。因此，最佳报价应为目标利润与中标率两者之间的最佳组合。这种方法通常用于国际上的建筑工程承包、大型机械设备采购及政府、集团等的采购。

3. 市场需求导向定价法

市场需求导向定价法是以国外市场需求强度为定价基础，根据消费者对产品价值的理解和需求来决定价格。这种定价方法主要是考虑顾客可以接受的价格以及在这一价格水平上的需求数量。

（1）价值定价法

价值定价法是以国外市场零售价为基础，减去中间商利润、运费、关税等支出，反推出产品出口净价的方法。

（2）认知价值定价法

认知价值定价法是把产品的价格建立在产品的认知价值基础上。认知价值定价法认为，定价的关键不是卖方的成本，而是买方对产品的认知。该定价法利用营销组合中非价格因素在消费者心目中的地位，建立起认知价值。

（3）市场倒推定价法

市场倒推定价法是企业根据国外市场上同类产品的价格估算的企业产品在国外市场上的零售价格，然后扣除各种中间环节的费用（利润、关税、运费等），得出企业产品的出厂价格，然后同成本进行比较，最后定出产品价格。

（三）国际营销的定价策略

1. 心理定价策略

企业在制定产品价格时，运用心理学原理，根据消费者的购买动机和购物时的心理感受来制定产品的价格，这就是心理定价策略。其主要包括尾数定价策略、整数定价策略、招徕定价策略。招徕定价策略也称促销定价策略，是指企业利用顾客求廉价的心理，有意降低几种产品的价格以吸引消费者的注意，如推出特价、进行降价打折等。

2. 折扣定价策略

折扣定价策略是企业根据国际市场上需求和产销的具体情况，对已定的价格进行调整，主要是适当地降低价格、促进销售。常用的折扣定价策略有以下几种：现金折扣、功能折扣、季节折扣。

3. 差别定价策略

差别定价策略是企业为同一产品制定价格时，视顾客、地域、用途、时期等因素的不同而有所区别。其主要包括顾客的差别定价、用途的差别定价、时间的差别定价、地点的差别定价。

四、国际促销策略

经济全球化是当今世界经济发展的重要趋势，现代化大生产本身的客观规律必然要求实现全球性分工。在知识经济时代，企业的营销观念也要相应转变，即树立知识营销观念。知识营销观念高度重视知识、信息和智力，要凭借知识和智力而不是凭借经验在日益激烈的市场营销战中取胜。

（一）人员促销策略

人员促销指通过推销人员深入中间商或是消费者进行直接的宣传介绍活动，使中间商或是消费者采取购买行为的促销方式。它是人类最古老的促销方式。在商品经济高度发达的现代社会，人员促销更成为最重要的一种促销形式。

1. 人员促销的基本形式

（1）上门推销

上门推销是最常见的人员促销形式。它是由推销人员携带产品样品、说明书和订单等走访顾客、推销产品。这种促销形式可以针对顾客的需要提供有效的服务，能够方便顾客，故为顾客广泛认可和接受。

（2）柜台推销

柜台推销，又称门市，指企业在适当地点设置固定门市，有营业员接待进入门市的顾客，推销产品。门市的营业员是广义的推销员。柜台推销与上门推销正好相反，它是等客上门式的促销方式。由于门市里的产品种类齐全，能满足顾客多方面的购买需求，能为顾客提供较多的购买方便。

（3）会议推销

会议推销是指利用各种会议向与会人员宣传和介绍产品，开展推销活动，譬如在订货会、交易会、展览会、物资交流会等会议上推销产品。这种促销形式接触面广、推销集中，可以同时向多个对象推销产品，成交额较大，促销效果好。

2. 人员促销的基本策略

（1）试探性策略

这种策略就是在不了解客户需要的情况下，事先准备好要说的话，对客户进行试探。同时密切注意对方的反应，然后根据客户的反应进行说明或宣传。

（2）针对性策略

这种策略的特点是事先基本了解客户在某些方面的需要，然后有针对性地进行说服，当引起客户共鸣时，就有可能促成交易。

（3）诱导性策略

这是一种创造性推销，即首先设法引起客户的需要，再说明推销人员所推销的这种服务产品能较好地满足这种需要。这种策略要求推销人员有较高的推销技术，在"不知不觉"中成交。

（二）广告促销策略

广告作为一种传递信息的活动，它是企业在促销中普遍重视且应用最为广泛的促销方式。它是通过相关促销活动和媒体传播企业的商品或服务等有关经济信息的大众传播活动。广告作为促销方式或促销手段，是一门带有浓郁商业性的综合艺术。广告不一定能使产品成为世界名牌，但若没有广告，产品肯定不会成为世界名牌。

1. 馈赠性广告促销策略

这是指企业通过发布有馈赠行为的广告以促进产品销售的广告策略。这种促销策略可采用赠券、奖金、免费样品、折扣券、减价销售等形式。

2. 文娱性广告促销策略

这是指采用文娱形式发布广告以促进产品销售的广告策略。企业出资赞助文娱节目表演，使广告不再是一种简单的、直观的硬性产品宣传，而是演变为一种人们所喜闻乐见的、多姿多彩的"广告文化"。并且，企业还可以定期搞一些文娱活动，同时发布简明扼要的产品广告，还可以定期搞一些文娱竞赛节目给胜者以奖励。

3. 中奖性广告促销策略

这是一种抽奖、中奖形式的广告促销手段。这种方法在国外十分流行，对推动销售有一定的效果。但此法也给某些经营作风不正的企业提供了可乘之机，使其从中牟取暴利。因此，在运用此广告促销策略时，必须注意社会效果和合法性。在我国，抽奖式有奖活动销售，奖品价值不能超过5000元，否则会被视为违反公平竞争原则。

（三）公共关系促销策略

公共关系是一种社会关系，但它又不同于一般社会关系。社会组织的存在和发展是社会的需要，是环境的产物，因而社会组织的信誉和形象对其自身的发展起着十分重要的作用。

1. 交际性公关营销

这种以人际交往为主的实用性技巧具有直接性、灵活性，尤其是具有浓厚的人情味。因此，通过人际交往与公众保持联系的技巧变得十分重要，成为不少企业和企业家的成功之道。

2. 服务性公关营销

服务性公关营销技巧是通过一系列优惠服务来实现的，如美国王安电脑有限公司在香港举办电脑培训班，免费培养电脑人才，有利于该公司电脑在内地的推销。这样会在消费者心中留下十分美好的印象。

3. 社会性公关营销

社会性公关营销技巧即通过各种有组织的社会性、公益性、赞助性活动来体现企业对社会进步和发展的责任感，同时也在公众中增加非经济因素的美誉度来展示企业的良好形象，促进企业营销。

第七章　跨境电子商务背景下的国际贸易创新

电子商务是近年来在全球范围内兴起的一种新型商务模式,它依托互联网(Internet)、企业内部网(Intranet)、企业外部网(Extranet),将商业过程各环节在信息技术系统上进行连接,彻底改变了传统的业务运作方式。电子商务在国际贸易实践中的不断应用,引起了国际贸易方式的创新。这场国际贸易领域内的创新就是现今大家口中常说的跨境电子商务。

第一节　国际贸易理论创新

一、国际贸易理论创新综述

电子商务带动了跨国公司的变革,跨国公司由原来的二维、平行的实物流动变为开放化、立体化、多维化、网络化的物质与非物质共同组成的流动,从而引发了对跨国公司内部化理论规模经济理论、厂商理论等更深层次的思考,对传统的国际贸易理论和跨国公司理论提出了新挑战,推动了国际贸易理论的不断创新。

传统的比较优势理论认为,各国比较优势形成的基础是自然资源、资本、劳动力和人力资源等方面的差异;而在电子商务条件下,信息成为最重要的生产要素和资源,即国与国之间对信息的生产、反馈与使用能力上的差异——信息比较优势,在国际贸易中的地位越来越高。"虚拟经营"这一跨国公司新型的合作竞争方式,是公司组织及运作方式变革的序幕,其打破了传统公司组织机构的层次和界限,使跨国公司成为一个开放的系统。这种外部资源"虚拟"内部化的形式,使公司的经营向柔性化、弹性化的方向发展。跨国公司的所有生产环节都被纳入现代信息网络,利用网上"虚拟现实"的技术在世界范围内进行直观的协调。

二、国际贸易理论创新分析

（一）国际贸易理论对传统贸易理论的发展

跨国电子商务形势下国际贸易理论的发展，以及电子商务的发展对国际贸易的方方面面都产生了不可估量的影响。国际贸易理论对传统贸易理论的发展集中在以下几点。

1. 修改了分布理论

传统的贸易模式遵循规模经济和范围经济，实现商业的聚集，电子商务的发展正悄然改变这一格局，人们不用到实地就可以买到商品，企业也可以在虚拟网络平台上完成商品的销售，国际间的贸易不用到交易聚集地，商业聚集地的原本地位正在发生改变。电子商务对商业的这种改变趋势如果能够长期保持，那么传统的商业聚集理论则必然要进行修改，商业的通道、组织、层级和载体都会受到冲击，那么之后的贸易模式将会是新型的线上聚集。

2. 发展了流通领域的理论

一是线上交易使购买量加大，而实地购买人数减少，这两者逐渐改变捆绑模式。

二是信息在商业中越来越居于首要地位，线上的宣传在很大程度上能够促进大众的购买行为，电子商务企业控制着产品和其他物品的出售。

三是结算方式逐渐影响商业，现代化的结算方式会在一定程度上决定大众购买的意愿，以此作用于企业，现实中的企业越来越成为次要的附属品。

除了这些，电子商务还影响到销售渠道、商业、运输、信息和现金的相互作用，与此相联系的运输通道理论和国际贸易组织方法论也随之受到冲击。

3. 推动适应电子商务的理论发展

传统的贸易方式与电子商务贸易方式差别较大，以前的商家基本上都是按照成本和效率的概念尽最大可能把人们聚集到商业的中心地带然后再交易，而运用电子商务进行交易的方式则是把普通的消费者作为最重要的部分，通过互联网与顾客达成一致协议，然后通过物流把商品送到顾客手中。目前随着互联网技术的迅猛发展，网购平台也越发多样化，网购向着更加繁荣的方向发展。网购作为一种贸易方式削弱了商家的中心地位，同时多样化的商品有了更加激烈的价格竞争，交易的成本也在不断上升。传统的商业经营如今正面临着网购的激烈冲击，网购的繁荣发展也说明传统的经营理论在电子商务企业的发展过程中已经逐渐不能成立，一个更加适应电子商务发展的理论现在显得尤为重要。在推动国内、国外两大市场与资源的发展方面不可否认的是，电子商务起到了非常关键的作用。电子商务可以从最大程度上促进跨境交易的繁荣与发展，因为它并不用受地域的约束，这就慢慢出现了适合电子商务发展的内外一体化的理念。传统的对内贸易与对外贸易的概念是壁垒分明的,而且传统的批发与零售也有着很清晰的界限,但是跨境电子商务的发展使得这些概念与界限逐渐模糊。

(二)国际贸易理论的新发展

从交易成本、技术创新两方面对跨境电子商务驱动外贸创新理论发展进行理论分析,如下所示。

1. 交易成本理论

交易成本理论认为,企业只要存在交易活动(提供产品或服务),就会带来交易成本。跨境电子商务作为技术创新的重大成就,以其全球一体、数字传输等特点促进传统国际贸易发生根本性的变化,不仅大大降低了国际贸易领域的信息搜寻成本、讨价还价成本等,还促进了企业管理成本等的显著下降,进而导致企业交易成本的大幅度下降,提高了产品的价格优势,增强了企业在国际市场上的竞争能力。与传统国际贸易相比,跨境电子商务广泛采用云计算等技术,打破了时间和空间的限制,实现卖家与买家实时交流、沟通,使得信息搜寻、分析、数据处理、询盘、采购、支付变得更加快捷、便利,促进了企业采购成本、生产成本、销售成本等大幅度降低。例如,企业通过在网络上发布产品性能、图片、价格等信息,并不断进行更新,可以让消费者更直观地、快速地了解产品,节省了产品的推广费用,从而降低了产品的成本。

2. 技术创新理论

跨境电子商务是信息技术、互联网技术创新发展的结果。在柯布-道格拉斯生产函数中,跨境电子商务作为一项创新技术会对投入的各类生产要素进行重新组合,使得生产函数发生了质的变化,致使企业的国际贸易交易成本降低,提高了企业的国际贸易效益,促进了企业乃至整个产业的劳动生产率的提升,进而导致整个社会的供给水平提升。由于跨境电子商务具有全球一体、瞬时沟通等特点,使得企业可以通过电子商务平台随时随地向各个国家或地区提供产品和服务,从而将企业的业务延伸到全球各地。从这个意义上来说,跨境电子商务是多项创新技术的集合,它在推进产品产量提高的同时,大大地降低了产品的价格。

第二节 国际贸易政策创新

一、国际贸易政策创新综述

目前,跨境电子商务环境中的国际贸易政策创新,主要体现在世界贸易组织(WTO)通过了电子商务免、禁征关税协议上。WTO 于 1998 年 5 月 19 日至日内瓦召开了为期三天的电子商务会议,达成一项至少一年内对通过互联网销售的软件和货物免征关税的协议。该协议的达成将对永久性禁止征收电子商务关税产生推动作用,在电子商务的发展史上是一个重要的里程碑。

WTO 的这项政策只适用于完全国际电子商务,而不适用于不完全国际电子商务。这项政策可能会给在线旅游和数据业务等这些涉及信息或无形货物交易的国际电子商务行业带来好处。从客观上讲,大多数发展中国家正在建设信息基础设施,免除网络贸易关税能促使计算机相关产品,特别是软件产品进口价格在一定程度上的下降。鉴于有些发展中国家的软件产业呈上升之势,出口量不断增加,从这个意义上说,零关税方案对发展中国家也是有利的。从全球范围来看,跨境电子商务是未来一定时间内世界经济发展的最重要的驱动力之一,世界各国都十分重视信息产业和跨境电子商务的发展。在当前跨境电子商务发展的摇篮时期,各国给予免关税扶持,有利于电子商务的普及和成熟。

总而言之,在跨境电子商务情形下的国际贸易政策创新主要体现在:WTO 框架内实施了一系列措施有助于激发国内经济中的创新行为;通过了电子商务免、禁征关税协议,该协议开创了崭新的局面;通过政策创新、构成创新和工具创新的具体体现,包含了国际贸易的各个方面,贯穿了国际贸易的全过程。

二、国际贸易政策创新建议

(一)建立完善的诚信体系

建立完善的诚信体系,营造良好的信用环境。制定并完善跨境电子商务方面的法律、法规,强化对信用信息的管理和保护,实现对跨境交易过程监管的全覆盖;开发并设计基于大数据的信用信息管理系统,构建以第三方征信机构为主体的信用信息管理系统;构建多重质量认证体系,确保企业产品的质量和信誉,以便向境外买家全方位展示企业经营资质和能力、生产的流程质量监控体系等。

（二）强化跨境支付业务监管

强化跨境支付业务监管，构建跨境支付安全环境。进一步规范并加强对跨境支付业务的监管，积极推进第三方支付机构代办个人结售汇业务；加强备付资金的管理，化解备付资金的风险；政府相关部门应加大对支付违法行为的处罚力度，各方协同构建跨境支付的安全环境，从而防范并降低跨境支付过程中的财产损失、信息泄露等风险。

（三）构建新型跨境物流生态体系

构建新型跨境物流生态体系，推进跨境物流模式创新。整合物流供应链体系，构建包括金融、保险、检验等在内的新型跨境电子商务物流生态体系，实现多方共同组成跨境物流战略联盟，与跨境电子商务第三方平台建立统一的信息系统，实现商品流、资金流、物流和信息流的四流融合，促进物流企业的协同创新发展。

第三节　国际贸易营销创新

一、国际贸易营销创新综述

跨境电子商务引起市场营销的巨变，促进国际贸易营销创新，产生了新的市场营销形式——电子营销。电子营销就是指通过电子信息网络进行市场营销。通过电子营销，借助互联网，可以进行生产、信息传递、广告、购物、支付和信息化产品等业务，双向交互信息可以交换资料文件、影像、声音等，可以进行一对一双向交互，甚至可以是一对无数和无数对无数的交互。它可以将实体市场转移到最广大的人们均可以参与的虚拟市场上。客户参与的主动性和选择的主动性得到加强，现代的互动营销方式正在形成。互动营销强调企业和消费者间交互式交流的双向推动，改变了传统营销中企业对消费者的单向推动方式。随着居民收入的提高、消费意识的成熟以及消费理念的转化，差异消费、个性消费成为时尚，互动式营销通过消费者积极参与生产的全过程，使企业既可获得大批量生产的规模经济，又能使其产品适应单个消费者的独特需求，既满足了大众化的需求，又满足了个性化的需求，从而实现最大限度地提高消费者对产品的满意度。在电子营销中，企业和客户形成的这种营销框架可以称为网络整合营销，这始终体现了以客户为出发点及企业和客户不断交互的特点，是对传统市场营销方式的突破。

二、国际贸易营销方式的创新

受电子商务推动,国际贸易市场的营销方式出现了全新的变化,电子营销就是最佳证明。电子营销有两种含义:一种指的是采用电子手段的市场营销;另一种指的是基于互联网的电子商务初始状态。以互联网为核心的电子营销正在发展成为现代国际贸易营销的重要方式。

(一)国际贸易营销方式主要内容

①与传统国际贸易营销方式相比,商家可通过电子商务的交互性与开放性直接掌握客户需求,向客户输送商品流动信息与市场信息,进而使客户购买到物美价廉的商品。特别是在新品推出后,商家可通过电子商务方式向客户发送新品宣传广告与优惠,吸引客户选购商品。

②国际贸易企业与其客户可通过电子营销手段构建稳固的"一对一"营销关系,从而使客户更加信任企业及其推出的商品与服务。

③通过收集与整理电子商务后台数据,国际贸易企业可清楚地掌握客户的商品与服务偏好,并向客户提供专门定制的个性化营销方案。同理,客户可向企业提交自身的个性化商品需求方案,要求企业匹配资源,并完成商品服务定制需求。这类定制化营销方案的优点是提高了企业资源与客户资源的配置效率,使企业与客户的经济效益进一步提高。

(二)国际电子营销方式主要特点

与传统的国际营销方式比较,国际电子营销方式的主要特点如下。

1. 网络互动营销

电子营销帮助企业的同时,也要考虑客户需求和企业利润,寻找能实现企业利益最大化和满足客户需求最大化的营销决策。网络互动的特性使客户真正参与到国际贸易营销的过程中成为可能,客户在整个国际贸易营销过程中的地位得到提高,客户的参与选择主动性得到加强。

2. 网络整合营销

在电子商务中,企业和客户之间的关系变得非常紧密,甚至牢不可破,这就形成了一对一的营销关系,这种营销框架称为网络整合营销。它始终体现了以客户为出发点及企业和客户不断交互的特点。它的决策过程是一个双向链网络定制营销过程。

3. 网络定制营销

随着企业和客户相互了解的增多,销售信息将变得更加定制化。电子营销的发展趋势是将大量销售转向定制销售。一些大跨国公司通过建立企业内部网络提供这一服务。

4. 网络软营销

与软营销相对的是工业化大规模生产时代的强势营销，传统营销中最能体现强势特征的是两种促销手段——传统广告与人员推销。软营销与强势营销的一个根本区别就在于：软营销的主动方是客户，而强势营销的主动方是企业。网络软营销的特征主要体现在，在遵守"网络礼仪"的同时，通过对网络利益的巧妙运用能够获得一种微妙的营销效果。

三、国际贸易营销模式的创新

在现阶段较为激烈的商业竞争环境下，市场营销的作用已经越来越不容忽视，对于企业是否能够赢得市场以及获得投资者的信任，一个良好的企业营销策略也变得越来越重要。电子商务对市场营销的影响，更主要体现在其改变了传统的营销模式，将其慢慢转变为电子营销。对于通过开实体专卖店，或建立服务中心的传统营销模式来说，电子营销有很多的优势，避免了资金流动周期长等多方面的问题。在国际贸易的往来中，文字和照片传达的信息有限，而通过网络方式的传递，能够将宣传的效果最大化，网络上的各种信息可以使相关人员都看到和了解。电子商务营销除了在网络上建立自己的平台，吸引广告商的加盟，还可以腾出更多时间用于企业的发展规划，使其思考如何进行营销以及如何取得最优效果，进一步扩大自己的市场份额。除了这些，计算机技术可以让广大消费者成为国际贸易经济类核心环节的一分子，这时营销的策略便会取得更好的宣传效果，商家与购买者进行互动，可以提高商家的国际商誉。

第四节 国际贸易运行机制创新

一、国际贸易运行机制综述

跨境电子商务创造了一个网上虚拟市场，形成新的国际贸易运行机制，促进了以信息网络为纽带的世界市场信息一体化进程。在这种网络贸易的环境下，各国间的经济贸易联系进一步加强，为进一步促进国际贸易创新奠定了基础。

第一，跨境电子商务环境中便捷的信息流动，减少了国际贸易的不确定性，纠正了世界市场发展的盲目性，为减少国际贸易决策的时滞和失误创造了条件。

第二，跨境电子商务超越时间和地域限制。解除了传统贸易活动中物质、时间、空间对交易双方的限制，改变了传统国际贸易运行机制下难以克服的区位劣势和竞争劣势。

第三，在跨境电子商务环境中，产品和服务都表现为数字信号，有形贸易和无形贸易的界限变得越来越模糊。

第四，世界市场上的信息充分性进一步削弱。因不完全信息或信息不对称而产生的世界市场垄断进一步削弱。市场机制将在一定程度上更好地发挥作用，为世界市场中资源的有效配置提供充分而优良的信息服务，促使市场在全球范围内实现动态的资源优化配置。

二、国际贸易运行机制创新表现

电子商务的发展，增强了国际贸易信息的流动性，促使以信息交换为核心的虚拟交易市场的逐步成立，国际贸易运行机制也由此升级更新。其具体表现如下。

①国际贸易管理组织的变革与创新。国际贸易企业建立了集企业财务报表、物资报表查看为一体的电子商务运营模式。通过该运营模式，国际贸易双方管理层可掌握详细的贸易数据与其他外来数据，并在短时间内充分把握企业运营情况，有效提高决策正确率，增强企业内外部控制力。

②在互联网开放性、交互性等多种特性的支持下，国际贸易企业建立了虚拟化的、便于开展全球化经营贸易活动的电子商务公司。这类虚拟化的电子商务公司有效打破了国际贸易的时空限制，使相隔万里的商品买卖双方能够进行实时沟通与交流，进而提高了国际贸易效率。

③在电子商务的辅助下，国际贸易商品与服务直接转化成了数字信号，传统有形贸易与无形贸易的界限变得更加模糊。

④国际贸易市场信息的利用率越来越高，贸易双方的信息对称率上升，市场垄断问题减少，整个国际贸易的资源配置效率提高。

⑤国际贸易竞争更加激烈。电子商务的发展强化了买卖双方的联系，促使商品、服务商与市场、消费者的关系变得更加密切。

第五节 国际贸易交易方式创新

一、国际贸易交易方式创新综述

跨境电子商务是一种以信息网络为载体的新的国际贸易运作模式。在国际电子商务中，交易各方以电子方式而不是以直接面谈方式或当面交换方式来达成和进行国际贸易交易。电子商务采用数字化电子方式进行商务数据交换和开展国际贸易活动，是一种创新的国际贸易方式。它将成为新世纪国际贸易的重要方式之一。

在跨境电子商务的影响下产生新的国际贸易交易方式的类型划分为完全国际电子商务和不完全国际电子商务。完全国际电子商务与不完全国际电子商务的区别在于能否通过电子商务方式实现和完成供货与结算等完整交易过程的国际贸易活动。完全国际电子商务可以充分挖掘全球电子商务市场的潜力。不完全国际电子商务的进行要依靠一些外部因素，一些物质和非数码化的商品无法通过互联网供货，因而其交易过程还需依靠电子商务以外的其他活动和方式。

跨境电子商务的发展和应用也将进一步促进国际贸易交易方式创新，实现对以纸面贸易单据（文件）的流转为主体的传统国际贸易流程和交易方式的改革，形成新的国际贸易交易方式。

纸面文件的处理工作带来的问题是，重复率高、错漏多、效率低、费用大。采用传统方式制单所造成的延误，出货受限占据6%，收账缓慢占据35%，过量存货占据18%，生意损失占据17%。因此，纸面文件成了阻碍贸易发展的一个突出因素。电子贸易方式恰好可以克服这一障碍，促进全球贸易的顺利发展。

总而言之，跨境电子商务的发展和应用，推动了国际贸易交易方式的创新，实现了以纸面贸易单据的流转为主体的传统国际贸易流程和交易方式的变革。在信息产业向纵深发展的同时，发展迅速的国际贸易交易迫切要求实现全球贸易运作的信息化，以节约社会成本和贸易成本。电子商务的发展正好满足了这种需求。在传统贸易交易方式下，国际贸易交易流程以买方准备一份购物清单到登记账户冲账，需要经历20多个环节，而电子商务方式下却只需要8个环节就可完成。电子商务帮助国际贸易企业改革国际贸易交易流程，实现国际贸易管理的电子化、信息化、自动化、规模化，形成新的有效率的国际贸易流程管理模式，推动国际贸易交易方式创新。

二、国际贸易交易方式创新分析

与传统国际贸易模式相比，电子商务模式下的国际贸易实现了国际贸易交易方式的创新，电子商务采用数字化电子方式进行商务数据交换和开展商务活动，是对以纸面贸易单据（文件）流转为主体的传统企业交易流程和交易方式的改革。在信息产业正向第二、三产业纵深发展的同时，快速发展的国际贸易迫切要求实现全球运作的信息化、电子化，改革以往以贸易单据流转为主体的国际贸易流程和交易方式，重新定义了传统的流通模式，减少了中间环节，使得生产者和消费者的直接交易成为可能，从而在一定程度上改变了整个社会经济运行的方式，实现了国际贸易流程和交易方式创新。

（一）国际贸易交易方式创新表现

电子商务被纳入国际贸易领域后，国际贸易方式得到显著改善，其主要表现如下。

①国际贸易双方可直接通过电子商务平台进行互动沟通，了解或输送商品信息与服务需求，有效消除了面谈交易的不便之处。

②在加入电子商务后，国际贸易市场形成了两种不同的国际贸易方式：一种是完全国际电子商务，即利用虚拟网络全程跟进商品与服务的买卖过程；另一种是不完全国际电子商务，即在虚拟网络上沟通商品与服务信息，确定买卖交易后，利用线下渠道完成商品、服务的输送。

③在电子商务的辅助下，国际贸易的单据纸质化更新为国际贸易单据电子化，大大简化了国际贸易程序，节省了国际贸易单据成本。就现实效益而言，国际贸易实行单据电子化，既迎合了国际低碳经济理念，减少了木料损耗，又提高了信息储存质量与稳定性，规避了传统实体储存资料易丢失的风险，有效降低了贸易双方的单据储存成本，间接提高了企业的经营效益。

（二）国际贸易交易方式的新发展

电子商务时代的到来，不仅仅是将传统的贸易方式简化，更重要的是改变了国际贸易的交易方式。

1. 使传统的交易工具有了一定的变化

在传统的国际贸易中，交易双方之间需要传输文件、申请订单，填制付款的发票和发送单送经海关申报，取得进口和出口许可证，银行和海关等有关部门的文件及其他一些必要的程序，其中还有交易双方之间的通讯往来。跨境电子商务是按照相关的法律和规则，用国际标准化的方式通过网络传输、处理文件，进行相关程序的处理，是一种新的高效的交易方式。

2. 较传统的付款方式有了一定的变化

在传统国际贸易中，大多数情况是面对面的现金交易，或者是各个银行之间进行转账从而实现买卖双方的交易。但是在电子商务时代背景下，买卖双方往往都会通过网上银行进行相关的交易活动，这对交易双方来说不仅节省了大量的交易成本，同时还在一定程度上提高了贸易的效率。

3. 较传统的贸易手段有了一定的变化

在传统的贸易中，一般都是真实地、面对面地进行相关贸易，而电子商务的出现则改变了这些环节当中的很多贸易流程。在进行交易前，卖方利用虚拟的网络平台发布与商品相关的诸多广告和信息，而作为买方，也可以通过登录此类网站查阅到自己所需商品的各种信息，直到买方确定所要购买的商品，国际贸易的各种谈判方式和很多流程都是在互联网中进行的。这种足不出户就能处理诸多交易流程的贸易方式相对传统的贸易方式而言，减少了很多交易环节以及时间，使贸易中的交易速度有了很大的提升。

第六节 国际贸易宏观管理创新

一、国际贸易宏观管理创新综述

电子商务的发展必然会给国家对国际贸易的监管带来新的挑战，但同时也为国际贸易宏观管理方式的创新带来机遇。我国政府有关部门在运用电子商务开展国际贸易宏观管理工作，积极推行电子商务方面已取得了一定成效。这表现在：出口商品配额实行电子招标；实现网上申领、发放进出口许可证；运用电子商务进行海关管理和电子报关；运用电子商务进行进出口商品检验管理；实现外贸业务全过程管理的电子化。这些变化和创新使国际贸易的监管变得更加公开和透明，而更加公开和透明的监管环境也必将进一步推动国际贸易的发展。

国际贸易的经营管理方式往往都是伴随着电子商务的各种环境以及各类交易方式的变化而产生诸多变化。就现阶段来说，电子商务模式下的各类交易管理除了包括物流和资金以外，还包括对信息以及贸易主体等多方面的经营管理。随着电子商务的不断成熟，选用电子商务进行的相关国际贸易活动中，其管理一般大多数表现为出口商品配额实行的标准电子招标。电子商务的不断成熟也使我国相关管理机构在短期时间内就能准确合理地完成对各个企业投资资格的认证，并且也能合乎时宜地对各类招标商品的使用配额情况进行一系列的检查、跟踪和反馈。与此同时，随着近年来电子商务交易的不断虚拟化、网络化，国际贸易监管体系中的很多监管方式也在发生着很大的变化，尤其是在很多征收关税以及检验进出口货等方面有着明显的进步。但是还是需要我国政府在这些方面为其建立一些较为完善健全的法律制度，使企业的管理规范化，从而达到合法、合理经营的目的。

二、国际贸易宏观管理创新分析

电子商务的发展必将给各国政府和国际组织对国际贸易的管理带来新的挑战，但同时也为国际贸易宏观管理改革带来新的契机。根据已有实践，运用电子商务进行的国际贸易管理创新主要表现在以下几个方面。

（一）电子网络平台建立

网上申请商品进出口许可证办理的电子网络平台建立，使传统实体窗口办理商品进出口许可证的时空局限被打破，大大提高了办证效率。对我国海关来说，利用电子商务进行海关管理和电子报关的作用主要有两个：一是提高自身的效率；二是促进企业进出口，给企业提供方便，同时杜绝逃税现象。

（二）电子政务管理方式出台

出口商品配额实行电子招标，为政府、企业自行管理内外部事宜提供了诸多便利。实行出口招标，对外经济贸易管理部门可在最短的时间里完成对企业投标资格的确定；可以及时检查、跟踪、反馈、调整招标商品使用情况，有效提高国际贸易管理效率；可以实行对招标商品配额的动态管理，解决配额使用不高和消费问题；可以实行网上抽查，取消违规企业投标资格，使同等数量的商品的卖价和出口额增加，规范贸易秩序，净化经营环境。

（三）国际电子商务平台建成

实行网上申领和发放进出口许可证。这将是在提高效率的基础上使政府行政管理上一个新的层次，并有利于排除人为的干扰，增强透明度，消除腐败。电子商务在进出口许可管理中有着广泛的应用，可以帮助相关部门实行全面的进出口许可证核查，这样可大大减少不必要的中间环节，提高效率、节省费用。

（四）互联网构建下的商品管理系统

用电子商务进行进出口商品检验检疫管理。外贸商品检验检疫部门利用互联网构建了进出口商品管理系统内数据通信网，使任一送检的外贸商品都能够在既定时间内得到检验受理，并取得检验检疫合格证书，有效提高了国际贸易的产品安全性。商品检验检疫是国际贸易经营中一个不可缺少的环节，它与外贸经营单位、运输部门、银行、保险、出口商品生产企业以及其他检验机构有着密切的业务联系。今后，我国商检电子商务主攻三个方向——研究受理报验、签发商检证书和进出口货物流向信息传播。

（五）国际贸易过程已实行完全电子化

实现外贸企业全过程管理的电子化。电子商务的核心内容是信息的互相沟通和交流。国际电子商务的交易前期是交易双方通过互联网进行交流，洽谈确立，交易后期是电子付款和货物运输及跟踪。从购买者的角度来讲，在企业电子商务平台的辅助下，商品购买者可直接输入商品编号查阅货物现时物流情况，防止货物丢失。同时，商家也可依据物流信息减少商品风控成本支出。在我国，对外贸易运输的电子化管理已率先发展起来。

参考文献

[1] 赵志田. 跨境电子商务价值创造与测度研究 [M]. 郑州：河南人民出版社，2016.

[2] 鄂立彬. 跨境电子商务前沿与实践 [M]. 北京：对外经济贸易大学出版社，2016.

[3] 鄂立彬. 跨境电子商务供应链管理 [M]. 北京：对外经济贸易大学出版社，2017.

[4] 杨坚争. 世界市场的二元化与我国跨境电子商务发展策略研究 [M]. 上海：立信会计出版社，2016.

[5] 郝玉柱，陈静. 电子商务热点问题分析 [M]. 北京：知识产权出版社，2016.

[6] 来有为，戴建军，田杰棠，等. 中国电子商务的发展趋势与政策创新 [M]. 北京：中国发展出版社，2014.

[7] 徐琴. 区域经济与国际贸易研究 [M]. 北京：北京理工大学出版社，2016.

[8] 余智. 国际贸易基础理论与研究前沿 [M]. 上海：格致出版社，2015.

[9] 孟祥松，王淑华，吴蔚. 经济全球化背景下国际贸易与金融发展研究 [M]. 长春：吉林大学出版社，2015.

[10] 叶提芳. 新常态下国际贸易对中国产业结构变迁的影响研究 [M]. 武汉：华中科技大学出版社，2017.

[11] 郭思梦. 电子商务背景下我国国际贸易发展问题研究及对策分析 [J]. 商场现代化，2018（09）：23-24.

[12] 李黛墨. 我国跨境电子商务的发展模式与策略建议 [J]. 商场现代化，2018（20）：28-29.

[13] 韩晶玉，石畅. 跨境电子商务对国际贸易的影响 [J]. 现代经济信息，2018（20）：291-292.

[14] 范超. 经济全球化背景下国际贸易中的知识产权保护问题研究 [D]. 大连：东北财经大学，2011.